《医学语言与文化研究文库》编委会

·医学语言与文化研究文库·

总主编　王立军　吴让科

语言 文化 叙事

Language　Culture　Narrative

杨晓霖　主编

暨南大學出版社
JINAN UNIVERSITY PRESS

中国·广州

图书在版编目（CIP）数据

语言·文化·叙事/杨晓霖主编．—广州：暨南大学出版社，2016.5
（医学语言与文化研究文库）
ISBN 978－7－5668－1819－5

Ⅰ.①语…　Ⅱ.①杨…　Ⅲ.①社会科学—文集　Ⅳ.①C53

中国版本图书馆 CIP 数据核字(2016)第 091296 号

出版发行：暨南大学出版社

地　址：中国广州暨南大学
电　话：总编室（8620）85221601
营销部（8620）85225284　85228291　85228292（邮购）
传　真：（8620）85221583（办公室）　85223774（营销部）
邮　编：510630
网　址：http：//www.jnupress.com　http：//press.jnu.edu.cn

排　版：广州良弓广告有限公司
印　刷：广东省农垦总局印刷厂

开　本：787mm×1092mm　1/16
印　张：18.875
字　数：322 千
版　次：2016 年 5 月第 1 版
印　次：2016 年 5 月第 1 次

定　价：48.00 元

目 录

全国医学院校外语学科发展可行性建议

王立军　杨晓霖

一、引言

全国的医学院校中共有上百所外（国）语学院，这些学院大多数成立于2000年之后，近年来，仍陆续有新成立的外国语学院出现。这些医学院校的外语学科在所属高校的学科建设中处于边缘地位，一些医科大学甚至质疑外语学科存在的必要性。然而，事实上，对于全国各医科大学而言，外语学科非但不可或缺，它的发展还关系到大学整体竞争力，尤其是软实力的提升。

“软实力”（soft power）由美国著名学者约瑟夫·奈（Joseph Nye）提出。沿用这一概念，高等教育权威人士普遍认同，判断一所大学是否进入高水平行列，硬实力是基础，但同时也必须高度重视软实力建设。语言素养和文化素质是衡量大学整体水平的重要软实力指标。对于医科大学而言，临床医学和基础医学的发展实力是评价其核心竞争力的硬指标，而语言和文化，尤其是医学语言和医学文化则是软实力建设的重中之重。因而，医科院校必须大力发展外语学科建设。

虽然部分医学院校意识到了外语学科建设的重要性，但由于学科实力，尤其是外语本体研究实力，很难与办学历史悠久、研究基础雄厚的外国语大学和综合性大学的外语学科团队竞争，医学院校在学科建设方面停滞不前，没有找到破解发展瓶颈的方法。对此，笔者在大量调研国外医学院校的语言、文化教育研究和国内医科院校外语学科发展实际情况的基础上，针对目前各大医科院校在英语教学改革、教育质量提升和教师发展等方面所面临的深层次矛盾，提出医学院校外语学院必须抓住具有中国特色的医学语言文化研究体系尚未形成这一机遇，以全方位、多层次地服务于学校的硬实力提升为导向，依托外语学科本体研究建设“医学语言与文化研究”平台，发展与国际接轨的英语人才培养模式以及医学语言文化教育和学科创新模式。

二、“依托本体，发展特色”的学科创新模式

（一）夯实外国语言文学研究本体基础

外语学科建设应坚持以外国语言文学为研究本体。《论语·学而》云："本立而道生。"本体（ontology）指的是学科知识最核心的部分，是学科发展的基础。外语学科的本体研究指的是对语言学（语音学、词汇学、语义学、句法学、语用学、符号学、文体学、叙事学、认知语言学等）、应用语言学（语言教学理论、语料库语言学、词典学、翻译理论等）和文学理论研究等传统方向的根本研究。经过半个世纪的探索，外语学界围绕语言本体已进行了多维度、多视角的研究，在传统的研究领域成果丰硕。西方语言研究者和文学理论家已经对语言（文学语言）进行了全方位的规律总结和哲学思考，并建立了成熟的理论框架。国内学者主要利用这些理论框架进行验证或分析研究，少数学者对理论框架进行创新性修补和完善。

尽管医科院校少数学者能在本体方面取得个人的研究进展，但是从整体上来看，医学院校外语学科在本体研究领域与建设历史悠久、研究基础雄厚的外国语大学和综合性大学的英语学科相比，实力较薄弱。医科院校英语教师大多为教研经验不足的年轻教师，外语学科带头人很难带领他们形成本体研究梯队。国内外语权威期刊为数甚微，要与已形成学科规模和已有博士点的研究梯队争版面，只会是不明智的红海战略（red ocean strategy）①。因而，医科院校外语学院必须正视现实，转变发展方式，采用蓝海战略（blue ocean strategy），寻求绿色发展，才能搞好学科建设。绿色发展是以合理利用所处环境中的资源，使发展与自然相协调的一种发展方式。对于医科院校外语学科而言，自然条件和资源指的就是所处的医科教研条件和资源。而对于医科院校而言，蓝海战略和绿色发展便是以本体研究为依托，着力推进医学语言与文化特色研究。在这一“新红海”还未形成的领域，哪家医科大学的外语学科特色发展得又快又好，哪家就能成为该领域

① “红海战略”和“蓝海战略”概念由欧洲工商管理学院的W. 钱·金（W. Chan Kim）教授和勒妮·莫博涅（Rénee Mauborgne）教授在他们合著的《蓝海战略》一书中第一次提出。“红海战略”是在众多竞争者竞争的领域参与竞争的战略。“蓝海战略”是寻找竞争相对较弱的领域参与竞争的战略。在蓝海中，竞争并不存在，因为游戏规则还没有建立。采用蓝海战略取胜意味着取得游戏规则制定权。

游戏和竞争规则的制定者。

（二）着力发展医学语言与文化特色研究

中国哲学在长期发展过程中，逐渐形成一种有体有用、体用一如的思维模式。在南方医科大学外国语学院的学科建设语境中，“体”就是英语语言本体，而“用”就是具有医学特色的语言文化研究及应用。前者更注重“形而上”的哲思，而后者更注重理论基础上的应用价值。十三五规划期间，医科院校外语学科发展的重要突破口就是立足国际学术前沿，着力打造国内一流的“医学语言与文化研究”平台，在国内激烈的学科竞争中树立学术威望。然而，医学语言文化研究应该涵盖哪些研究方向才能最大化地实现医科院校外语学科特色发展，全方位满足人才培养和教育改革的需要？这是一个需要深入思考和调研的关键问题。

笔者受所在医科大学的支持，在国外医科大学开展大量调研，结合国内医科院校外语学科发展的现状，提出“医学语言与文化研究”规划方案。这一研究的平台依托外国语言文学一级学科研究本体，可以进一步引申出“医学语言研究”和“医学文化叙事研究”两个研究方向。这一平台致力于借鉴国外先进医学语言文化研究理念，与各大附属医院、临床医学院、基础医学院、护理学院建立横向学科联系，充分利用本体理论建构体系，凝聚年轻老师形成科研和教学合力，找到叙事医学、疾病文学、临床语言学、医学语料库、医学翻译、医学英语测试研究等多个创新突破口。为增强学科团队建设的可操作性，“医学语言与文化研究”平台中的两个研究方向必须根据研究方向进一步细化。

1. 医学语言研究方向

医学语言研究方向以语言学与应用语言学理论作为框架，围绕医学英语研究这个中心，开展以词汇学、句法学、文体学和语言测试等语言学理论为支撑的医学语言学研究、医学英语翻译理论和临床语言学等子方向团队建设。

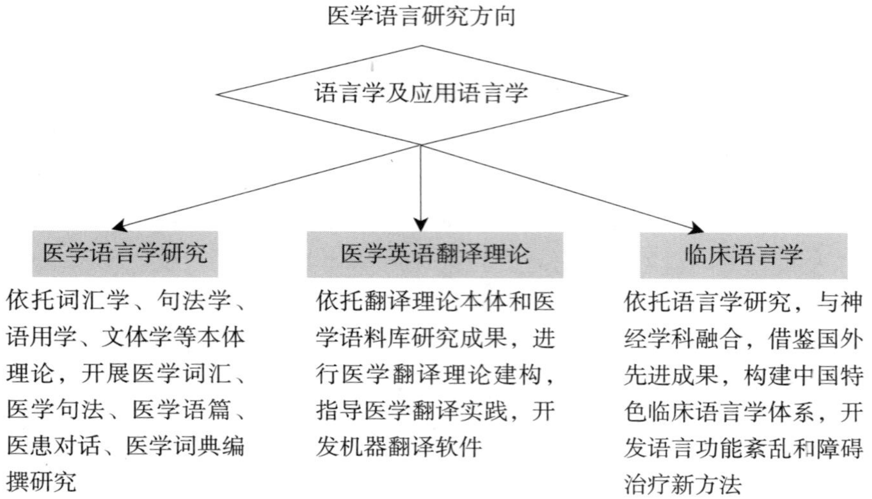

图 1　医学语言研究方向

医学语言研究能够凸显医科大学对医学特殊用途英语（ESP）的研究特色，成果可用于更高效地培养医学生的医学英语运用能力。这一研究的主要目标在于系统整合全国医科院校医学英语研究的已有成果，在最新语言学与应用语言学本体理论的指引下，更全面深入地构建医学语言学和应用语言学理论及教学实践体系。其中的临床语言学可以借鉴国外成果，与医科院校的神经学科开展合作，建立具有中国特色的临床语言学理论，应用于语言障碍治疗研究并在相关的临床实践中取得进展。国内学者一直将“医学语言学”和“临床语言学”两个概念相互混淆。我们将它们分别建构为医学语言研究的两个主要分方向，在某种程度上厘清了两个学科方向的区别，亦即前者注重医学特色的语言本体研究，而后者注重将语言理论应用于临床治疗方案。

2.　医学文化叙事研究方向

医学文化叙事研究方向以叙事学、文化理论以及伦理学本体研究作为理论框架，创新医学院校文化研究特色，围绕叙事医学这个中心，融合医学伦理、医学文学文化、临床对话等知识体系，开展叙事医学、中西医学文化叙事比较以及疾病文学文本研究子方向团队建设。

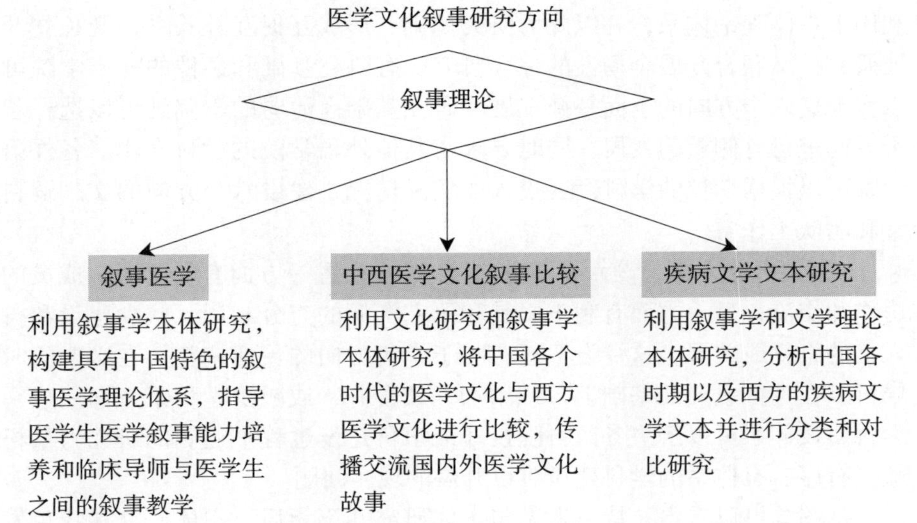

图2　医学文化叙事研究方向

“医学文化叙事研究”符合医学的生命文化转向趋势，能够凸显医学院校研究中的医学人文特色和人才培养特色。这一研究的主要目标在于通过借鉴国外叙事医学研究和教育理念，构建和制定符合中国国情的叙事医学理论体系和教学实践体系。“叙事医学”“中西医学文化叙事比较”“疾病文学文本研究”这三个子方向都以叙事理论为共同框架，以培养学生的叙事医学文化能力为共同目标。因而，三个方向共同的理论关键词是“叙事”，抛开“叙事”研究将失去学科基础，无法抓住研究实质。叙事是人类的一种基本存在方式，不限于文学领域，而是渗透在人类各个生活层面中。医生和病人之间最本质的是一种叙事关系（Bury，2001：263；Hydén，1997：48）。目前，国内一些医科院校也开始提倡叙事医学教育，但是，它们大多没有叙事理论基础，没有将基本的叙事概念运用到叙事医学中，实际上仍然停留在最低层次的医学人文教学上（杨晓霖，2014：36）。因而，“医学文化叙事研究”这一学科分平台的建设仍然任重而道远。

此外，国外已有文献肯定了叙事医学实践对慢性疾病的诊治作用。我们可以将国外研究成果转化到中国医患语境中，通过案例研究验证叙事医学、叙事（阅读和写作）治疗对患有慢性疾病的病人身心疗愈作用以及医学叙事能力对疾病精准诊治的辅助作用。

从以上对两个研究方向的框架构建来看，它们下设的六个子方向充分利用了本体理论体系，并以此为研究基础，形成互促互补关系，既独立开展研究，又联合开展全局性的综合研究。有研究基础和条件的外语学院可以实现这六个方向的全面平衡发展，研究基础尚薄弱的学院则可以选择若干方向进行有侧重的发展，同时寻求与其他外语学院的学科合作。各外语学院可以根据学校的学科发展投入的实际情况，建设六个方向的文献资料室和团队工作室。

“两大研究方向下设六个子方向”，这一设置一方面有利于团队成员的协作和交流，另一方面有利于文献和研究资源的充分利用，减少建设和投入上的重复或缺漏。这一设置还有利于学科方向的灵活调整，在必要的时候可以在论证成熟的基础上，或增加，或合并，或减少学科子方向。这一学科建设体系可以解决各医科院校外语学科建设过程中遇到的研究力量松散，有序、有体系的学科建设难以开展的现实问题。

从图 2 可以看出，特色发展与本体研究并不矛盾，本体研究和特色发展形成合力，构建具有中国特色的医学语言与文化研究理论框架，为世界医学语言文化和叙事医学这个蓄水池里注入具有中国特色的研究与实践的活力，并积淀学科发展经验和学科成果，为全国医学语言文化研究和教育发挥标杆作用。借此，医科院校外国语学院在学科建设、教学改革、教师发展和服务应用上所面临的深层次矛盾才能一一得以破解。

三、“依托本体，发展特色”学科创新模式的效用

克拉克（Clark，1998）等著名学者认为学科是专门化的知识领域，即知识的条理化。学科是大学实现其人才培养、教育教学和科学研究等基本功能的平台，学科的划分主要是为适应教学和研究双重目的的一种划分。因而，以学科平台为执行机构进行教改是有科学依据的。

与目前医科院校外国语学院下设的以本科、硕博和专业学生三个不同层次为划分标准的教学单位（大学英语教学部、英语系和医学英语教研室）不一样的是，学科发展方向是一种分类，而非一种分割，学科平台融合性强，整合起来更加容易。对于医科院校的英语教学改革而言，只有利用学科平台才能形成合力，从而建立可以统筹和整合人才、学科和教学资源优势的协同教学模式。因而，十三五期间是否能顺利推进以学科平台为轴的教学机构重组和课程建设调整，是关系各层次英语教学改革成败的关键所在。

（一）契合英语类专业人才培养新国标

随着外国语言文学类专业绝对招生人数的不断攀升，许多外语教育家发现外语类专业存在对同类专业简单复制的现象，也出现人才培养模式单一、缺乏特色等现实问题。在这一背景下，2016 年教育部将出台《全国高等院校外国语言文学类专业新国家标准》（以下简称《新国标》），鼓励不同类别的高等院校发展特色人才培养模式，实现“分类卓越”。对于医科院校的医学英语类专业人才培养而言，就是要在核心课程的基础上大力建设“方向课程”。而要克服教研团队专业和方向“两层皮”、建设本体和特色两个团队（常俊跃，2015：13）的难题，最优途径就是实现“依托本体，发展特色”学科创新模式，在医学英语类专业的方向课程中开设“医学语言学”“疾病文学”“医学社会与文化”和“医学翻译”等既不脱离本体，又凸显特色的复合课程。为实现这类课程的高效化，最理想的课程设置模式是直接将“语言学”“英美文学”“西方文化”和“翻译”等课程与医学特色融合，在三分之二的本体授课量基础上设置三分之一的特色授课学时。对于医科院校而言，要建立合理的方向课程体系需要依托研究平台，而《新国标》里提出的四个方向课程恰好与我们提出的六个研究方向中的四个相契合。

（二）有利于医科院校大学英语深层次教改

我国医科院校英语教改落后于国内许多重点高校，教改推行主要受制于现有的教学机构设置。一般而言，医科院校的优质师资都集中在招收医学英语或更多英语专业方向的英语系，非英语专业本科和硕博英语教学师资大多缺乏语言文化教研经验，从数量上和学科结构上都无法承担全校性的英语教改工作。因而教改主要停留于对教学形式的修补，很难做到质的提升。只有打破教学单位之间的藩篱，以学科平台为组织单位进行师资和课程资源的整合，教改工作才能全面铺开。

十三五期间，医科院校外国语学院必须打破课程的分教学层次的隔离实施，以学科平台六个既兼顾本体又强调特色的发展方向为研究单位和课程开发单位，按照学科方向开展（医学）文化、（医学）文学、（医学）词汇学、（医学）翻译、（医学）文体写作等方面的教材建设，课程规划、认领和建设，建立系统、开放、动态、立体的课程体系，促使所有优质课程面向多层次、全方位开放。

（三）有利于夯实学生的语言文化综合素质

以本体为依托，开展具有医学特色的语言和文化叙事研究符合医学的生命文化和叙事转向这两大趋势。医学文化研究者大卫·莫里斯提出，现代医学视角是“生命医学”——人类是自己的基因、器官和医学实验数据，而后现代视角是“生命文化”——人类是由故事构建起来的——文化、遗传、人际、心理和情绪的生命叙事。阅读、聆听和书写疾病故事是即将成为医生的医科学生应该具备的涵养和能力（杨晓霖，2011：64）。叙事医学能力和国外医学文化吸纳能力是医学人文知识和语言能力教学在医科院校更高层次的培养目标。

因而，以医学语言和文化为特色的学科平台将一方面依托“医学语言研究”分平台的学术成果，开发医学英语词汇学、医学英语文体学和医学英语翻译等医学语言素养提升类选修课程；另一方面利用“医学文化叙事研究”分平台的研究体系，在医学生中全面铺开进行叙事医学能力培养、疾病文学阅读、中西医学文化哲学比较等必选课的教学。借此，各层次语言文化课程的可选课程门类才能大量增加，非英语专业本科生和硕博研究生所接受的不再是传统的纯语言教育，而是培养医学人文知识、医学叙事能力、医学文献阅读、医患沟通以及国际交流等复合能力的多元化教育模式。

（四）有利于推动学科建设成果的多维度转化

依托“医学语言与文化研究”平台，利用取得的理论成果指导实践，建立“医学语言文化应用”平台。应用平台下设“医学翻译工作室”“培训中心”“课程和教材研发中心”，它们致力于将研究转化成生产性的服务能力和应用能力，最大化地提升医学院校的医学教育以及医学和临床实践水平。

医学翻译工作室协助学校翻译研究成果并在国际权威期刊上发表；协助杰出学者和临床工作者将著作或临床故事集译成英文出版；提供国际学术会议的口笔译和同声传译服务。医学翻译工作室的建立将有利于医学英语翻译的规范化管理，以团队协作形式确保翻译质量。培训中心将围绕医学 SCI 论文写作、医学考博培训、医患英语口语、医学双语教学等定制培训课程。课程和教材研发中心则根据学校整体规划，协助临床医学等建设一批国际化和双语课程，此外，积极开发教材市场，编撰出版高质量的医学语言文化类教材；在此基础上，大力推进医学语言文化资源的网络化进程，推进医学双语语料库、疾病文学中英文阅读网、叙事医学能力培养网的建设。

（五）有利于促进教师教研能力的全方位发展

绝大多数医学院校外语学院的教师接受教学单位的管理，围绕不同层次的教学任务开展日常工作。由于教学单位是针对不同层次的学生培养群体（英语专业、非英语专业本科生和硕博层次）进行设置的，各教学单位领导只负责对教学任务的分配和完成情况进行管理，对单位成员的学术发展毫无管束力和评价力，这一现状直接导致年轻教师缺乏学术团队引导，游离于学科建设之外，从而产生教师投入教改、科研和学院发展的积极性难以调动等问题。

医科院校外语学院实行研究平台为导向的教师管理之后，年轻教师可以根据自己的研究兴趣，从学科平台研究的六个子方向中选择最符合自身实际的方向作为中长期发展研究定位。以学科方向和学科平台为支柱，学科带头人可以结合学科方向的发展需要，侧重培养教师的研究兴趣，在薄弱环节加强研究力量。学科带头人有责任督促团队成员多出成果，出好成果，从而产生更好的传帮带效应。各研究方向目标明确，学术资源实现共享，年轻教师在研究过程中遇到问题能够及时地咨询学科带头人或相同研究方向的其他成员。与以前以个人兴趣为导向的松散研究相比，这样的模式更有利于教师的学术发展。

以学科平台为依托，教师将自己的研究融入教学当中，才能与时俱进、高质高效地开展教学工作。20 世纪 80 年代初，上海大学钱伟长校长就提出拆去“四堵墙”的理念，其中第一堵墙就是教学和科研之间的墙。教学没有科研做底蕴，只会是一种没有观点、没有灵魂的教育。根据医科大学各层次英语教学改革的需要，外语教师必须有能力向全校学生提供更高质的语言文化课程。只有自身从事科研、掌握前沿知识，教师才能开阔教学思路。只有自身具备创新能力，研究学科前沿的最新命题，教师才能启发学生多方面、多角度思考问题，强化他们的创新思维。因而，以学科平台为导向开展教学工作，是使两者齐头并进、教研相长的最优路径。

四、结语

经历了一段时间的探索之后，医科院校的外语学科发展面临困境，学科发展缓慢成为制约外语教学改革、教师发展和人才培养等多方面工作推进的关键原因。如何既在激烈的学科竞争中找到绿色生长点，又在医学院校建设中发挥更大的作用，是决定医科院校外语学科生死存亡的关键性问题。本文在此语境下适时提出“依托本体，发展特色”的学科创新模式，为全国医科院校外语学科发展提供参考。在这个仍然没有形成完善的学科体系的领域，哪所医科院校的外语学院能领先一步，积极投入搭建学科平台，完善子方向团队建设，建构其他医科院校可以借鉴的学科发展模式，哪所院校就能掌握医学语言文化研究的话语权。

参考文献

［1］Bury，M. Illness Narratives：Fact or Fiction?［J］. *Sociology of Health and Illness*，2001（3）.

［2］Clark，B. R. *Creating Entrepreneurial Universities：Organizational Pathways of Transformation*［M］. London：Pergamon Press，1998.

［3］Hydén，L. Illness and Narrative［J］. *Sociology of Health and Illness*，1997（1）.

［4］Kim，W. C. & Mauborgne，R. *Blue Ocean Strategy*［M］.. Boston：Harvard Business School Press，2005.

［5］常俊跃. 对我国高校英语专业课程学科内容组织模式多元化的思考［J］. 中国外语，2015（2）.

［6］杨晓霖. 医学和医学教育的叙事革命：后现代“生命文化”视角［J］. 医学与哲学，2011（9）.

［7］杨晓霖. 疾病叙事阅读：医学叙事能力培养［J］. 医学与哲学，2014（11）.

作者简介

王立军，南方医科大学外国语学院党委书记，研究方向为医学人文教育。

杨晓霖，南方医科大学外国语学院副教授，在读博士，研究方向为叙事理论、叙事医学。

从内森·英格兰德尔看
第三代美国犹太作家的文化立场

唐伟胜　龙艳霞

1977年，美国著名文论家埃文·豪（Irving Howe）断言，美国犹太文学“或许已经过了巅峰”（Howe，1977：3），这一论断引起了广泛争议。事实上，从某种意义上说，豪的判断是相当准确的。在他的定义中，“美国犹太文学”是指以亨利·罗斯（Henry Roth）、伯纳德·马拉默德、索·贝娄等为代表的移民文学，这些作家书写的是“对青年时代故土的判断、感情和憎恨，以及摆脱故土而产生的代价……”（Howe，1977：5）。随着犹太移民后代逐渐融入美国主流社会，他们的移民记忆慢慢褪去，这个意义上的“美国犹太文学”自然风采难再。然而，令人意想不到的是，近20年，美国犹太文学却以强劲的姿态，在美国文学版图中占据着重要地位。从20世纪80年代开始，R. 格德斯坦恩（Goldstein）、N. 拉波波尔特（Rapoport）、M. 查本（Chabon）、A. 古德曼（Goodman）、N. 英格兰德尔（Englander）等美国犹太作家的作品不断面世，不断获奖，赢得了世界范围内的广泛关注。如果我们接受塔尼尔·奥克斯曼（Tahneer Oksman）的观点，即“问题的关键不是美国犹太文学是否兴旺，而是在美国犹太文学的核心是否有新的张力来取代普遍存在于以往小说中的边缘化主题”（Oksman，2012：228），那么，我们接下来应该考察的问题是：到底有哪些不同于传统美国犹太文学中的“张力”在推动依然兴旺的当代美国犹太文学？

事实上，从20世纪90年代以来，国内外学界都在寻找这个问题的答案。比如，曾令富提出，新一代犹太作家有“突出犹太特性的倾向”，同时还注重挖掘“大屠杀”“犹太复国”“犹太人访问德国”这些题材（曾令富，1995：132~135）。乔国强则认为，无论美国犹太作家“写什么或怎么写，作品的落脚点始终是在张扬一种犹太的伦理道德关系”（乔国强，2009：39）。高婷对辛格和罗斯进行比较分析后提出，美国犹太文学的发展趋势是“走出传统的犹太格托，逐步汇入现代社会生活的大潮”（高婷，2011：107）。丽莎·普罗普斯特（Lisa Propst）在当代美国犹太文学中发现了一种新犹太身份，即“对别人（哪怕是敌人）的需求和痛苦负责”（Propst，2011：37－60）。珍妮弗·格拉瑟尔（Jennifer Glaser）研究当代几部美国犹太文学专著后指出，这几部专著都在探讨“犹太特性”问题，她发现，即使是那些完全被美国化的世俗犹太人都在探索后犹太时代的犹太身份（post-Jewish Jewish identity），显示出“恢复犹太特性的欲望”（Glaser，2009：74－484）。特雷萨·格劳尔（Tresa Grauer）则指出，当代美国犹太文学超越了单一的“犹太性”观念，致力于寻求与主流叙事不同的犹太情节。他列举了一些在当代美国犹太文学中反复出现的主题，包括：犹太斗士形象、以色列的建立、犹太复兴、犹太女性、同性恋者、屠犹事件、犹太历史记忆等（Grauer，2008：74－484）。以上综述表明，当代美国犹太文学中，虽然不同作家着眼点可能不同，但均在一定程度上体现了对犹太传统和教义的认同和回归，同时又对传统、历史和现实进行反思，尝试构建新的犹太身份。然而，相关论述要么只从大处着手综合论述，要么只单论个别作品，因此无法既系统又具体地描述当代美国犹太作家的文化立场及其再现特征。为此，本文以内森·英格兰德尔（Nathan Englander）近期创作的5部短篇小说为主要研究对象，探讨第三代美国犹太作家的文化立场及其叙事再现。

作为“第三代美国犹太作家”的重要代表人物之一，出生于1970年的英格兰德尔近年来的短篇小说创作非常引人注目。从1998年开始至今，他已有5篇作品入选《美国年度最佳短篇小说》（*The Best American Short Stories*），入选数量仅次于艾丽丝·门罗（Alice Munro）和乔伊斯·卡罗·欧茨（Joyce Carol Oates）。这些作品分别是：《为了释放难忍的冲动》（*For the Relief of Unbearable Urges*，1998）、《帕克大街的灵魂转世》（*The Gilgul of Park Avenue*，2000）、《我们怎样为布鲁姆一家复仇》（*How We Avenged the Blums*，2006）、《送给年轻寡妇们的免费水果》（*Free Fruits for Young Widows*，2011）、《当我们谈论安妮·弗兰克时我们在谈论什么》（*What We Talk about When We Talk about Anne Frank*，2012）。英格兰德尔出生在美国犹太家庭，后来选择去以色列上大学，其间放弃犹太信仰，然后再返回美国。无论作品主题，还是个人经历，他都可被视作当代美国犹太作家的最佳代表之一。

一、犹太性的回归

学界认为，第一代美国犹太作家在与主流文化的对峙中，倾向于坚持犹太传统，而第二代美国犹太作家逐渐被主流文化同化，倾向于抛弃犹太传统，弱化犹太身份，创作纯正的、具有普适意义的“美国”作品。比如，按照乔国强的论述，早期美国犹太作家或讴歌犹太文化和宗教，或揭露自己民族的灾难，但都对自己民族的未来抱有乐观的情怀（乔国强，2008：28～37）。1881—1924年，犹太人移民大潮期间，美国犹太作家喜欢书写美国现实与本民族文化之间的冲突与调和，以及“自身情感和精神双重迷失的痛苦”（乔国强，2008：28～37）。接下来，第二代美国犹太移民作家在“政治正确”的大背景下，为了生存需要，更加主动靠近美国文化，“同化文学”成为主流（乔国强，2008：66～101）。

对于生活在20世纪80年代以降的第三代美国犹太作家而言，无论外部环境还是内心诉求，都发生了相当大的变化。按照心理学家马科斯·L.汉森（M. L. Hansen）的说法，第一代移民的儿子辈往往愿意忘记其父辈的文化传统，而孙子辈则选择记住这些传统，他把这种现象称为“第三代回归”（third generation return）（Hansen，1990：195）。与此同时，20世纪80年代以来，美国多元文化论盛行，公开宣称自己的少数族裔身份不仅不被歧视，反而具有某种“魅力”，因为这表明他继承了某种遗产，“有自己的故事可讲”（薛春霞等，2012：13）。在这种背景下，当代美国犹太文学出现了回归犹太性的显著趋势。这种回归既体现在对犹太价值观的重新认同，又体现在对犹太传统习俗的尊重上。国内外学界已经注意到当代美国犹太文学的这一特征。比如，罗小云在分析罗斯《反美阴谋》中的另类历史后认为，罗斯“在一定程度上表现出对犹太传统价值观的回归”，这种回归“也许是进入暮年的作者以此对父辈传达出的致敬或作为犹太人之子的妥协”（罗小云，2012：13）。韩颖也提到，20世纪90年代出现了很多“现代正统派”犹太人，他们“开始为一种所谓‘标准’或‘现代’正统派所吸引……严格遵守律法，学习犹太传统教义”（韩颖，2012：67）。颇有意思的是，国外有论者重读了罗斯的《再见，哥伦布》。之前学界在“同化”思维的影响下，多认为这部小说表达的主题是与犹太传统的决裂，但该论者却发现，这部小说中的人物并非不想做犹太人，而是不知道怎样将自己描述成犹太人。因此，“小说的主要戏剧冲突是人物缺少语言和范式来有力地表达其犹太身份”（Schreier，2011：101－135）。显然，这一解读在很大程度上也是受到“犹太性回归”影响的结果。

英格兰德尔出生在美国一个正统犹太家庭，19岁时去以色列，进了一所非犹太教大学。在一次采访中，他认为自己在以色列生活期间逐渐抛弃了犹太教，成为世俗人士；然而，他又承认自己喜欢耶路撒冷，“喜欢那里的建筑，喜欢那个城市的感觉”。当被问及他是否仍然相信上帝，他颇为暧昧地回答“若不是害怕上帝马上对我进行残忍的报复，我会宣称自己是无神论者”。英格兰德尔的经历可以说就是第三代美国犹太作家心路历程的缩影：出生在犹太家庭，主动放弃犹太教，但在内心却无法真正割舍犹太传统。正是这一立场，使“犹太性回归”成为当代美国犹太作家的重要主题之一。

英格兰德尔在《为了释放难忍的冲动》（以下简称《冲动》）和《帕克大街的灵魂转世》两篇小说中明确涉及“犹太性回归”的主题。《冲动》是英格兰德尔较早受到关注的一部短篇小说。主人公多佛·宾雅民（Dov Binyamin）的妻子查娃·蓓拉（Chava Bayla）在受洗礼很久后仍拒绝与他同床，理由是她身子不干净。多佛去拉比那里寻求帮助。他向拉比表明，他很爱他妻子，妻子也仍然爱他，他们从来没有想过要分开。出乎意料的是，拉比居然建议他去找一位妓女“释放难忍的冲动”，这样就能挽救他渐渐枯萎的婚姻，给家庭带来宁静。多佛接受了拉比的建议，开车来到特拉维夫市。经过一番犹豫不决和思想斗争，他终于找到了一个来自美国、名叫德芙拉（Devorah）的妓女。他告诉德芙拉，他前来“释放难忍的冲动”是为了让“妻子能再爱他”。在与德芙拉做爱时，按照犹太教义，多佛拒绝使用避孕套。回到家后，多佛不再责备妻子，因为他意识到，与自己的不干净比较起来，查娃假装身子不干净根本就不是什么罪。几天以后，奇迹出现了：查娃回心转意，她急切地想与丈夫亲近。然而，此时多佛却发现他的下身红肿，并伴有剧痛：很明显他染上了性病。他把自己关进洗手间，因为不能接受妻子回归的爱而泪流满面。

小说以多佛为叙事视角，妻子查娃被高度抽象化，这种叙事方式使查娃带有浓厚的隐喻色彩。笔者认为，查娃象征的是仪式繁复的犹太传统，多佛既希望与之亲近，又为其烦恼。正如他对拉比讲的那样：“她越拒绝我，我越想与她在一起。我越想与她在一起，她就越坚决地让我离开。”（Keillor，1998：45）在睿智的拉比的建议下，多佛终于背叛了查娃。和拉比期待的一样，这次离经叛道的经历让多佛与查娃重新达成和解。从隐喻的角度看，与其说多佛背叛了查娃，不如说他是背叛了犹太教义；与其说他与查娃重新和解，不如说他是与犹太教义重新和解。然而，重新和解并不容易。背叛必须付出代价，多佛在身体上和精神上都遭受了惩罚：他想重回犹太怀抱，却因背叛留下的身体和精神创伤而不能。尽管如此，小说结尾两句“多佛·宾雅民内心似火烧。然而，他不愿就此被烧毁”（Keillor，1998：51）颇有深意，似乎表明多佛重归犹太传统的决心，而小说标题“为了释放难忍的冲动”中的“冲动”表面上看好像是指多佛的“性冲动”，实际上暗指的是多佛回归犹太的宗教冲动：他试图通过转向美国世俗文化（妓女德芙拉来自美国）来释放这种郁结于心的冲动，结果身体和精神却被放逐，这些坚定了他重回犹太怀抱的决心。

如果说《冲动》隐喻的是一个暂时偏离轨道而受到惩罚、最终又决心重回正轨的犹太人，那么发表于2000年的《帕克大街的灵魂转世》（以下简称《转世》）则以更直接的方式宣告了主人公对犹太教义及仪式的回归。这篇获得年度“欧·亨利短篇小说奖”的小说讲述了一位名叫查尔斯·卢格尔（Charles Luger）的金融分析师的醒悟故事。有一天，查尔斯坐在出租车上，突然感觉自己灵魂附体，变成了犹太人。他去咨询拉比兹尔曼（Zalman），兹尔曼告诉他，他是前世某个犹太人的灵魂转世。然而，他那位在时尚杂志工作的年轻妻子苏（Sue）却不喜欢查尔斯的犹太身份，更不喜欢他在家里施行的那些犹太仪式，比如饭前的洗手礼，不食用奶酪等。苏认为查尔斯是走火入魔，但查尔斯坚持认为自己既然是犹太人，就应该按照犹太礼仪生活。最后，苏请来心理分析师伯恩鲍姆（Birnbaum）博士，查尔斯则请来兹尔曼，四个人在查尔斯家里来了一场面对面的交锋。苏和伯恩鲍姆认为，查尔斯突然转向正统犹太教是出现了某种心理问题，查尔斯和兹尔曼则坚持“世界上所有治疗方案都不能带给我敬奉上帝时获得的那份简单慰藉”（Doctorow，2000：51），查尔斯的行为举止和外貌都与回归之前没有什么不同，“也许有不同的规矩，不同的食物，但人还是那个人，只是我感觉平静了，圆满了”（Doctorow，2000：52）。交锋的结果是谁也说服不了谁。伯恩鲍姆和兹尔曼先后离开，查尔斯则试图让苏相信，虽然自己灵魂已经是犹太人，但在身体上仍然爱着苏。

不难看出，《转世》的情节同样具有隐喻性质。查尔斯身为金融分析师，又与在时尚杂志工作的美国年轻女子通婚，他代表的是那些被美国社会文化完全同化的犹太人。在同化小说中，这类题材多用来反映被同化的犹太人的惶惑和痛苦，但在英格兰德尔这篇小说中，查尔斯却真实体验了找到犹太身份后的极大喜悦，面对以妻子和心理分析师为代表的主流美国文化施加的压力时也毫不畏惧。在同化小说中，“重生”多指忘记犹太传统，融入美国主流，而在这里，“转世”则是从主流文化中走出，回归犹太传统。同时，我们必须看到，英格兰德尔描绘的这种犹太性回归并不意味着走向美国主流文化的对立面。《转世》的结尾隐含了回归的犹太人的期待：“他（查尔斯）抓住苏的另一只手……他希望她明白，的确发生了一个重大的改变，但是改变的外部痕迹并不大。毕竟，真正的差异是封藏在灵魂里的……他希望她还爱已经改变了的他。”（Doctorow，2000：57）查尔斯回归犹太身份是坚决的、不容置疑的，但他同时希望苏接受他，仍然爱他，这也许正是第三代美国犹太作家对待犹太身份和美国主流社会的文化立场。

二、对犹太复仇的反思

《冲动》和《转世》主要涉及的是犹太身份和欲望的主题，但犹太身份的回归并不意味着当代美国犹太作家不对自己的犹太传统进行反思，发表于2006年的小说《我们怎样为布鲁姆一家复仇》（以下简称《复仇》）和2011年的《送给年轻寡妇们的免费水果》就对犹太复仇进行了反思。

《复仇》的故事情节很简单：居住在格林赫斯（Greenheath）的一群十三四岁的犹太男孩决定惩罚一个反犹太霸王，因为后者无缘无故地将一个名叫兹维·布鲁姆（Zvi Bloom）的犹太男孩揍了一顿。他们首先找到了当地个子最大的犹太人艾斯·科亨（Ace Cohen），恳求他出马教训反犹太霸王，但艾斯拒绝出手，他认为应该息事宁人，不宜冤冤相报。于是他们又找到一位俄罗斯裔犹太人伯瑞斯（Boris），跟他学习武术。终于，这群男孩在反犹太霸王准备再一次揍兹维时，将他打倒在地，他“全身流血，痛苦地扭动着身体”，“反犹太霸王躺在我们脚下，我们突然感到一阵迷惑。我们站在那儿，看着这个被打翻在地的男孩。我们谁都不知道什么时候该跑开”（Kenison，2006：251）。

这篇小说让人想起乔伊斯的著名小说《阿拉比》（*Araby*），两者都是关于男孩的故事。在《阿拉比》中，叙事者“我”打算给自己喜欢的女孩买件礼物，这个浪漫的梦想却被冷酷的现实所击败，最后“我”凝视着黑暗，眼中冒着痛苦和愤怒，很显然，“我”的经历让“我”对世界和自我获得了一种新的认识。与此类似，《复仇》的“反高潮式”结尾中，成功复仇没有给孩子们带来满足和欢呼，而是在看到敌人遭受痛苦时产生了“迷惑”：这显然是对犹太“以牙还牙”传统的反思。小说在其他地方还对公平和复仇的关系进行了思考。比如，当兹维被反犹太霸王狠揍之后，有些犹太人不赞同报警，认为“那有什么用?”他们相信由“强壮的”自己来复仇（代表早期移民美国的犹太人心理）；而另外一些犹太人赞同报警，因为“政府会保护犹太人”（代表出生在美国的犹太人心理）。再如，艾斯认为“不宜冤冤相报”，而且要弄清楚“复仇与侵略的界线”。“二战”以后，尤其是“复国”以来，以色列在全球范围内对纳粹进行全面清算，在复杂的国际形势下，以色列奉行国家恐怖主义，《复仇》可以说是对这种清算和复仇行为的一种反向思考。

发表于2011年的《送给年轻寡妇们的免费水果》（以下简称《水果》）被认为是英格兰德尔近年来创作的最好的短篇小说之一。小说描写了一个叫滕德勒的少年，在纳粹大屠杀中幸存下来。可当他回到家中时，却意外听到他家原来的保姆准备在深夜杀掉他，这样他们就能侵占他的家产。滕德勒先下手为强，把保姆一家5口全部杀死（包括一位襁褓中的婴儿）。在1956年的西奈战役中，他又无情地将几个与他们一起吃饭的埃及士兵杀死，这引起了他的战友西米·盖泽尔的不满，他认为滕德勒可以俘虏那几个埃及士兵，不必射杀他们。争执之中，滕德勒把盖泽尔也狠狠地揍了一顿。战后，盖泽尔在耶路撒冷开了一家水果店，滕德勒则进入大学，后来成为哲学教授。盖泽尔把水果免费送给那些在战争中失去丈夫的年轻寡妇，每次滕德勒教授来水果店时，盖泽尔都会把蔬菜和水果送给他。他还把滕德勒的故事讲给儿子艾特加听。艾特加在父亲死后也和父亲一样给寡妇们和滕德勒教授送免费水果。

小说采用了“盖泽尔给艾特加讲述滕德勒的故事”叙事结构。很显然，《水果》提出的问题是，如何对待大屠杀中的幸存者，尤其是当这些幸存者后来对世界进行了“创伤式”报复和杀戮。小说标题无疑会让读者想起福克纳的《献给艾米丽小姐的一朵玫瑰》。如果说福克纳小说中的“玫瑰”具有高度象征意义，那么英格兰德尔的这篇小说中的“免费水果”也具有浓厚的象征性：无论是年轻寡妇们还是滕德勒，他们都是受害者，都有“创伤式”报复的可能性，而要化解这种可能性，最有效的办法是在日常生活中显示爱心，用尊重和爱来淡化他们心中的创伤记忆。在父亲盖泽尔与儿子艾特加的讨论中，他们谁也无法说服谁，滕德勒到底该不该杀死保姆一家，最后他们只好认为“滕德勒既是杀人犯，同时也是受害者”

（Brooks，2011：86），保姆一家的死应归咎于“本应杀死滕德勒的系统”，因为这个系统“犯了个错误，把已经不再适合生存在这个世界的滕德勒放了出来”（Brooks，2011：85）。这个细节隐喻了英格兰德尔对犹太复仇的基本立场：他不赞成“创伤式”疯狂复仇，但他从内心理解这种复仇，提出用爱来化解这种复仇心态。正如有论者指出的那样，在犹太身份中注入“和解”成分，也可看成是以英格兰德尔为代表的美国犹太作家对后9·11多元文化时代的一种反映（Propst，2011：37－60）。

三、对大屠杀的反思

国内有论者指出，当代美国犹太作家对大屠杀的思考“不但表现为体恤大屠杀给幸存者带来的心灵创伤，而且侧重用理性的眼光审视后大屠杀时代如何确立文化身份等”（朴玉，2009：29）。这个论断可能适合其他犹太作家，但英格兰德尔在2012年发表的《当我们谈论安妮·弗兰克时我们在谈论什么》（以下简称《什么》）中却对大屠杀及其文化意义进行了重新思考。小说的主人公是两对夫妇：从以色列来美国拜访朋友的犹太人信徒马克和劳伦夫妇以及生活在美国、高度世俗化的犹太人叙事者“我”和妻子德比。两对夫妇的话题始终围绕犹太人的生活方式及大屠杀。其中，马克讲述了他父亲的故事：在一次高尔夫运动后，他父亲在更衣室换球鞋时，发现有个人手臂上烙的集中营号码比他的号码只多三位数，这意味着他们曾经在同一集中营而且相距咫尺。他父亲只说了一句“那家伙插队了，我当时不想说而已”（Perrotta，2012：45），而另外一人也只说一句“少废话”，然后就各自回家了。最后，两对夫妇一起玩起“安妮·弗兰克游戏”：四人站成一圈，互相对视，然后回答一个问题：如果大屠杀再次来临，我是躲在你家的犹太人，而你是白人，你会不会冒着生命危险把我藏匿在你家？结果，“我们站在那里，不知过了多久……屋外的太阳又昏暗下来了”（Perrotta，2012：59），“她没有说（会）。他也没有说。他妻子不相信丈夫会舍命藏她，对此，我们四人心照不宣……我们就那样站着，四个人僵立在屋内。我们生怕推开门，泄露了深锁在屋里的秘密”（Perrotta，2012：60）。

无论是标题还是叙述风格，这篇小说都明显模仿了雷蒙德·卡佛（Raymond Carver）的名篇《当我们谈论爱情时我们在谈论什么》。卡佛在小说中，试图回答“爱是什么”这一问题，在小说结尾，卡佛虽然没有对这个问题给出肯定的答案，但隐隐约约地暗示了爱的不可捉摸性和怪异性。英格兰德尔的小说提出了类似的问题，即大屠杀是否增进了犹太人与白人之间的相互友爱？作者透露出的答案是，大屠杀并没有让犹太人与白人之间更加友爱和团结。安妮·弗兰克（Anne Frank）是美国犹太人乃至整个美国文化着力挖掘和塑造的一个形象，强调的是犹太人和非犹太人之间超越历史的感情，但英格兰德尔对这种感情提出了质疑。比如，当马克讲完他父亲的故事时，叙事者不无戏谑地这样描述妻子的反应：“德比看上去有些丧气。她原本期待这个故事的结局更有力，期待这个故事可以教育儿子特拉维，可以证明她对人性的信仰，尤其是那种在非人性中升起的人性”（Perrotta，2012：45）。很显然，德比的期待也是很多美国人的期待，即大屠杀这一非人性事件促进了人性的升华。然而，两个大屠杀的亲历者漠然分手，并没有满足德比的这个期待。另外，犹太人试图利用大屠杀事件来强化犹太人之间的纽带，借此确立犹太身份，英格兰德尔对此也提出了质疑。他借用主要人物马克这样评论大屠杀和犹太教之间的关系：“你不能将犹太教建立在一次可怕的罪行基础上……不能沉迷于大屠杀，将其看成身份的符号，或者教育工具……”（Perrotta，2012：52）。在他看来，当今维系犹太人的纽带似乎除了大屠杀，还是大屠杀，舍此之外别无他物。他认为，维系犹太身份的必须是犹太宗教和仪式，犹太人与异族通婚是另一场大屠杀，因为这无疑会让犹太宗教和仪式完全消弭。

四、结语

通过对英格兰德尔近年来5篇获奖短篇作品的分析，我们似可管窥当代美国犹太作家的几个主题倾向：①不再一味纠缠犹太身份在同化过程中的困惑。人物不再刻意隐瞒犹太身份，或者抛弃犹太身份，而是高调宣扬自己的犹太身份，并积极回归犹太教义和仪式，同时又试图与美国主流文化相协调。②高度关注“大屠杀”这一历史事实及其影响。之前的美国犹太作家往往刻意避免“大屠杀”主题，但第三代作家则着力思考“大屠杀”事件及其影响，同时又超越“大屠杀”与犹太身份建构这样的主题，关注如何化解“大屠杀”引起的创伤式暴力，并反思对“大屠杀”的主流叙事。③对以色列建国及后续的复仇行动给予关注和反思，对犹太极端复仇持既理解又怀疑的复杂态度。总之，在犹太身份、“大屠杀”和复仇这些问题上，生活在多元化时代的新一代犹太作家表现出了新的特点，值得我们关注和研究。

参考文献

[1] Brooks, G. *The Best American Short Stories* [M]. Boston & New York: Mariner Books, 2011.

[2] Doctorow, E. L. *The Best American Short Stories* [M]. Boston & New York: Mariner Books, 2000.

[3] Glaser, J. The Politics of Difference and the Future(s) of American Jewish Literary Studies [J]. *Prooftexts*, 2009, 29 (3).

[4] Grauer, T. Identity Matters: Contemporary Jewish American Writing [A]. In Michael P. K. & Wirth-Nesher, H. *The Cambridge Companion to Jewish American Literature* [M]. Shanghai: Shanghai Foreign Language Education Press, 2008.

[5] Hansen, M. L. The Problem of the Third Generation Immigrant [A]. In Kivisto, P. & Dag Blanck, D. *American Immigrants and Their Generations: Studies and Commentaries on the Hansen Thesis after Fifty Years* [M]. Urbana: University of Illinois Press, 1990.

[6] Howe, I. *Jewish American Stories* [M]. New York: New American Library/Penguin, 1977.

[7] Keillor, G. *The Best American Short Stories* [M]. Boston & New York: Mariner Books, 1998.

[8] Kenison, K. *The Best American Short Stories* [M]. Boston & New York: Mariner Books, 2006.

[9] Oksman, T. Identity Papers: Contemporary Narratives of American Jewishness (review) [J]. *MELUS*, 2012, 37 (3).

[10] Perrotta, T. *The Best American Short Stories* [M]. Boston & New York: Mariner Books, 2012.

[11] Propst, L. "Making One Story"? Forms of Reconciliation in Jonathan Safran Foer's Everything is Illuminated and Nathan Englander's The Ministry of Special Cases [J]. *MELUS*, 2011, 36 (1).

[12] Schreier, B. The Failure of Identity: Toward a New Literary History of Philip Roths Unrecognizable Jew [J]. *Jewish Social Studies*, 2011, 17 (2).

[13] 高婷．犹太性的传承与超越——以辛格和罗斯为例 [J]. 外国文学, 2011 (3).

[14] 韩颖．由《忏悔者》看辛格小说中的回归主题 [J]. 外国文学, 2012 (2).

[15] 罗小云．边缘生存的想像：罗斯的《反美阴谋》中的另类历史 [J]. 外国语文, 2012 (5).

[16] 朴玉．《冤家，一个爱情故事》：对大屠杀的深层思考 [J]. 当代外国文学, 2009 (4).

[17] 乔国强. 美国犹太文学 [M]. 北京：商务印书馆，2008.

[18] 乔国强. 中国美国犹太文学研究的现状 [J]. 当代外国文学，2009 (1).

[19] 薛春霞，Gabriel，N. F.，Ochs，V.，Rody，C. 当代美国犹太文学研究 [J]. 英美文学研究论丛，2012 (2).

[20] 曾令富. 美国犹太文学发展的新倾向 [J]. 外国文学评论，1995 (4).

（原载《当代外国文学》2015 年第 3 期，略有改动）

作者简介

唐伟胜，南方医科大学外国语学院教授，博士，研究方向为叙事理论、当代美国文学。

龙艳霞，南方医科大学外国语学院讲师，硕士，研究方向为英美文学。

认知叙事学视野中的叙事理解

唐伟胜

一、“图式”的基本概念

图式理论源于格式塔（Gestalt）心理学，之后应用于人工智能（AI）研究，并进入话语分析领域，成为一种重要的话语理解理论。其基本要点是：通过将新经验与储存在记忆中类似的原型知识进行比较，我们获得对新经验的理解。在话语分析中，图式指“典型情况的心理表征”，阅读的时候，文本中的语言成分或语境成分可以激活大脑中的图式，从而理解话语（Cook，1994：11）。由此可见，图式理论是关于话语连贯的理论，即读者怎样使一段话语具有连贯性。传统的语言学重视分析使话语连贯的语言标志，将图式理论纳入读者的认知因素，可以进一步完善话语连贯机制的研究。不难看出，使用图式理论来研究话语理解，可以有两种不同的途径：既可研究读者图式知识的结构（如人工智能）及其与阅读过程的互动关系，也可研究读者如何激活这些图式知识的相关推理过程（如话语分析理论），前者不关心图式的激活过程，后者则将图式知识结构视为当然。将图式理论应用于叙事理解研究可以从以下三个方向入手：①研究故事图式；②研究叙事理解中的各种图式及其应用；③研究读者应用叙事图式的认知过程。本文辨析各相关理论的异同，并阐明认知诗学理论如何用于研究叙事理解的最新趋势。

二、故事结构图式

叙事图式知识结构的研究与结构主义叙事学中“故事语法”的研究非常相似，但“故事语法”和“故事图式”是两个不同的概念，前者指故事的“规则系统”，用来描写某类文本中的常规成分如何构成故事序列，后者指读者的一种“心理结构”，由读者对故事将如何推进的一套期待组成

(Mandler, 1984: 18)。为看清"故事语法"和"故事图式"的差异，我们不妨比较两位结构主义先驱普罗普和列维—斯特劳斯的不同研究方法。普罗普将俄罗斯民间故事作为研究对象，考察这一文类的各种功能成分及其序列关系，列维—斯特劳斯则研究神话表层底下的"深层结构"，认为这是超越文化的、普遍的人类认知结构。普罗普研究的是典型的"规则系统"，列维—斯特劳斯则致力于阐明神话读者的"心理结构"。两者的相似之处在于，无论是"规则系统"还是"心理结构"，均针对叙事中反复出现的"常规成分"。

20 世纪 60—70 年代，几乎与结构主义同时兴起的社会语言学和话语分析被用于叙事研究，比如拉波夫（Labov）等（1967）综合了结构、语境和认知因素，提出了个人口头叙事的宏观单元（macro-units）：抽象描述（abstract）、引入（orientation）、发展行动（complicating action）、评价（evaluation）、结果（result）、结尾（coda），并在每一个宏观单元中识别了语言结构标记，这些标记可以使阐释者将叙事内容"块分"（chunk）为叙事序列中的（宏观）单元。下图表示口头叙事的图式结构（即读者对口头叙事宏观单元的期待）：

抽象描述—引入—{[片段 1] [片段 2] [……] [片段 n]}—评价—结尾

↑ 初始阶段　　↑ 解决阶段

拉波夫重复认为，口头叙事的图式结构上每一节点（也就是故事的宏观单元）就像插槽（slot），可以存放任何信息，其中"片段"又由开始、叙述小句、背景、事件、结果等成分组成。该结构的任何节点都可以插入评论或解释性的非情节成分，所以实际叙事可能比本图式要更复杂，但从深层结构看，本图式基本概括了任何叙事的结构。拉波夫将书面叙事视为口头叙事图式结构的变体：如在中世纪罗曼司（romance）中，引入主人公时，介绍非常简短，而在巴尔扎克那里被发展成为关于主人公历史的长篇大论（可能覆盖几页，甚至几十页）。尽管如此，巴尔扎克的小说结构仍然没有脱离口头叙事的基本结构。同样，口头叙事中的片段结构（episodic structure）在书面叙事中也以次框架（secondary frame），甚至主要认知框架出现，对应不同的认知功能：文本主框架、表达核心经验、解释或评论等（Labov & Waletzky，1967：12－44）。

三、叙事“图式”的层级结构

不难看到，拉波夫对口头故事结构图式的研究仅涉及了故事结构，还没有深入涉及读者的认知过程，无法完整解释叙事的理解过程。贤克（Schank）对图式结构的研究为话语（包括叙事）理解机制提供了一套更为完善的理论。Schank提出，我们的认知图式是一个层级结构，由低到高分别是：草案（script）、计划（plan）、次级目标（sub-goal）、目标（goal）和主题（theme）。其中，草案指“决定某个场景的固定行动序列”，可以分为“情景草案”（如餐馆、公共汽车、监狱等）、“人际草案”（如谄媚者、小偷、间谍、吃醋的配偶等）和“工具草案”（如点香烟、发动汽车、炒鸡蛋等）（Schank & Abelson，1977：12－41）。理解话语时，我们依据储存在大脑中的草案中“插槽”来填补需要填补的空白，比如草案中的道具、参与者的角色、场景或顺序，从而使话语连贯。如果话语中没有明确的草案，或者话语提供的情景不适用于我们熟知的草案，我们就自动使用“计划”，即从行动者的意图出发来理解话语的连贯性。Schank举了这样一个例子：

（1）John got lost. He pulled his car up to a farmer who was standing by the road.（约翰迷路了。他把车开到站在路边的农夫身边）

（2）John got lost. He noticed a chicken. He tried to catch it.（约翰迷路了。他看到了一只鸡。他试图抓住这只鸡）

例（1）中，“迷路”草案足以使我们理解约翰的行动；例（2）中，我们不能使用“迷路”草案，只能从约翰的“计划”来理解他的行动：在这一具体情景中，他试图抓鸡的行动可能与他问路的“计划”有关。

“计划”与更高层次的“次级目标”和“目标”相联系：参与者的“计划”总是为了实现某个“目标”，因此“目标”可以解释“计划”。Schank将“目标”分为五大类，包括“满足”（饥饿、性、睡眠、瘾等）、“享受”（旅游、娱乐、锻炼、竞争等）、“成就”（财产、权力、工作、社会关系、技能等）、“保护”（身体健康、安全、后代、人类、财产等）、“危机处理”（事故、火灾、暴风雨等）。“目标”有时候需要更高层次的

"主题"来解释，尤其是当"目标"没有明确，或者对读者完全陌生（甚至与读者的图式相互抵触）的时候。Schank 区分了三类"主题"：角色主题（按行动者身份来理解其行为）、人际关系主题（按行动者之间的权力、亲疏关系理解其行为）、生活主题（按行动者的个人品质、抱负、生活风格、政治态度、身体经验等来理解其行为）（Schank & Abelson，1977：130－150）。不难看出，和"草案"相比，"计划""目标"和"主题"更依赖于具体话语情景："草案"中有相对固定的场景、参与者和顺序，是一种与特定情景相联系的事件图式，而"计划""目标""主题"则可以根据不同情景而变化。在叙事理解中，仅有草案是远远不够的，因为"草案"仅涉及类型知识结构，不能完全有效地解释具体叙事情景。比如草案知识可以解释"上餐馆"的一般情况，却无法解释"昨天我们去当地法国餐馆"的经验（Mandler，1984：75），要完整理解后者，我们必须调用"计划""目标""主题"等更高层次的图式知识。下面介绍库克（Cook）如何将 Schank 的图式理论具体用于分析陀思妥耶夫斯基（Dostoevsky）《罪与罚》（*Crime and Punishment*）第三段的理解过程（Cook，1994：102－109）。原文如下：

> 七月初某个炎热的傍晚，一位年轻人离开他在 S 巷的阁楼，来到大街上。他似乎拿不定主意，慢慢地朝 K 大桥方向走去。
>
> 他成功地避免了在楼梯上碰见房东太太。他的阁楼紧挨在这座五层高楼的房顶下面，不像住人的公寓，倒更像衣橱。租房给他的房东太太有一位女仆给她做饭服务，她们住在楼下另一房间里。每次出去的时候，他都得路过厨房，房门几乎总是大开；每次经过那扇门的时候，这位年轻人心里又痛苦又害怕，这让他畏畏缩缩，羞愧难当。他欠了房东太太很多房钱，因此不敢见她。
>
> 他并非生性懦弱，也非谦卑。恰恰相反。但近来他情绪紧张，动辄发怒，像得了臆想症。他把自己完全封闭起来，不只是房东太太，他切断和任何人的联系，到现在都害怕见人了。他穷得叮当响，但近来连贫穷也不再是他的负担了。他对世事已经失去兴趣，因此不再为它们烦心。实际上，他一点也不害怕房东太太，管她使什么花招。但是，被迫在楼梯上停下来，听那些絮絮叨叨的蠢话废话，那些可恶的讨债，那些威胁和抱怨，然后必须找借口脱身，撒谎……不，谢谢了！还是像猫一样溜下楼，不让

任何人看见要强一千倍。(《罪与罚》第1章，笔者的译文)

Cook由此分析，在《罪与罚》以上段落中，读者调用的“草案”知识至少包括：情景草案（夏天、城市、阁楼、大桥），人际草案（房客、房东太太），工具草案（年轻人出去）。Cook分析的特点是在草案中增加了一个“角度”（viewpoint），也就是说，读者可能使用自己的草案知识，也可能暂时借用人物的草案知识来理解叙事文本。于是“城市”草案就包括如下成分：

类型：情景
角度：读者
内容：城市（可能路径：19世纪的圣彼得堡）
文本指示词：S巷、K大桥
插槽：
——道具：[房子]、[街道]、[大桥]、公园等
——参与者角色：警察、售货员、学生等
——场景：[散步]、[工作]、[待在家里]

以上段落中的“计划”图式至少包括：年轻人出门，年轻人不愿意看见房东太太，房东太太索要房钱，房东太太威胁抱怨，年轻人找借口，年轻人说谎等；“目标”图式包括：年轻人的目标（尚不清楚，比如为什么他要在傍晚出门，朝大桥走去），年轻人想还钱，房东太太想要回钱，年轻人想躲避房租等；“主题”图式包括：人际关系主题（年轻人是房客）、角色主题（年轻人懦弱）、生活主题（年轻人不愿意和人交往，年轻人贫穷，年轻人神经紧张）等。在这个图式网络中，如果低层次图式不能解释阅读中的连贯性，读者就会使用更高层次图式来解决。

正如Cook在分析中再三指出的那样，以上图式分析只是“推测性”的，而且也不完整。首先，图式层次之间的区分并不严格。比如“年轻人是房客”就可能是一个“临时草案”，也可能是“人际关系主题”，这需要看读者的分析目的。其次，（虚构）叙事阅读中一个独特的现象是作者的图式、叙述者的图式、人物的图式和读者的图式可能相互交织（interweaving）。Cook分析道：

> 作者的图式、叙述者的图式、人物的图式和读者的图式相互交织，这在“楼梯见面”中体现得很充分。它既是房东太太追回房钱“计划”的一部分，也是年轻人想出去的“计划”落空的一部分。我们可以猜想，它还实现了作者的“计划”，比如作者通过冲突创造兴趣的“计划”，或者作者的“目标”，即作者想写一部成功小说的“目标”。(Cook，1994：109)

我们认为，“作者的图式、叙述者的图式、人物的图式和读者的图式相互交织”是读者采取不同阅读位置所致。拉比诺维奇（Peter J. Rabinowitz）提出了三类读者位置，即“叙事的读者”（narrative audience）、“作者的读者”（authorial audience）和“实际的读者”（actual audience）(Rabinowitz，1987：1－43)。简单地说，“叙事的读者”就是融入叙事世界的读者，对其真实性深信不疑，“作者的读者”清楚地知道叙事世界的虚构性，“实际的读者”则指处于具体历史语境中的阅读位置。Cook论述的“楼梯见面”中，无论“房东太太的计划”，还是“年轻人的计划”，都是读者在“叙事的读者”位置采用的图式，而“作者的计划”或“目标”则是读者在“作者的读者”位置采用的图式（该图式包括读者对陀思妥耶夫斯基写作风格的期待）。“叙事的读者”图式解决叙事世界中的连贯问题，“作者的读者”图式则用来解决（隐含）作者意图和文本细节之间的连贯问题，两类图式解决不同性质的连贯，具有不同的功能。比如，Cook在分析的段落中发现了一对相互矛盾的图式：一方面，“他把自己完全封闭起来，不只是房东太太，他切断和任何人的联系，到现在都害怕见人了”；另一方面，“实际上，他一点也不害怕房东太太，管她使什么花招”。Cook将前者看成叙事者的“角度”，后者看成人物的“角度”，前者包含着一个生活主题（年轻人不愿意和人交往），后者包含着人物理解自己的图式（其中也可能有一个生活主题，比如自己勇敢等）。“叙事的读者”可能使用叙事者的图式，也可能使用人物的图式，但无论如何，叙事者的图式和人物图式之间的确造成了矛盾。这种情况下，“作者的读者”的文类图式知识（包括对陀思妥耶夫斯基小说的期待）有助于解决矛盾，也就是，由于了解陀思妥耶夫斯基小说的“复调”特征，“作者的读者”会将叙事者和人物的矛盾在作者的“目标”图式上实现统一。

Cook使用Schank的图式结构来讨论叙事，无疑丰富了对叙事认知过程的研究，但他忽略了两个关键问题。首先，他虽然注意到了叙事理解中可能出现图式上的矛盾，但他没有具体论述读者解决这种矛盾的认知过程；其次，Cook 虽然论述了读者对叙事的理解过程，但没有论述“实际的读者”对叙事的阐释过程。曼弗雷德·雅恩（Manfred Jahn）探讨了叙事理解语境中的自上而下（草案或框架驱动）和自下而上（文本数据驱动）两种加工策略之间的互动关系。他认为，草案和框架引导读者理解特定情景、参与者及事件，但随着叙事世界的展开，文本可能促使读者修改甚至改变其正在使用的理解模式。当出现图式矛盾的情况时，由文化决定的优先规则（preference rules）则会起到关键的控制作用，而最为主要的优先规则之一就是“从文本中读取最大限度的认知回报”（Jahn，1999：150）[①]。

弗卢德尼克（Fludernik）将叙事看成人类“经验性”（experientiality）的传达，提出读者接受与叙事的深层结构之间存在四个普遍的认知层面，而每个层面下又包含若干参数：①关于事件的基本图式；②关于不同视角的图式；③关于文类的经验图式；④基于以上图式的叙事读解图式（Fludernik，1996：4）。事件图式指读者在真实世界里建立的关于行动、行动序列、行动目标的基本概念（这是 Cook 讨论的主要内容）。视角图式指读者对不同叙事视角下叙事材料安排的期待。叙事视角体现人类的经验，同时也协调叙事的内容。视角可以反映主人公的意识（经验视角），可以反映叙事者的意识（讲述视角），还可以反映观察者的意识（旁观视角）等。文类图式涉及读者对不同类型叙事的期待，主要基于读者已有的阅读经验。基于阅读经验的文类图式还包括读者对不同作家形成的不同图式，如对狄更斯和乔伊斯的文类图式肯定不一样。可以看出，弗卢德尼克这三个图式都是基于文本经验的图式，与 Cook 的讨论实际并没有太大差异。弗卢德尼克的独特之处在于她提出用“自然化”（naturalization）来解释读者处理非“常规”叙事或者处理与现实生活经验相悖的叙事的心理过程。她认为，读者在阅读过程中面对文本中前后矛盾之处时，不会认为发生了图式冲突，而倾向于启用新的阐释框架去将这些矛盾“自然化”，并为之找到解释依据。一个典型的例子就是“不可靠叙事者”术语的使用。当第一人称（或第三人称限知）叙事者图式前后矛盾时，读者就会认定该叙事者隐藏了部分信息，冠之以“不可靠叙事者”，并借此将文本中的矛盾现象自

---

① 相关详细讨论，请参考唐伟胜．阅读效果还是心理表征？——修辞叙事学与认知叙事学的分歧与联系［J］．外国文学评论，2008（4）．

然化。相比之下，Cook 虽然也强调“文学话语”可以促使大脑“创造、摧毁、重组图式”，并关注“大脑如何调整自己来表征新经验”（Cook，1994：17－18），但他的重点始终在文学可能“创造、摧毁、重组”什么类型的图式，也就是说，他研究的重心是文学产生了什么样的“陌生化”效果这一层面，而非“陌生化”效果产生的认知机制①。

弗卢德尼克的第四个图式（“读解图式”）涉及读者在赋予叙事意义时使用的框架，也就是 Cook 没有论及的关于“实际的读者”的阐释图式。弗卢德尼克认为，读者在阐释叙事时，会调用前三个图式知识，同时会启用一个更大的意义框架（如女性主义阐释框架、马克思主义批评框架等）来协调这三个图式的内容，以期为叙事找到统一的意义，从而实现对叙事性（在弗卢德尼克那里，“叙事性”就是“经验性”）的最终认识。毋庸置疑，读解图式的形成根植于读者不同的文化背景和意识形态。由此可见，弗卢德尼克认知图式研究的起点是读者的文本经验，终点是“实际的读者”用自己的经验来协调对文本的经验，以达到对文本的阐释。这个研究思路与修辞叙事学颇为接近。比如，美国当代最权威的修辞叙事批评家詹姆斯·费伦（James Phelan）就将读者与叙事的修辞交流分为两个步骤：第一步是“作者的读者”的阅读，第二步是“实际的读者”与“作者的读者”的对话（唐伟胜，2008：6～9）。用弗卢德尼克的术语，前一步骤就是读者的文本经验（包括事件图式、视角故事和文类图式），后一步骤则是读者的阐释经验（即读解图式）。

四、超越“图式”：探索叙事理解的认知过程

无论是 Cook 借来研究文学理解的图式结构模式，还是弗卢德尼克提出的“叙事性”的四大图式，都是世界知识的心理表征，其实质是研究叙事与读者世界知识（及其心理表征）之间的互动关系，无论将图式看成静态知识还是动态结构，他们都更关注图式本身，而不是读者将图式知识使用于叙事认知的过程。新近相关理论强调从图式知识出发研究读者深层次的认知过程。如弗雷曼（Margaret H. Freeman）在《建构文学认知理论》中

① Cook 在《话语与文学》一书中详细分析了“陌生化”发生在三个层面：语言、文本和意识感知（language，text and sense perception），分别从他定义的“语言图式、文本图式和世界图式”三个方面“创造、摧毁和重组”读者的图式。

这样定义“认知诗学”：

> 认知诗学的特点是……认为意义不存在于语言之中，而更多存在于意义被语言提取的过程中。也就是说，我们作为说话者/读者会将自己的世界知识带入话语或文本的理解，包括文化知识、社会政治经济知识等等。进一步说，所有这些知识都通过我们的“身体经验”，也就是我们在物质世界中的取向得到概念化。我们对文本意义的理解程度取决于我们拥有的世界知识的程度。(Freeman，2003：272)

弗雷曼在这里将“世界知识”界定为“文化知识、社会政治经济知识”，并认为这些知识都是基于身体经验的概念化产物，这些概念化的“世界知识”完全决定我们对文本意义的理解。概念化就是一个认知过程，所以弗雷曼的基本观点可以归纳为：（抽象的、普遍的）认知过程将我们从身体经验中所获得的世界知识概念化，概念化后的世界知识决定我们对文学的理解。弗雷曼的“认知诗学”建立在这个抽象而普遍的认知过程中。实际上，弗雷曼在《建构文学认知理论》一文中，主要借鉴认知语言学中的“隐喻”（metaphor）和“映射”（mapping）概念，将它们上升为“普遍”的认知规律，然后来研究文学文本中的“认知结构”（弗雷曼称之为原型解读，prototypical reading），以及这种结构对实际读者具体阐释的制约。实际读者无论采用何种框架（女性主义、马克思主义、神学等），其阐释都必须符合文学作品脱离了具体阐释语境的原型解读，否则就是错误的。在分析埃米丽·狄金森（Emily Dickenson）在《我的茧》（*My Cocoon*）一诗中使用蚕茧来映射人生之后，弗雷曼论述道：

> 该诗的说话者（或主体）将自己比作正欲破茧而出的蝴蝶。文学批评家将根据这个“类比映射”的原因和目的对该诗进行各种各样的阐释。比如，从女性主义的角度，蝴蝶可被看作抵制父权束缚的女性；从元文学的角度，蝴蝶可代表诗歌试图摆脱散文束缚的力量；从神学的角度，蝴蝶则是“复活”的象征。所有这些读解都是可能的。然而，这些读解没有说明，到底是什么因素使得批评家得以作出这样的类比。这些读解之所以可能，是因为它们都符合该诗由认知分析所揭示的原型读解。因此，认知诗学

可被看作限制文本阐释的一种方法。(Freeman，2003：256)

很明显，弗雷曼的"认知诗学"并不关心不同社会文化语境中读者的具体阐释，而是试图揭示文本组织和具体阐释背后的深层认知机制。值得注意的是，弗雷曼将着重点放在认知机制与文学（包括叙事）意义创造及阐释的交界处，即哪些普遍的认知机制决定作者创造文学意义以及读者阐释文学意义的过程：这一过程不是简单的图式知识应用、摧毁或重建的过程，也不是不同读者使用不同图式的过程，而是所有作者/读者（至少处于同一大文化背景或使用同一语言的所有作者/读者）在创作/阅读所有文学作品（包括叙事）时的认知过程。这一派研究的目标是为文学理解提供普适的认知基础，因此完全可以称之为"纯认知诗学"，其特点是借用诸如"隐喻"、"映射"、"混合"（blending）、"心理空间"（mental space）等概念，来讨论文学创作与理解的终极认知规律。诚然，"纯认知诗学"完全可以与结构主义叙事学相提并论：两者的研究驱动均来自寻找普遍规律，只不过结构主义叙事学将眼光投向文本内部，认为不同内容、不同媒介的文本均包含一些永恒不变的深层结构，而"纯认知诗学"则将眼光投向读者的大脑深处，认为那里潜藏着一些亘古常青的认知规律①。比如，马克·特纳（Mark Turner）将文学思维与日常思维等同起来，认为故事的认知机制是"寓言投射"（parabolic projection），即将源故事以各种方式投射到目标故事，该过程中可以创造多个心理空间（mental spaces），包括源空间、目标空间、混合空间（blended space）、种属空间（generic space）②。意义不局限于心理概念，而是"多个空间投射、混合、结合等复杂运作之结果"（Turner，1996：86）。G. 福康尼尔（G. Fauconnier）则将"映射"看作用来解释文学隐喻和自然语言语义推理的普遍机制。他区分了四类映射：投射映射（projection mappings），指将某个域的结构投射到另一域，如"to think straight"就是将空间域投射到推理域；语用功能映射（pragmatic function mappings），指两个相关域之间通过语用功能的相互

---

① 正是基于这一认识，笔者认为，认知叙事学与经典叙事学同属诗学范畴，但研究路径完全不同，而相比之下，女性主义叙事学及修辞叙事理论都是对经典叙事学概念的"语境化"应用，是以意义阐释为研究旨归的。详细讨论见唐伟胜的《阐释还是诗学，借鉴还是超越：再论后经典叙事学与经典叙事学的共存关系》一文。

② "种属空间"由一个具体的空间投射而来，形成了一个种属空间（抽象）结构，而这个种属空间又可被投射到无穷的具体空间中。

映射，如用医院病人来代表其所患病症（“借代”就是一种语用功能映射）；图式映射（schema mappings），指用一个普遍图式、框架或模式来建构语境中的情景；心理空间映射（mental-space mappings），该映射将话语中建立的心理空间连接起来，用来解释许多现象在逻辑上难以解释的特征（如反事实、假设、无时性，叙事时态和指示，间接和直接话语等）（Fauconnier，1997：10－12）。

特纳和福康尼尔论述的“心理空间”与叙事理解尤为相关。如特纳所述，文本理解主要涉及建构相互联系的心理空间，文本意义则产生于这些心理空间之间的“复杂运作”。福康尼尔将首先建立起的心理空间称作“基础空间”（base space），而将通过语言符号等“空间建构物”（space builder）建立的心理空间称为“新空间”（new space）。不同空间之间存在时间距离和认识距离，即本体地位（或真假状态）不同（Fauconnier，1997：72）。就传统第三人称过去时叙事而言，“基础空间”对应于叙述时空，而通过故事事件建构的“新空间”发生在叙述之前，如果“新空间”与“基础空间”仅有时间上的距离，而没有认识上的距离，这些“新空间”就构成“小说中的现实”（reality within fiction）（Fauconnier，1997：50）。叙事理解就建立在这些“现实”的心理空间与人物虚拟的心理空间（也就是读者建构的，但与叙述基础空间相悖的人物心理空间）之间的互动关系基础上。不难看出，“心理空间”与“可然世界”（possible worlds）理论有相似之处：两者都强调确立叙事世界中的“真实”，然后考察人物世界与“真实”世界之间的关系（唐伟胜，2008：5～8）。但两者的重点不同：“可然世界”理论的重点在于论述叙事世界的性质、构成和分类，与结构主义叙事学更相似；“心理空间”理论更注重研究心理空间如何通过“空间建构物”投射而成，与认知科学结合更紧密（Gavins，2007：191）。

尽管没有使用“心理空间”的术语，埃默特（C. Emmott）的“语境框架”（contextual frame）概念体现了“心理空间”在叙事理解中的作用。Emmott 将“语境框架”定义为“当前语境中信息的心理表征的集合”，而“语境信息”指“读者对叙事任何点上关于人物、地点和时间配置的‘片段’（episodic）信息的表征，而不是关于个人和地点的具体细节”（Emmott，1997：102）。不难看出，“心理空间”和“语境框架”是同一层次的概念。正如在叙事中有很多“空间建构物”（比如视角、话语表达方式等）参与新“心理空间”的建构，叙事中的各种新信息也参与语境框架的

“修正”（modification）或“转换”（switch）等。一旦读者建立了某个“语境框架”，其中各种信息的心理表征便被存储下来，当叙事以某种方式唤起（recall）这个“语境框架”，存储在其中的各种语境信息便被自动唤醒，即使这些信息没有被明确用语言表达出来。很显然，“语境框架”理论有助于解释我们对叙事的理解过程，甚至能解释叙事对读者产生的某些效果。埃默特主要用该理论来解释读者理解叙事中代词和其他指代现象，但不难看出，“语境框架”概念可用于解释读者阅读中的多种推理过程。

由保罗·维尔斯（Paul Werth）1999年率先提出，后经P.斯多克维尔（Stockwell）及J.加文斯（Gavins）等人阐发的“文本世界理论”（text world theory）与“心理空间理论”也相当接近。“文本世界”指我们在对语言进行概念化过程中建构起来的心理表征，也就是福康尼尔的“心理空间”。该理论将“话语”（discourse）分为三个概念层次：第一层次为“话语世界”（discourse-world），即人类交际的直接场景，包括理解话语产生和理解的所有语境因素；第二层次为“文本世界”（text-world），该世界“是一个指示空间，首先由组成这个世界的话语，尤其是其中的指示和指称因素所决定”；第三层次为文本内“次级世界”（sub-world），指由文本世界内的人物叙述或者想象出来的世界（Werth，1999：51）。“文本世界理论”认为，读者对叙事中不同概念层次的世界进行表征的过程是一个“指示转移”（deictic shift）的过程，读者都具备这样的认知能力，将“指示中心”（deictic center）投射到其他的人或者物上，即能够采用他人（或物）的视角来理解世界（Stockwell，2002：47）。“指示转移”可以按两种方式进行：从高层次指示中心转移到低层次指示中心（比如从话语世界转入文本世界），Stockwell称之为“推进”（push）；或者从低层次指示中心转移到高层次指示中心（比如从人物次世界转入文本世界），Stockwell称之为“弹出”（pop）。值得注意的是，无论是“心理空间”“语境框架”还是“文本世界”，都是读者图式知识与叙事话语共同作用的心理建构，较之别的图式理解理论，它们都更强调研究读者应用图式知识的动态认知过程。

五、结语

与修辞叙事学强调研究叙事对读者产生的阅读效果不同，认知叙事学重点研究读者理解叙事的认知过程，关注“叙事结构和叙事技巧如何对读者产生意义”这一问题，图式理论为实现这个研究目标提供了很好的研究基础。认知叙事学使用图式理论来研究"故事图式""叙事理解中的图式层级结构和类别"，并超越静态的图式理论，将该理论用于分析叙事理解的动态认知过程，产生了诸如"映射""心理空间""语境框架""文本世界"等理论和概念。认知叙事学的研究在国内学界尚属起步阶段，① 笔者希望本文在厘清相关概念的同时，亦能激发国内学界对认知叙事学的研究兴趣。

参考文献

[1] Cook, G. *Discourse and Literature*: *The Interplay of Form and Mind* [M]. Oxford: Oxford University Press, 1994.

[2] Emmott, C. *Narrative Comprehension*: *A Discourse Perspective* [M]. Oxford: Clarendon Press, 1997.

[3] Fauconnier, G. *Mappings in Thought and Language* [M]. New York: Cambridge University Press, 1997.

[4] Fludernik, M. *Towards A "Natural" Narratology* [M]. London & New York: Routledge, 1996.

[5] Freeman, M. H. Poetry and the Scope of Metaphor: Toward a Cognitive Theory of Literature [A]. In Antonio Joanna, G. & Steen, G. *Cognitive Poetics in Practice* [M]. London & New York: Routledge, 2003.

[6] Gavins, J. *Text World Theory*: *An Introduction* [M]. Edinburgh: Edinburgh University Press Ltd., 2007.

[7] Jahn, M. "Speak, Friend, And Enter": Garden Paths, Artificial Intelligence, and Cognitive Narratology [A]. In Herman, D. *Narratologies*: *New Perspectives on Narrative Analysis* [C]. Columbus: Ohio State University Press, 1999.

[8] Labov, W. & Waletzky, J. Narrative Analysis: Oral Versions of Personal Experience [A]. In Helm, J. *Essays on the Verbal and Visual Arts* [C]. Seattle: University of Washington Press, 1967.

[9] Mandler, J. M. *Stories*, *Scripts*, *and Scenes*: *Aspects of Schema Theory* [M]. Hillsdale & New Jersey: Lawrence Erlbaum Associates, Inc., Publishers, 1984.

---

① 在中国知网（CNKI）上搜索，全文中含有"认知叙事学"一词的论文共136条，主题中含有"认知叙事学"一词的论文更寥寥无几，仅有《叙事结构与认知过程：认知叙事学评析》（申丹，2004），《叙事研究中的认知取向》（唐伟胜，2004），《叙事性的认知图式及认知基础》（唐伟胜，2006），《阅读效果还是心理表征？——修辞叙事学与认知叙事学的分歧与联系》（唐伟胜，2008），《认知叙事学视野中的小说人物研究》（唐伟胜，2008）等少数几篇。认知叙事学还未引起国内学者的重视，而这一分支在国外（尤其是美国）已经形成壮观之势。

[10] Rabinowitz, P. J. *Before Reading: Narrative Conventions & the Politics of Interpretation* [M]. *Ithaca & London: Cornell University Press*, 1987.

[11] Schank, R. C. & Abelson, R. *Scripts, Plans, Goals and Understanding* [M]. Hillsdale & New Jersey: Lawrence Erlbaum Associates, Inc., Publishers, 1977.

[12] Stockwell, P. *Cognitive Poetics: An Introduction* [M]. London & New York: Routledge, 2002.

[13] Turner, M. *The Literary Mind* [M]. Oxford: Oxford University Press, 1996.

[14] Werth, P. *Text Worlds: Representing Conceptual Space in Discourse* [M]. New York: Longman, 1999.

[15] 唐伟胜．论可然世界理论对“叙事世界”的解释力与局限 [J]. 西安外国语大学学报，2008 (4).

[16] 唐伟胜．叙事进程与多层次动态交流：评詹姆斯·费伦的修辞叙事理论 [J]. 四川外语学院学报，2008 (3).

（原载《外国语》2013 年第 4 期，略有改动）

作者简介

唐伟胜，南方医科大学外国语学院教授，博士，研究方向为叙事理论、当代美国文学。

阅读效果还是心理表征？
——修辞叙事学与认知叙事学的分歧与联系

唐伟胜

一、前言

20 世纪 90 年代中期，叙事学在西方学术界出现了小规模“复兴”，关于这个“复兴”的过程以及“复兴”后叙事学的基本面貌，中外学者都有论述，如戴维·赫尔曼（David Herman）、布莱恩·瑞恰森（Brian Richardson）、申丹等。自赫尔曼 1997 年首次使用“后经典叙事学”（post-classical narratology）来指称 20 世纪 90 年代以降的叙事学，“后经典叙事学”便成为一个与 20 世纪 60 年代开始于法国的“经典叙事学”相对应的术语，并越来越多地被中外学界所接受。与“经典叙事学”不同的是，“后经典叙事学”包含多种研究模式，各种模式的研究目的也不尽相同，因而与经典叙事学形成了不同的互补关系。目前，在各种“后经典叙事学”研究模式中，比较有影响的主要是三个分支，即在“语境主义叙事学”背景下发展出来的女性主义叙事学、以“芝加哥学派”为基础的修辞叙事学和建立在认知科学基础上的认知叙事学。正如笔者在别处论述的那样，虽然女性主义叙事学对经典叙事学发起了猛烈批判，并试图建立新的女性主义叙事诗学，但它注定只能作为阐释理论，借鉴经典叙事学范畴来进行性别批评。修辞叙事理论自身有着悠久的理论传统，它不强调某一政治立场，但同样利用经典叙事学的形式分析工具来更新修辞研究模式。从某种意义上看，修辞叙事学框架可以容纳女性主义叙事学，二者的研究目的虽然不尽相同，但在研究模式上没有本质差别。基于这种考虑，本文将着重考察修辞叙事学与认知叙事学在研究模式和研究目的上的差异，同时试图表明，修辞叙事学在考察叙事中的各种修辞关系时，既可借鉴以文本为基础的经典叙事学范畴，也可借鉴使用以认知科学为基础的认知叙事学范畴。

二、分歧：作为阐释模式的修辞叙事学与作为诗学模式的认知叙事学

从 20 世纪 40 年代开始，当美国文学批评界仍被“新批评”等形式批评方法占据主导地位时，以芝加哥大学为中心的一批学者就开始致力于恢复亚里士多德的修辞批评传统，从纯形式批评转向研究文学与读者之间的关系，这批学者被称为新亚里士多德学派，也就是芝加哥学派。该学派近 60 多年的发展大致可分为三代：第一代以 R. S. 克莱恩（R. S. Crane）为代表，主要研究文本形式及其产生的“统一效果”；第二代以维恩·布斯（W. Booth）为代表，主要研究作品内部隐含作者通过文本技巧与隐含读者的交流；第三代以詹姆斯·费伦（James Phelan）为代表，主要研究作者、文本和读者之间的多层次动态交流关系。

克莱恩将亚里士多德的“情节”概念从行动（action）扩展到性格（character）和价值（value），在此基础上区分了三种情节成分：行动（action）成分、性格（character）成分和思想（thought）成分，并认为所有非说教类小说都包含这三种情节成分，它们一起确立小说的质量和效果。但不同小说“情节”有不同的组织原则，对作品细节做出的解释和评介必须建立在这些组织原则基础上。这个观点否定了先于作品存在的评判标准，从具体作品的“统一”情感意图出发来研究文本形式（及技巧），可以说奠定了芝加哥学派修辞研究的基石。克莱恩的学生维恩·布斯则将叙事看成作者利用文本这一媒介与读者进行的交流行为，聚焦于多种叙事技巧与叙事（期待）产生的效果之间的关系。布斯的代表作之一《小说修辞学》（*The Rhetoric of Fiction*）仍然将小说看作“统一的艺术作品”，但他的研究重点不是在作为“模仿”的小说中，细节如何为“模仿”这一组织原则服务，而是将小说看成作者与读者的交流活动，研究在这一交流活动中，作者的“统一”修辞意图如何决定叙事技巧。就虚构小说而言，布斯相当于在芝加哥学派中完成了一次研究重心的转向：从研究小说“逼真”的修辞诗学转向研究小说中的修辞交流关系。詹姆斯·费伦则在布斯的基础上，进一步阐述了叙事交流的多层次性。他认为叙事是“某人在某个场合下为某种目的给某个听众讲述某个故事”，这个定义暗含了三个交流层次，一是隐含作者与隐含读者的交流层次，二是叙事者与受述者的交流层次，三是人物与人物的交流层次。同时，该定义既强调“讲述内容”（the told），也强调“讲述过程”（the telling），也就是说，隐含作者或叙述者的

叙述策略、叙述技巧和叙述内容一起影响读者，实现自己的修辞目的。不仅如此，费伦还认为，叙事交流涉及美学、知识、情感、意识形态和伦理等多个层面。读者对叙事任何成分（包括技巧、人物、行动、主题、伦理、情感等）的反应和阐释都依赖于叙事进程（narrative progression），而不是先在于“叙事进程”的叙事类型或其他任何标准。

不难看出，芝加哥学派从一开始就注重研究叙事形式与读者反应之间的关系，所不同的是，早期学者主要关注叙事情节类型，以及情节类型对读者反应的统一和控制作用，后来的学者则更关注除情节以外的其他叙事形式对读者的影响。以费伦为代表的第三代学者则在此基础上，不仅考虑“隐含读者”与“隐含作者”的交流，也在一定程度上考虑“真实作者”和“真实读者”参与交流的可能性。作为一种批评模式，芝加哥学派的修辞叙事理论至少有两个特征：①该学派主要目的是建构叙事阐释的模式，即研究叙事对读者——包括隐含读者和真实读者——产生的阅读效果；②和女性主义（及其他政治批评）叙事学相比，修辞叙事理论并不站在某个特定的政治立场上，但也不排斥借鉴包括女性主义在内的各种政治批评框架来研究读者对叙事的反应。

现在让我们看看认知叙事学。为弄清楚认知叙事学的本质，我们先看看戴维·赫尔曼的定义：

> 认知叙事学综合（经典）叙事学和认知研究相关学科（如心理学、人工智能、心理哲学等）的概念及研究方法，旨在为叙事结构（包括叙事语法的规则系统）及叙事阐释等相关理论建构一个认知基础，以弄清叙事生成与理解中起作用的符号结构和认知资源之间的关系。

这个定义首先指出，认知叙事学并非完全抛弃经典叙事学对叙事结构及叙事语法的研究，而是要为它们“建构认知基础”，也就是要探入叙事结构和叙事语法的“黑匣子”，弄清其深层次的认知机能。认知叙事学的另一个任务是利用认知语言学和认知心理学的相关研究方法，为叙事阐释找到认知心理基础。从这个定义来看，认知叙事学的任务既不像经典叙事学那样研究叙事结构和叙事语法，也不像女性主义叙事学那样阐释具体叙事，甚至也不像修辞叙事理论那样提出某种阐释模式，而是研究这些叙事结构（及语法）和读者阐释背后的“普遍”认知规律。无论是早期罗兰·

巴特解释特定叙事“信息”的生产和阐释的深层符码，20世纪60—70年代拉波夫（Labov）的社会语言学模式，还是20世纪70—80年代认知心理学家和人工智能研究者提出的叙事生产和理解的深层认知结构问题，都致力于研究“故事语法”（story grammar）及“知识表征”（knowledge representation），包括叙事动态阅读中读者的“图式”（schemata）如何被调用、破裂或纠正；读者采取的自上而下（top-down）和自下而上（down-top）的叙事处理策略以及优先规则（preference rule）；读者如何使用各种文本线索推断虚构人物的思想，包括思维叙述、语言表征、行为描写等；读者如何建构叙事“可然世界”（possible world）；读者阐释的认知规律等。

不难发现，认知叙事学虽然强调从读者角度研究叙事，但一般并不关心读者的阐释，而是关心读者阐释产生的过程。弗雷曼（Freeman）的论述很具代表性。在《建构文学认知理论》一文中，弗雷曼借鉴认知语言学中的“隐喻”（metaphor）和“映射”（mapping）概念，将它们上升为“普遍”的认知规律，然后来研究文学文本中的“认知结构”（弗雷曼称之为原型解读，prototypical reading），以及这种结构对实际读者具体阐释的制约。实际读者无论采用何种框架（女性主义、马克思主义、神学等），其阐释都必须符合文学作品脱离了具体阐释语境的原型解读，否则就是错误的。在分析埃米丽·狄金森（Emily Dickenson）在《我的茧》（*My Cocoon*）一诗中使用蚕茧来映射人生之后，弗雷曼论述道：

> 该诗的说话者（或主体）将自己比作正欲破茧而出的蝴蝶。文学批评家将根据这个“类比映射”的原因和目的对该诗进行各种各样的阐释。比如，从女性主义的角度，蝴蝶可被看作抵制父权束缚的女性；从元文学的角度，蝴蝶可代表诗歌试图摆脱散文束缚的力量；从神学的角度，蝴蝶则是“复活”的象征。所有这些读解都是可能的。然而，这些读解没有说明，到底是什么因素使得批评家得以作出这样的类比。这些读解之所以可能，是因为它们都符合该诗由认知分析所揭示的原型读解。因此，认知诗学可被看作限制文本阐释的一种方法。（Freeman，2003：256）

很明显，弗雷曼的“认知诗学”并不关心不同社会文化语境中读者的具体阐释，而是试图揭示文本组织和具体阐释背后的深层认知机制。值得注意的是，弗雷曼将着重点放在认知机制与文学（包括叙事）意义创造及阐释的交界处，即研究所有作者/读者（至少处于同一大文化背景或使用同一语言的所有作者/读者）在创作/阅读所有文学作品（包括叙事）时的终极认知规律。诚然，“认知诗学”完全可以与结构主义叙事学相提并论：两者的研究驱动均来自寻找普遍规律，只不过结构主义叙事学将眼光投向文本内部，认为不同内容、不同媒介的文本均包含一些永恒不变的深层结构，而“认知诗学”则将眼光投向读者的大脑深处，认为那里潜藏着一些亘古常青的认知规律。由此可见，认知叙事学虽然关注读者，但它并不关心读者对叙事做出什么样的阐释，而是试图建立所有读者如何对叙事结构及其意义建立心理表征的普遍诗学体系。

三、例证：詹姆斯·费伦和曼弗雷德·雅恩如何研究“嵌入叙事”？

为进一步看清修辞叙事学和认知叙事学研究思路上的差异，我们对比一下詹姆斯·费伦和曼弗雷德·雅恩（Manfred Jahn）对“嵌入叙事”（embedded narrative）所作的研究。

费伦分析的是安·波特的短篇小说《魔法》（*Magic*）。他认为，《魔法》存在两个明显的叙事层次：首先是故事外叙事者提供一个叙事情景（框架叙事层），其中的人物包括女佣及其主人布兰查德夫人，事件是女佣给主人讲述一个关于魔法的故事？其次是女佣为叙事者的叙事层次（嵌入叙事层），其中的主要人物包括妓女尼内特、老鸨及黑人厨师，事件是尼内特反抗老鸨，黑人厨师施魔法使其返回妓院。当然，在这两个层次之外，还有一个叙事层，即作为隐含作者的波特与真实读者之间交流的层次。费伦对《魔法》提出的问题是：①女佣为什么要讲故事？她怎么讲的？她的故事对听众的效果如何？②叙事者为什么要讲故事？如何讲的？③波特为什么要讲故事？如何讲的？④波特的故事、叙事者的故事和女佣讲的故事之间有什么关联？

费伦分析道：与很多叙事不同，叙述者没有通过直接评论或间接描述让读者去了解其叙事意图。框架叙事者只出现两次，报告了女佣向布兰查德夫人讲述尼内特的故事以及布兰查德夫人的两次问话，而嵌入叙事者（即女佣）也没有直接陈述其叙事的意图。可见，波特最大限度地模糊了《魔法》中两个叙事层次之间的界限，从而逼迫读者主动去寻找两个层次叙事间的并列和对比，以找到上述问题的答案。首先，框架叙事中的布兰查德夫人和嵌入叙事中的老鸨：尽管她们生活在不同的社会空间，但都属于“统治阶层”，拥有金钱、权力和雇工；其次，女佣和尼内特：她们都是为贵夫人服务的雇工；最后，女佣和厨师：她们都是黑人，都喜欢魔法并生活在懂魔法的人中间。这些对比可以提供解决女佣叙事意图的线索。比如，女佣可能在通过叙事来警告布兰查德夫人，如果你不好好待我，我就会像尼内特一样反抗你；或许，女佣在暗示布兰查德夫人，自己也会施魔法，所以你要小心点。由于女佣的嵌入叙事结尾与框架叙事结尾耦合，所以读者无从知道女佣的意图究竟是否成功，但从布兰查德夫人两次追问女佣故事结尾的举动来看，她已经被女佣的故事所吸引，好似被女佣的魔法所笼罩。那么，波特的修辞意图是否也像女佣一样，要读者相信她叙事的魔法？很明显不是。在波特的故事中，尼内特并非被厨师的魔法所征服，而是被她的各种社会对立面所击败。她回到妓院，是因为她没有钱维持生计，没有别的生活出路。所以波特的故事不是关于魔法，而是关于反抗的失败和统治阶层的胜利，但女佣的叙事明显产生了巨大的威慑力量，虽然读者无法知晓那种力量的最终效果。因此，如果说女佣的叙事成功地迷住了布兰查德夫人，那么波特的叙事也成功地迷住了我们，让我们感受到了叙事的力量。总之，《魔法》证明了叙事的修辞功能，体现了不同叙事层次之间的交流关系。

曼弗雷德·雅恩探讨了叙事理解语境中的自上而下（草案或框架驱动）和自下而上（文本数据驱动）两种加工策略之间的互动关系。他认为，草案和框架引导读者理解特定情景、参与者及事件，但随着叙事世界的展开，文本可能促使读者修改甚至改变其正在使用的理解模式。当出现图式矛盾的情况时，由文化决定的优先规则（preference rule）则会起到关键的控制作用，而最为主要的优先规则之一就是“从文本中读取最大限度的认知回报”。雅恩以《瓦特·米蒂的秘密生活》（*The Secret Life of Walter Mitty*，以下简称《秘密生活》）为例论述了当图式出现矛盾时读者的认知策略。和《魔法》一样，《秘密生活》也是一篇典型的嵌入叙事。小说开篇描述主人公米蒂的战争白日梦，随后才转入叙事的第一层次：惧内的米蒂与妻子一起开车前往商场购物。叙事过程中，两个层次共发生了四次交替。交替中没有任何指示语，而是通过叙述者变换不同叙述风格来实现。《秘密生活》开篇的描述很容易使读者联想到老套的詹姆斯·邦德式的电影场景。尽管其中有很多不和谐的地方，如司令的衣着、飞机发出的声音等并不符合常规的邦德电影图式，但读者此时无论如何也想不出这是米蒂的想象世界，而自动采取“自上而下”的加工策略（即文类策略）。当然，有能力的读者（competent reader）会产生疑惑，因为《秘密生活》的作者瑟伯（Thurber）并非一位描写战争的作家（这里读者使用的是关于作者的图式），这样，“邦德电影”图式和“瑟伯”图式就产生了矛盾，将读者带到一条“花园路”上，让他面临充满疑惑的选择。只有当嵌入的米蒂想象世界弹离，叙事第一层次弹入之后，读者才看清楚花园路的走向。此时读者主动放弃了先前使用的认知框架（即邦德电影框架），启用“瑟伯”框架对叙事进行重新理解，因为战争框架完全无法用来理解第一叙事层次中的世界（即米蒂与妻子之间的关系）。所以，尽管《秘密生活》之后又三次弹入了米蒂的想象世界，但读者再不会为之所动。然而，读者的理解到此并没有完结，因为多数读者并不仅满足于看清花园路走向，他们还需要从叙事中获得最大限度的认知回报。具体地说，他们需要知道米蒂与妻子的关系到底怎样，或者说，现实中米蒂的生活状况如何，他为什么要不断对战争场面进行想象？嵌入叙事的不断弹出和弹入驱动着读者对“文本数据”的阐释。想象世界中，米蒂英勇果敢、充满豪气，能决定和改变事态发展的方向；现实世界中，米蒂唯唯诺诺、无所适从，对妻子言听计从，根本没有自己的主见。两个世界的无缝对接促使读者对米蒂、对生活，甚至对邦德电影产生思考——“白日梦”的荒谬、现实生活的无奈、邦德电影作为文类的虚构性等。总之，《秘密生活》证明了叙事可以引发、改变和深化读者的认知进程。

四、交叉：修辞叙事学和认知叙事学对“阅读过程”的描述

修辞叙事学的代表人物詹姆斯·费伦认为，叙事阅读是一个多层次的活动，它涉及读者的知识、情感、意识形态和伦理等方面。他借鉴拉比诺维奇（Peter J. Rabinowitz）的相关理论，将读者分为“实际的读者”“作者的读者”和“叙事的读者”三个阅读位置，不同读者位置与叙事的交流方式不同：“叙事的读者”将叙事世界视为真实存在，“作者的读者”能充分意识到叙事的虚构性和修辞性，“实际的读者”则与“作者的读者”进行对话。这样，费伦描写了修辞阅读的两个步骤：第一步是“作者的读者”的阅读，第二步是“实际的读者”和“作者的读者”的对话。在这里，费伦认为读者面对叙事时，首先会自动进入“作者的读者”位置，努力和“隐含作者”进行交流，读者在阅读时拥有“双重意识”（double consciousness),既将叙事视为“真实的”,同时也将其视为“虚构的”:只有将叙事视为“真实的”,读者才能融入叙事世界中;只有将叙事视为“虚构的”,读者才能讨论其修辞性。不仅如此,费伦还认为,“实际的读者”位置会对“作者的读者”位置产生影响,“不同文化经历的读者在信仰、希望、恐惧、偏见和知识方面存在差异,这些差异会导致我们从叙事细节中推断出不同的‘作者的读者’和‘叙事的读者’”。比如在分析康拉德小说《秘密分享者》时,费伦提出,为了证明小说是否隐含了“同性恋秘密”,读者必须从叙事中找到证据,但即便有证据,承认“同性恋”秘密的存在也可能是(实际的)读者所处时代背景影响的结果,那么:

> 这个秘密到底是隐含的康拉德建构的,还是有血有肉的批评者建构的?我不完全知道。进一步说,我感觉在叙事修辞方法中,这个问题并不重要。当读者确定的主体性与文本的他性相遇时,分析者不是总能明确地划分“有血有肉的读者”与“作者的读者”之间的界限的——或者更普遍地说,不能划分读者、文本和作者之间的界限。修辞交易中的这些不同因素的协同作用恰恰是修辞方法想要承认的。

这样,修辞阅读的两个步骤就不能截然分开,各个阅读位置可以相互影响,也就是说,不同“实际的读者”可以从叙事文本中推断出不同“作者的读者”,同一叙事文本可能有多种(作为阅读体验)的“作者的读者”,费伦认为读者可以“讨论这些体验,尤其是讨论这些体验的文本基础,相互取长补短”。

很明显,修辞叙事理论讨论“阅读过程”的主要目的是指出不同阅读位置在文本基础上可以相互交流,最终对文本做出更为全面的阐释。以探讨读者“诗学能力”(poetic competence)为主要任务的认知叙事学则将“阅读过程”和读者的心理表征结合起来进行研究,该理论对“阅读过程”的描述与修辞叙事理论出现了某种程度上的相似和重合。比如,莱恩(Ryan)在用“可然世界”理论来解释读者对叙事的阅读过程时认为,读者若以“现实世界”为参照点看叙事世界,叙事世界就是“假”的;但读者若以叙事世界为参照点,叙事世界就是“真”的,而“现实世界”则成为另一个“假”的可然世界。她使用“游戏”来描述这一阅读过程:站在游戏之外,我们知道游戏是与现实不同的活动,但一旦进入游戏,我们就必须遵从游戏制定的规则。莱恩的描述与费伦所谓的阅读"双重意识"是完全一致的：站在"叙事世界"中的阅读位置就是"叙事的读者"，而站在"叙事世界"之外的阅读位置就是"作者的读者"。所不同的是，费伦区分阅读位置旨在说明不同位置之间的交流，而莱恩的目的则在于揭示站在叙事世界之外的读者是如何表征叙事世界的。斯多克维尔（P. Stockwell）在其《认知诗学入门》（*Cognitive Poetics: An Introduction*）中将文学阅读过程描述成"指示转移"（deictic shift）的过程。他认为，文学文本世界由多个构筑在"人物、叙述者或受述者周围"的指示场（deictic field）组成。读者阅读时，必须从现实世界转移到文本中的叙事者或人物的"指示场"，并在文本建构的各种"指示场"中不停转移，最终从文本的"指示场"回到现实世界，而读者发现和识别文本"反讽"意义正是通过这最后一步才能实现。不难看出，斯多克维尔对"阅读过程"的描述和费伦对修辞阅读两个步骤的描述颇为一致，两者的区别在于，前者描述这一过程是为了寻找其认知依据，后者描述这一过程是为了阐明其产生的阅读效果。

五、借鉴：认知叙事学范畴如何用于考察叙事修辞交流关系

正如经典叙事学范畴可以有效地用来考察读者与叙事文本的修辞交流关系，笔者认为，作为诗学体系的认知叙事学范畴也可用来丰富对叙事修辞交流关系的研究。具体地说，认知叙事学范畴可以帮助我们更深入地理解故事世界，尤其是挖掘人物的心理和动机，从而更准确地把握叙事修辞关系。兹以两例说明。

1. 人物"思维风格"的认知分析

英国学者瑟敏诺（E. Semino）利用认知叙事学的相关概念，对文评家R. 福勒（Fowler）的"思维风格"（mind style）进行了改造。她认为，福勒对"思维风格"采取的是语言学研究模式，仅从语言表征出发来研究"思维风格"，忽略了"认知方式"。认知诗学（包括认知叙事学）则强调从认知理论角度来考察虚构人物（甚至叙事者或作者）的"思维风格"（包括认知习惯、概念结构等），因此为"思维风格"提供了一个与语言学方法互补的研究视角。比如，瑟敏诺使用隐喻和映射理论分析了约翰·福尔斯《收藏者》（*The Collector*）中弗里德里克·克里格（Frederick Clegg）的思维风格。该小说中，主人公克里格的思维风格可以概括为他从蝴蝶域

到米兰达（Miranda）域建立的系统映射：他不仅在蝴蝶和米兰达的特性和行为之间不断进行隐喻对应，而且还有用蝴蝶和收集蝴蝶来理解经验的整体认知倾向，这体现了他不符合文化普遍认知倾向的变态思维风格。在下面选段中，米兰达主动提出以性作为释放她的条件，这让克里格很不齿：

> 她（米兰达）就像一只幼虫，本来需要三个月才成熟，却想几天就长大。我知道这不会有好结果，她总是那样迫不及待。

在这里，克里格使用蝴蝶幼虫作为源输入空间（source input space），把它投射到米兰达这个目标输入空间（target input space）。按照M. 特纳的投射理论，这个过程建立了一个“种属空间”（generic space）和“混合空间”（blended space），在这里，种属空间是“某些物体需要一定数量的时间才能长大”，在混合空间里，米兰达和幼虫混合，发展性关系需要的时间与幼虫成长需要的时间混合，米兰达迫不及待地提出希望性关系像幼虫想在几天内就长大一般快速发展。值得注意的是，在混合空间里，克里格将“发展性关系需要的时间”这一纯主观事件与“幼虫成长需要的时间”这一纯客观事件相提并论，认为米兰达的要求有违自然规律，从而开始觉得她不值得尊重。克里格对米兰达态度的转变导致了当后者患肺炎时，他不及时采取行动的结果。

隐喻和映射理论本来是用来解释读者理解故事（或阐释者理解语言）认知机制的理论，但瑟敏诺很有成效地将这套理论用于分析叙事中人物的思维风格，补充了传统的语言学分析方法。瑟敏诺的方法解决的不是读者理解叙事的心理过程，而是利用认知理论来帮助解释人物的认知习惯和概念结构，使读者能够更深入地把握人物的内心世界，可以更有效地解释人物的行为逻辑，从而顺利实现读者与作者的修辞交流。

2. 人物意识—行动连续体

多里特·柯恩（Dorrit Cohn）在《透明的思维》（*Transparent Minds*）中，对虚构叙事中的人物意识作了如下区分：引用的独白（quoted monologue，相当于直接式）、心理叙述（psychonarration，相当于间接式）及叙述的独白（narrated monologue，相当于自由间接式）。然而，在英国学者帕默（A. Palmer）看来，柯恩仅从叙事形式策略角度对虚构人物的意识或思维进行了区分，仅研究了明确叙述出来的人物意识，没有涉及隐藏在人物行动中的意识。帕默认为，明确叙述出来的人物意识仅是“冰山一角”，读者需要对隐含在叙事文本世界中的人物意识做出大量的推断，才能真正理解叙事世界。利用莱恩提出的“可然世界”叙事理论，帕默认为读者在进入叙事世界时会自动采用“最小偏离原则”（principle of minimal departure），即读者建构虚构人物意识时，会使用已经建立的或预先储存的关于现实生活中他人意识的知识来处理虚构人物意识。由于虚构人物肯定是不完全的，需要（关于思维、行动、语境、因果等）框架、草案和优先规则来填补故事世界中的空白，提供预设，以使读者能够从文本中建构人物意识。在这个认知过程中，人物意识表征的几类文本策略（如内心话语、直接思维、自由间接思维、叙述思维等）只起非常有限的作用，大量的建构是由读者通过人物行动来进行的。帕默提出，虚构人物意识和行动之间的界限并不严格，而是构成一个“意识—行动连续体”（thought-action continuum），人物意识“镶嵌”在其行动中，读者可以依靠特定上下文从行动中推断人物意识。

不难看出，虽然帕默讨论的主题是读者从人物行动中推断人物意识的认知过程，但他提出的“意识—行动连续体”概念可以与经典叙事学的“聚集”“声音”等范畴结合起来，考察人物思维状态，从而更好地理解叙事世界，实现作者、文本和读者之间的修辞交流。

六、结论

修辞叙事学和认知叙事学是后经典叙事理论中的两个重要分支。修辞叙事理论主要考察叙事中作者、文本和读者之间的多层次交流关系，认知叙事理论则试图揭示读者对叙事的认知理解过程。修辞叙事学和认知叙事学都注重研究叙事的阅读过程，但前者强调的是读者对叙事的阐释和反应，即读者的阅读效果，关注“叙事结构和叙事技巧对读者意味着什么”的问题；后者强调的则是读者理解叙事的认知过程，即读者的心理表征，关注“叙事结构和叙事技巧如何对读者产生意义”的问题。也就是说，前者主要研究叙事结构产生的具体意义，后者主要研究叙事结构及其意义生成的认知基础。虽然修辞叙事学与认知叙事学在研究模式和研究目的上存在差异，但二者在描述叙事阅读过程时有相似之处，同时，认知叙事学可以为修辞叙事学考察叙事中各种修辞关系时提供有用的范畴。

参考文献

[1] Baker, J. R. From Imitation to Rhetoric: The Chicago Critics, Wayne C. Booth, and Tom Jones [J]. *Novel: A Forum on Fiction*, 1973 (6).

[2] Booth, W. C. *The Rhetoric of Fiction* [M]. Chicago: University of Chicago Press, 1961.

[3] Cook, G. *Discourse and Literature* [M]. Oxford: Oxford University Press, 1994.

[4] Cohn, D. *Transparent Minds: Narrative Modes for Presenting Consciousness in Fiction* [M]. Princeton: Princeton University Press, 1978.

[5] Crane, R. S. The Concept of Plot and the Plot of Tom Jones [A]. In Richardson, B. *Narrative Dynamics: Essays on Time, Plot, Closure, and Frames* [M]. Columbus: Ohio State University Press, 2002.

[6] Dolezel, L. *Herterocosmica: Fiction and Possible Worlds* [M]. Baltimore & London: The Johns Hopkins University Press, 1998.

[7] Fauconnier, G. *Mappings in Thought and Language* [M]. New York: Cambridge University Press, 1997.

[8] Freeman, M. H. Poetry and the Scope of Metaphor: Toward a Cognitive Theory of Literature [A]. In Barcelona. *Metaphor & Metonymy at the Crossroads: A Cognitive Approach* [M]. Berlin & New York: Mouton de Gruyter, 2003.

[9] Herman, D. *Narratologies: New Perspectives on Narrative Analysis* [M]. Columbus: Ohio State University Press, 1999.

[10] Herman, D. Scripts, Sequences and Stories: Elements of a Postclassical Narratology [J]. *PMLA*, 1997 (112).

[11] Herman, D. *Narrative Theory and the Cognitive Sciences* [M]. Stanford: CSLI, 2003.

[12] Herman, D. *Genette Meets Vygosky: Narrative Embedding and Distributed Intelligence* [J]. *Language and Literature*, 2006 (15).

[13] Jahn, M. Frames, Preferences, and the Reading of Third-person Narratives: Towards a Cognitive Narratology [J]. *Poetics Today*, 1997 (18).

[14] Jahn, M. "Speak, Friend, And Enter": Garden Paths, Artificial Intelligence, and Cognitive Narratology [A]. In David Herman. *Narratologies: New Perspectives on Narrative Analysis* [M]. Columbus : Ohio State University Press, 1999.

[15] Palmer, A. *Fictional Minds*. Lincoln: University of Nebraska Press, 2004.

[16] Phelan, J. *Narrative as Rhetoric: Technique, Audiences, Ethics, Ideology* [M]. Columbus: Ohio State University Press, 1996.

[17] Phelan, J. *Reading People, Reading Plots: Character, Progression, and the Interpretation of Narrative* [M]. Chicago & London: University of Chicago Press, 1977.

[18] Rabinowitz, P. J. Truth in Fiction: A Reexamination of Audiences [J]. *Critical Inquiry*, 1977 (4).

[19] Richardson, B. Recent Concepts of Narrative and the Narratives of Narrative Theory [J]. *Style*, 2000 (34).

[20] Ryan, M. *Possible Worlds, Artificial Intelligence, and Narrative Theory* [M]. Bloomington & Indianapolis: Indiana University Press, 1991.

[21] Semino, E. A. Cognitive Stylistic Approach to Mind Style in Narrative Fiction [A]. In Semino, E. & Culpeper, J. *Cognitive Stylistics: Language and Cognition in Text Analysis* [M]. Amsterdam: John Benjamins, 2002.

[22] Stockwell, P. *Cognitive Poetics: An Introduction* [M]. London & New York: Routledge, 2002.

[23] Tsur, R. *Toward a Theory of Cognitive Poetics* [M]. Amsterdam: North-Holland, 1992.

[24] Turner, M. *The Literary Mind* [M]. New York & Oxford: Oxford University Press, 1996.

[25] Zunshine, L. Theory of Mind and Experimental Representations of Fictional Consciousness [J]. *Narrative*, 2003 (11).

[26] 申丹. 美国叙事理论研究的小规模复兴 [J]. 外国文学评论, 2000 (4).

[27] 唐伟胜. 性别政治、身份建构与叙事形式：西方女性主义叙事学的理论起源及发展 [A]. 文学理论前沿（第4辑）[M]. 北京：北京大学出版社, 2007.

（原载《外国文学评论》2008年第4期，略有改动）

作者简介

唐伟胜，南方医科大学外国语学院教授，博士，研究方向为叙事理论、当代美国文学。

雷蒙德·卡佛短篇小说中的“电视意象”研究

王中强

一

雷蒙德·卡佛以其“极简主义”（minimalism）的写作风格成为20世纪七八十年代美国短篇小说复兴运动的主将，甚至被认为是继海明威之后最具影响力的短篇小说家之一。由于卡佛在短篇小说领域重要而且特殊的地位，国内外学界对其作品研究的热度一直持续不退，研究的角度也多种多样。总体来说，学界对于卡佛小说的研究大致分为两类：一类是研究他的写作风格和叙事特点，这类研究论文侧重研究他荒凉、简约的写作风格和叙事特点；另一类是对其小说内容和人物的解读和研究，这些研究认为卡佛小说抛离了宏大叙事，而关注20世纪七八十年代美国普通人物的日常生活以及家庭琐事，尤其关注美国社会中蓝领阶层（中下阶层）的生活。

在1983年出版的英国文学杂志《格兰塔》（*Granta*）中，主编比尔·布福德（Bill Buford）把卡佛的写作风格归为“肮脏现实主义”（dirty realism），他强调了卡佛小说关注蓝领阶层的特点，并且指出了当时美国蓝领阶层生活的一些特质。他认为：“肮脏现实主义写的是关于那些住在没有装修、租金低廉的房子里，大白天看着电视、阅读廉价的小说或者听着乡村音乐的人物的悲剧故事。”（Buford，1983：4）布福德注意到了卡佛小说人物的一个重要特点就是他们爱看电视，甚至沉迷于电视，但他并没有去探究蓝领阶层和观看电视之间的特别联系。

笔者认为，在卡佛小说中反复出现的电视和人物观看电视的场景其实有着特殊的艺术目的和指涉意义。在卡佛小说中，观看电视是蓝领阶层生活的常态，电视是蓝领阶层生活必不可少的部分。甚至可以说，电视意象成了蓝领阶层独特的符号——成为区别其他社会阶层的特有标签。同时，被电视控制、时刻坐在电视机前也反映了蓝领阶层孤独、异化、前途无望的生存状态。比尔·穆伦（Bill Mullen）也指出了卡佛小说中总有“电视机打开着”的场景，他认为在卡佛的小说中，蓝领阶层人物通常不是在工作当中出现的，也就是说，卡佛在描写清洁工的时候，并未描写他们在做清洁工作；在描写司机生活的时候，并未描写他们在开车；描写招待员生活的时候，也不是强调他们如何为客人服务，而是经常把这些人物放置在观看电视的场景当中（Mullen，1998：103）。我们通过对卡佛几篇著名短篇小说集进行梳理，发现在《请你安静些好吗?》（*Will You Please Be Quiet, Please?*），《当我们在谈论爱情时我们在谈论什么》（*What We Talk About When We Talk About Love*），《我打电话的地方》（*Where I Am Calling From*）中都有大量的对电视的描写和人物观看电视的场景。

例如在短篇小说《咖啡先生和修理先生》（“Mr. Coffee and Mr. Fixit”）当中就有这样的描写：“我看到了一些事情。我准备去我母亲那里待上几个晚上。但是就当我爬到楼梯的顶端时，我看到我母亲与一个男人正在沙发上亲吻。那是一个夏天。门开着。电视机打开着。这是我看到的事情之一。”[①] 在这里，电视正是上述穆伦所提到的、必不可少的叙事背景。当“我”去找母亲的时候，她正和别的男人亲热，而这个场景就被放置在观看电视当中。作者甚至在一页中多次提到了“电视机打开着”。

在短篇小说《羽毛》（“Feathers”）中，作者则描写了电视同小说人物的紧密关系：“弗兰在一家奶油干酪厂工作，当她工作的时候，必须把头发盘起来。她每晚都不得不洗头发，当我们坐在电视机前的时候，她就边梳头边看电视……”[②] 小说中，弗兰是主人公的妻子，她在一家奶制品厂工作，是标准的蓝领阶层。对于弗兰来说，她没有太多其他的娱乐方式和活动，每天晚上的生活几乎都与电视有关。另外，当主人公和弗兰到他的工友巴德家里去玩的时候，他们的主要交流方式和娱乐方式也是一起看电视。

而在小说《发烧》（“Fever”）中，我们也可以读到类似有关电视的描写：“那个夏天的一些晚上，他会在电视机前面睡着，醒过来的时候电视还开着，屏幕上全是雪花。就是这段时间里，他觉得就算不是永远不想、至少也是长时间之内都不想见别的女人了。晚上，当他坐在电视前面的沙

① Carver, R. *What We Talk About When We Talk About Love* [M]. New York: Vintage Books, 1989. p. 17.（内容为笔者翻译，下同）

② Carver, R. *Where I Am Calling From: New & Selected Stories* [M]. New York: The Atlantic Monthly Press, 1988. p. 249.

发上，身边放着没打开的书或者杂志，他常常会想起艾琳，想起她甜美的笑。”①《发烧》描写的是发生在一个破碎家庭当中的故事。就蓝领阶层而言，通奸、出轨和高离婚率也是他们身上的一个标签。在小说中，当妻子和同事私奔之后，主人公卡莱尔不知道该如何面对现实，如何重新生活，他只能通过看电视来麻醉自己。在他的生活里，电视取代妻子成了他生活的伴侣和情感交流的媒介。

《你为什么不跳舞呢?》（“Why don't you dance?”）是卡佛的另一部充斥着电视场景的小说，作者通过男孩和女孩的对话来描写电视对于他们生活的重要性：

> “我们去看看那张床他们要卖多少钱。”女孩说。
>
> “还有电视机。”男孩说。
>
> 男孩把车开上车道，然后停在了餐桌的前面。
>
> 他们下了车，开始检查东西。女孩在摸薄纱的桌布，男孩把食物搅拌机插上电源，然后调到“碎肉”档，女孩拿起一只火锅，男孩打开电视机，然后做了一些调节。
>
> 男孩在沙发上坐下来，开始看电视。②

在这篇小说中，男孩和女孩正在为他们的家寻找需要的家具。他们来到一个旧货市场，本来男孩还有很多东西可以挑选，很多事情可以做，但是当他看到电视的时候，就不由自主地打开看了起来。小说的标题颇具深意：为什么不跳个舞呢？也许读者可以从小说叙述的故事中找到答案——就是因为有了电视。

二

在卡佛小说中，我们可以看到蓝领阶层是怎样同电视融为一体的。蓝领阶层为什么会整日整夜、不分场合地看电视呢？这并非是卡佛对蓝领阶

---

① Carver, R. *Where I Am Calling From: New & Selected Stories* [M]. New York: The Atlantic Monthly Press, 1988. p. 231.

② Carver, R. *Where I Am Calling From: New & Selected Stories* [M]. New York: The Atlantic Monthly Press, 1988. p. 117.

层生活的凭空臆想，而是根据他自己的经历所做出的真实描写。社会历史批评认为，作者的生平际遇对作品有直接影响，作者往往在作品中熔铸了他的生活经历和对生活的理解。卡佛早期生活困顿，遭受着早婚早育、酗酒、经济收入低下等问题的困扰，这些经历使得他可以对蓝领阶层的生活进行零距离的、逼真的书写。

自20世纪60年代以来，美国社会蓝领阶层和白领阶层的分野越来越明显，这表现在经济和社会生活的各个方面。在娱乐方面也是如此，尽管当时的娱乐形式已越来越多样化，但是蓝领阶层却相对较少地涉及其他娱乐活动，他们把大量时间花费在电视节目上。莱博（Ron Lembo）曾谈到中低阶层对电视的偏好："对于20世纪60年代居住于纽约大都会区小城镇上的那些中低阶层的人们而言，看电视是其日常生活中不可缺少的一部分内容。"（莱博，2005：2）

这其中的一个原因就是经济原因，因为电视是免费的娱乐形式，蓝领阶层可以任意挥霍和消费他们的时间，业余时间对他们来说没有任何经济价值，看电视所消耗的时间也不等于消费金钱。相反，富裕的白领阶层尽管也爱看电视，但除了看电视外，他们还有更多的选择和其他娱乐、交际与交流方式。

除了上述的经济原因之外，蓝领对电视的依赖最主要还是与电视本身所特有的、难以抗拒的影响力和控制力有关。法兰克福学派不少研究者都曾批判电视这种霸权主义式的控制力。赫伯特·马尔库塞（Herbert Marcuse）就是其中的代表人物之一，他在《单向度的人》中将当代工业社会指称为"病态社会"，其最大病症就是它使人变成了单向度的人，即人丧失了能动地对社会反作用的第二维度，成了屈从于社会制度的单向度的人。马尔库塞还特别指出，科学技术越发达，当代工业社会的意识形态就越具有控制性。社会可以借助各种媒介和舆论工具，如无线电、电影、电视、报刊、广告等，加强对人们心理的控制和操纵（马尔库塞，2006：1～16）。

卡佛在小说中对蓝领依赖电视的描写，实际上就是揭示了物化社会中蓝领被电视控制的社会现状。阿洛诺维茨（Aronowitz）认为："电视对于蓝领阶级的意识形态来说，有一种特殊的、强有力的遏制力"，同时他还通过分析认为，"电视已经取代了学校、教堂，甚至是家庭，成为个人意识形成的最主要社会因素"（Aronowitz，1973：95）。菲利普·西蒙斯（Philip Simmons）认为，电视在卡佛小说中经常出现说明了两件事，第一是反映了人物精神上的空虚，第二是人物生活经历的贫瘠和肤浅（Simmons，1991：52）。比尔·穆伦认为，“在他（卡佛）的故事当中，人物看电视是因为他们没有其他更有创造力的事情可做，他们缺乏精神上强烈的做其他事情的动机，或者说电视压制和改变了他们这一阶层枯燥和被异化的生活的希望”（Mullen，1998：102）。因此，几乎在所有蓝领阶层沉迷于电视的场景中，人们都表现出了某种程度的孤独、异化和绝望。

例如在《小心》中：“在他带家具的房间里，他还有一套餐桌餐椅，一个小沙发，一把旧安乐椅，还有一台电视机放在一张咖啡桌上。这里他没有付电费，他的电视也不用付钱，所以他一天到晚都开着电视。”① 小说主人公劳埃德搬出了家，与妻子分居。他没有去找工作，也没有积极地寻求变化，而是每天沉迷于酗酒与看电视。在某种程度上，劳埃德已经被电视所牢牢掌控，没有丝毫反抗能力。因为电视，他的意志日趋消沉，似乎失去了重新开始生活的希望。穆伦认为：“卡佛小说的情节、结构和叙事经常暗示，他们（蓝领阶层）处在动荡不安的困境当中，好像这些事情是发生在别人身上而不是自己身上一样。”（Mullen，1998：103）在上述的例子里，读者可以想象出人与电视关系的鲜活画面：在一直开着的电视的白噪音当中，在电视机微微发光的画面旁，主人公深深地被电视节目吸引住了。但他在观看着别人的同时，却忽略了自己的困境。这种“看与被看”让人物身临其境，模糊了自我身份和电视人物的界限，主体与客体关系被倒置。此外，还值得一提的是，卡佛笔下的蓝领阶层中不少人有着偷窥欲，这种偷窥欲在观看电视的过程中也得到明显体现，“凝视”和“看”给他们带来生理上莫名的快感。戴维·博克瑟尔（David Boxer）和卡桑德拉·菲利普斯（Cassandra Phillips）曾专门讨论了卡佛人物的这种特点（Boxer，1979：75－90）。

而在短篇小说《真跑了这么多英里吗?》（“Are these actual miles?”）中：“回到屋里，他又调了一大杯酒。打开电视，给自己做了点吃的。……他盯着屏幕，呷着酒，很快就又去倒了一杯。他重新坐下来。一个新节目开始了……”②小说讲述了主人公利奥的妻子托妮出去卖车的故事。为了卖车，托妮很可能与买主发生肉体关系。然而，主人公虽然强烈地怀有这种

① Carver，R. *Where I Am Calling From*：*New & Selected Stories*［M］. New York：The Atlantic Monthly Press，1988. p. 198.

② Carver，R. . *Where I Am Calling From*：*New & Selected Stories*［M］. New York：The Atlantic Monthly Press，1988. p. 122.

不祥预感，忐忑不安地观看了数小时电视，但他却没有其他办法，他只能靠妻子去完成这桩生意。在电视的陪衬下，利奥的这种孤独、失落和无助被生动地反衬出来。

上述卡佛小说人物所特有的这种孤独和失落，我们也可以称之为电视孤独和电视失落。劳伦斯·格罗斯博格（Lawrence Grossberg）在谈到电视的时候提到了“游牧式的主体性”（nomadic subjectivities）（Grossberg，1989：3），实际上就是指蓝领对电视的依赖心理。

三

卡佛的短篇小说集中揭示了蓝领阶层由于生活艰苦平淡、前途渺茫，比起其他阶层他们与电视有着更多联系的这种社会现实。同时，卡佛也暗示：当蓝领阶层沉迷于电视，或者说被电视控制之后，他们的生活会呈现出一种独特的状态，那就是人物喜欢封闭在自我的小天地里，逐渐减弱甚至失去与他人交流沟通的能力。这一点，从卡佛人物所特有的、标志性的交流障碍（inarticulation）和寡言少语（speechless）中可以体现出来。劳里·钱皮恩（Laurie Champion）和迈克尔·杰哈特（Michael Gearhart）都曾谈到卡佛人物的这一特性。钱皮恩历数了《羽毛》一文中人物不能交流的场景，包括“我没有话说”“我把电话挂了”“弗兰什么也没说”“弗兰没有回答”等在内，共计有17次之多（Champion，1997：193－201）；杰哈特也细致地研究了导致卡佛小说人物交流障碍的原因，并认为交流障碍正是卡佛笔下蓝领阶层的特征之一（Gearhart，1989：439－446）。

为什么会出现交流障碍？其实很重要的一个原因就是蓝领沉迷于电视。在卡佛的小说中，电视实际上成了蓝领阶层交流障碍的“客观对应物”。蓝领在平日工作时难以同人交流，因此当他们坐到电视机面前时，电视就成了他们交流的对象。这种交流是被动的、单向的、不需要语言的表达，只需要感观的感受。然而，这如同恶性循环一般，电视反过来导致了他们与他人交往时出现更严重的交流障碍。这主要表现在，他们在日常生活中变得寡言少语、不善交际、语言笨拙。所以穆伦认为，卡佛人物的话语经常会出现如一闪而过的电视画面一般的特征，比如表达匮乏、话语图像话、语法生硬、过度简单、缺乏能引起他人共鸣的特征等等（Mullen，1998：104）。

在小说《大教堂》中，主人公妻子的黑人盲人笔友来到家中，主人公不愿意和他进行沟通和交流。由于交流障碍，当双方对话进行不下去的时候，他们的话题就转到电视上面。小说这样写道：

> 最后我觉得他快没话说的时候，站起来，打开了电视。
>
> 妻子使劲看着我，气得马上就要发作。然后，她看着那个盲人说：“罗伯特，你有电视吗?”
>
> 盲人回答说：“亲爱的，我有两台电视。一台彩色的，还有一台黑白的，是台老古董。不过有意思的是，我要是开电视，当然我的电视总是开的，我都会开那台彩色的。很有趣，是不是?”
>
> 我不知道有什么可说的。我一个字都没得说，我没什么看法。我看着新闻节目，努力在听播音员说什么。①

从小说的对话可以看出，电视是他们生活中共同的一部分，黑人盲人甚至有两台电视。对于蓝领阶层来说，只有关于电视的话题才是他们的共同语言。而略具讽刺的是，当他们看了一会电视之后，原本是双方共同话题的电视又成了叙事者自我封闭的场所。因此，电视既是把他们联系起来的媒介，也是把他们互相隔绝开来的藩篱。

卡佛小说中的人物常陷入不能交流的困境，双方没有共同点，没有共同语言。在小说《咖啡先生和修理先生》中的罗斯和“我有一些共同点，不仅仅只是有同一个女人。例如，当电视发疯没有画面的时候，他不会修，我也不会修。我们有声音，却没有图像。如果我们需要新闻，我们只能坐在屏幕旁边听电视”②。罗斯和“我”的妻子有染，“有同一个女人”竟然成为他们的共同点。而另外一个共同点则是“都不会修电视”。这种辛酸的幽默背后折射出的是人际关系之间的混乱和隔阂。

在短篇小说《鸭子》（“The ducks”）中有一段关于夫妻关系的描写：

> 他们坐在客厅里，牵着手看电视。
>
> “我之前从来没看过这些节目，”他说。

---

① Carver, R. *Where I Am Calling From*: *New & Selected Stories* [M]. New York: The Atlantic Monthly Press, 1988. p. 272.

② Carver, R. *Where I Am Calling From*: *New & Selected Stories* [M]. New York: The Atlantic Monthly Press, 1988. p. 19.

> 她说："我对看电视不是很在意。几乎没有什么值得看的。星期六和星期天还好。但平时晚上什么也没有。"①

小说讲述了蓝领家庭耐人寻味的夫妻关系。糟糕的夫妻关系使得丈夫和妻子鲜有共同点，平时两人之间基本上没什么顺畅的沟通和交流，或许他们之间唯一的话题或者唯一能一起做的就是聊聊电视节目，看看电视。在这里，电视同样既是把他们联系起来的媒介，也成为他们感情更为疏远的藩篱。

综上可见，卡佛在文本中反复设置观看电视的场景，并通过以电视为媒介和话题的人物对话，凸显了人物的交流障碍，简短的话语不仅体现了"极简主义"的特征，而且使"极简主义"在内容（电视）和形式（人物话语简短）上达到了有机的统一。

不过值得指出的是，在卡佛的笔下，当蓝领阶层被电视拘束得动弹不得的时候，当他们面无表情地观看电视中有关自己的悲剧生活却毫无反应的时候，卡佛还是为他们存留了一些希望。通过文本，卡佛暗示了关于电视的另外一种观点，那就是：蓝领阶层如果要重新寻找自我身份、改变自我的话，就必须摆脱电视的影响和控制，积极与人沟通和交流。

在短篇小说《我打电话的地方》里，卡佛就一改对蓝领阶层的"哀其不幸，怒其不争"的冰冷态度，对人物表达了同情和人文关怀，并试图让人物有积极改变自我的可能。小说的主人公乔·本尼因为严重的酗酒问题进入弗兰克·马丁戒酒中心进行治疗，小说的结尾暗示了乔·本尼可能戒酒成功，他可能拥有全新的生活并且和前妻重归于好。值得注意的是，全篇几乎没有提及乔·本尼看电视的场景，反而是多次提到他同戒酒中心的人进行言语交流，这种言语交流使得他有了积极的变化。卡佛通过文本暗示，蓝领阶层如果能进行言语交流并且摆脱电视和酒精的控制，他们就有希望。卡佛的《大教堂》一直被认为是他所有关于蓝领阶层生活小说中最正面和最积极的。在小说的最后一节，卡佛也暗示人物摆脱了电视的控制，有了交流的可能。叙事者"我"通过和盲人一起画画实现了交流，打破了隔阂和障碍。因为这一次，叙事者没有像他们刚开始见面时那样一起看电视，而是和盲人一起手把手画起了大教堂："因此我们继续下去。当我的手摸过纸面的时候，他的手指就骑在了我的手指上。我一生中至今没

---

① Carver, R. *Will You Please Be Guiet, Please*? [M]. New York: Vintage Books, 1992. p. 180.

有从来没这样过。”①。

四

电视作为工业社会中的大众传媒，它影响了人们生活的方方面面，是现代生活的重要组成部分。它带有大众文化的特征，同时也具有消费社会的特点，学界对电视的研究和解读角度多元化。法兰克福学派和伯明翰学派等先后都从大众文化研究的角度对电视作了广泛深入的研究。影响较大的学者主要包括雷蒙德·威廉斯（Raymond Williams）、斯图亚特·霍尔（Stuart Hall）、约翰·菲斯克（John Fiske）等人。其中约翰·菲斯克的电视理论尤其引人注目，菲斯克曾先后著有《解读电视》（与 John Hartley 合著）、《解读大众文化》《电视文化》等有关电视文化研究的专著。他认为电视既有实用价值，也有文化价值。“电视节目的流通过程并非仅仅是货币的周转，它也是文化意义和快感的生产和传播。观众其实已嬗变成文本意义和快感的生产者，而原来的商品（电视节目）也变成了一个文本。”（汪振城，2007：41）

而在唐·德里罗（Don Delillo）的小说中，电视则和消费社会紧密联系在一起，带有明显后现代的烙印。评论家普遍认为，德里罗的作品侧重表达对电视作为大众传媒的批判，认为电视作为一种独特的语言符号体系，制造了各种虚假形象，并对大众实施操纵。约翰·杜瓦尔（John N. Duvall）就认为在唐·德里罗小说《白噪音》（*White Noise*）中，对（电视）电子画面需求的生产和消费反映了类似超级市场和购物中心商品的生产和消费（Duvall，1994：128）。

卡佛小说也充斥着大量电视和人物看电视的场景，但他笔下的电视意象却有着与消费研究和大众文化研究不尽相同的指涉意义和艺术目的。通过阅读卡佛的短篇小说可以发现，电视是那个年代蓝领阶层的符号，是蓝领阶层生存状态的真实写照。由于经济、生活和社会等方面的原因，蓝领阶层更容易沉迷于电视、被电视所“控制”。当蓝领被电视控制之后，他们便失去了对生活的反抗能力，不能寻找自我意识和身份，不知道如何改变自己。其具体的表现包括自我封闭、与人产生交流障碍、人物寡言少语

---

① Carver，R.. *Where I Am Calling From*：*New & Selected Stories*［M］. New York：The Atlantic Monthly Press，1988. p. 279.

等等。而人物寡言少语，不能与人交流也正是“极简主义”作品的叙事特点之一。这样，卡佛通过电视将“极简主义”小说的内容和形式形成了关联并达到了统一。

参考文献

[1] Aronowitz, S. *False Promises: The Shaping of American Working Class Consciousness* [M]. New York: McGraw-Hill, 1973.

[2] Boxer, D. & Phillips, C. Will You Please Be Quiet, Please?: Voyeurism, Dissociation, and the Art of Raymond Carver [J]. *Iowa Review*, 1979 (10).

[3] Buford, B. Dirty Realism: New Writing from America [J]. *Granta*, 1983 (8).

[4] Champion, L. "What's to Say": Silence in Raymond Carver's "Feathers" [J]. *Studies in Short Fiction*, 1997 (34).

[5] Duvall, J. N. The (Super) Market Place of Images: Television as Unmediated Mediation in DeLillo's White Noise [J]. *Arizona Quarterly*, 1994, 50 (3).

[6] Gearhart, M. Breaking the Ties That Bind: Inarticulation in the Fiction of Raymond Carver [J]. *Studies in Short Fiction*, 1989, 26 (4).

[7] Grossberg, L. MTV: Swing on the (Postmodern) Star [A]. In Angus, I. & Jhally, S. *Cultural Politics in Contemporary America*. [M]. New York: Routeledge, 1989.

[8] Mullen, B. A Subtle Spectacle: Televisual Culture in the Short Stories of Raymond Carver [J]. *Critique*, 1998, 39 (2).

[9] Simmons, P. E. Minimalist Fiction as "Low" Postmodernism: Mass Culture and the Search for History [J]. *Genre*, 1991 (6).

[10] [美] 赫伯特·马尔库塞. 单向度的人：发达工业社会意识形态研究 [M]. 刘继译. 上海：上海译文出版社，2006.

[11] [美] 隆·莱博. 思考电视 [M]. 葛忠明译. 北京：中华书局，2005.

[12] 汪振城. 电视文本的特性——约翰·菲斯克电视文本理论解读 [J]. 文艺争鸣，2007 (5).

（原载《外国文学研究》2013年第3期，略有改动）

作者简介

王中强，南方医科大学外国语学院教授，文学博士，研究方向为当代美国文学、比较文学。

“很快要有事情发生了”

——论《天顶》中的世界末日想象与9·11创伤再现

王中强　唐伟胜

一、前言

凯文·布洛克梅尔（Kevin Brockmeier）是美国近年来异军突起的新锐作家，于1972年出生在美国阿肯萨州的小石城，从1997年开始写作生涯。迄今为止，他已经出版了两部长篇小说，两部短篇小说集，还有数部儿童文学。近年来，布洛克梅尔的作品逐渐受人关注，尤其是在短篇小说领域锋芒渐露。众所周知，美国有三大短篇小说年度选集，即《美国年度最佳短篇小说》（*The Best American Short Stories*）、《欧·亨利短篇小说奖》（*PEN / O. Henry Collection*）、《手推车小说奖》（*Pushcart Prizes for Fiction*），它们可被视为美国短篇小说创作的风向标。笔者对2001—2011年期间被这三大选集收录的作家进行了统计，布洛克梅尔共5次入选，位列第四，仅次于爱丽丝·蒙罗（Alice Munro）、J. C. 奥茨（Oates）和哈金（Ha Jin）。他的短篇小说《天顶》（*The Ceiling*）更是获得了2002年度欧·亨利奖第一名。英国著名文学杂志《格兰塔》（*Granta*）还将其小说《长尾鹦鹉》（*Parakeets*）选入《2007年美国最佳青年作家选集》（*Granta Best of Young American Novelists*）。

布洛克梅尔的小说常常游走于现实与幻想的交界地带，具有明显的魔幻现实主义特征。他的小说表面看似童话般单纯，实际上却深刻揭示了现实生活中的人性和心理。《天顶》就是这样的小说，它讲述了一个貌似荒诞不经，实则意蕴深远的现代寓言。小说的情节非常简单：在一个宁静、平和的小镇上，主人公在自家后院为孩子过生日。然而一天晚上，主人公在户外和妻子聊天时，却忽然发现月亮边上出现了奇怪的黑斑。在之后的日子里，这块黑斑越来越大，并且慢慢至上而下降落到小镇上。这块黑斑被镇里居民称为“天顶”，它平滑光亮、坚不可摧，并最终压塌了包括电线杆、水塔、电视塔等在内的一切建筑物。在“天顶”不断降落的过程中，原本恬静闲适的小镇也慢慢变得焦躁不安，处处流露出焦虑、恐惧、暴躁和麻木的情绪，而且在这过程中，主人公还意外地发现了妻子的婚外情，她与本来和睦相处的邻居有了不正当男女关系。在小说的结尾，天顶依然不断下坠，小镇所有居民，包括主人公一家三口以及主人公妻子的情人一家都躺在地上，静静地等待着天地弥合、世界毁灭。

二、天顶下坠：世界末日的想象

从小说情节来看，《天顶》有两条主线：一是从天而降、不断下坠的天顶，二是主人公一家及全镇居民目睹日渐逼近的威胁慢慢走向毁灭。作者独具匠心地将子虚乌有的“天顶”与小镇居民的现实生活结合起来，勾勒出了一幅世界末日的景象。当今时代，美国在科技、政治、经济、文化等各个领域均高度发达，但是必须指出的是，从宪法到普通百姓的日常生活，美国社会都深受基督教影响。基督教关注来世和来生，在《圣经》中，就有很多与世界末日、毁灭、重建有关的内容。长期以来，美国文学对“世界末日”和“毁灭”这类话题有着特别的偏好。如在著名的南方作家弗兰妮·奥康纳（Flannery O'Connor）笔下，基督教“堕落、救赎、末日审判”的主题构成了她创作的主要基础，奥康纳曾宣称，她的所有生命体验都来自与宗教相关的信仰（Paulson，1998：3）。另外，在好莱坞的影视作品当中，毁灭、世界末日、审判日和重建也成为屡见不鲜的题材，尤其是近年来，好莱坞一些有关世界末日的灾难片引起了观众的强烈反响，取得了极佳的票房成绩，这些影片有2004年上映的、反映由于全球变暖而引发气候灾难的影片《后天》，以及与玛雅历法中世界末日有关的大片《2012》等。对于世界末日题材影片风靡影坛的现象，有学者认为：“这种启示录的情结就是对世界末日的自觉或者不自觉的恐慌和担忧……这些以世界末日为题材的大片则起到了宣泄和疏导启示录情结的心理抚慰作用，因此大受欢迎。”（刘涛，2012：153）

《天顶》中的很多细节可以与《圣经》相关内容作“对位”阅读。首先，小说中的几个主要人物的姓名均与《圣经》有关。“我”妻子名叫梅丽莎（Melissa），其希腊文原意为“蜂蜜”，后泛指哺育男神的仙女，在基督教中则指“耶稣的仆人”。“我”的邻居，后来与梅丽莎发生婚外情的男人名叫米奇（Mitch），其原意为“谁像上帝”，从拼写上看，米奇

(Mitch) 与 Witch (巫婆) 仅一个字母之差，因此米奇绝非那个像上帝的人，事实上他象征的最可能是上帝的反面，即魔鬼。梅丽莎和他发生婚外情，象征着曾经的“耶稣的仆人”已经抛弃上帝，和魔鬼走到了一起。小说中另一个与《圣经》更直接相关的人物是“我”的儿子，他的名字是约书亚 (Joshua)。在《旧约》中，约书亚是摩西的十二名大弟子之一，摩西派这十二弟子去迦南 (Canaan) 探听情报，结果只有约书亚和另外一名弟子回来报告说迦南是希望之地，因此得以和摩西一起到达“应许之地”(promised land)，完成拯救。在《天顶》中，约书亚在梦中看到地底下“城市的另外一部分。人们在下面来来往往。那里有汽车、街道、树丛和灯光”，在天顶即将落下摧毁世界时，约书亚看到的似乎也是一片“希望之地”，然而，当“我”和约书亚前往那个地方查看时，我们看到的却是“一个浅浅的排污涵管的底盆。它平平整整，里面没有水，只有一些脆干的枯叶在里面”。不仅如此，这次行动更直接导致“我”发现了妻子与米奇之间的奸情。很明显，《天顶》中的约书亚没有找到“希望之地”，他们无法获得拯救，等待他们的只有毁灭。

《圣经》中流传广泛，让人耳熟能详的是“大洪水和诺亚方舟”的故事。在《旧约》(创世纪第六章) 中上帝对诺亚说：“末日已经到了，我决定毁灭一切生命。人类使这个世界充满了强暴，我要把人类和这个世界一起毁灭掉”“在诺亚600岁的时候，洪水在大地上泛滥”“洪水在大地上持续泛滥了四十天……就这样，上帝消灭了大地上的一切活物，人、鸟、兽、虫，统统从大地上灭绝了，只有方舟中的诺亚和与他在一起的家人及动物活了下来”。《旧约》详细描述了上帝以洪水的方式毁灭世界。在《天顶》中，作者也刻意描绘了天顶压塌水塔后的情形。他写道：“不久之后——也就是第二天一大早，我们还没睡醒——镇里水塔倒塌了，自来水如河水般猛地倾倒在空荡的街道上。”不仅如此，作者还安排了杂货店老板汉金斯来讲述这一情景：

> “当它倒塌的时候，我正开车经过水塔，”他说，“一大早去上班，我先是听到一阵嘎吱的噪音，然后我看到水塔柱脚弯曲。哗！……那么多水！漫进了我车的一侧，车轮失去了控制。水流沿着道路裹着我。我觉得自己像小小的纸船。”

显然，这里的“纸船”与诺亚方舟对应。在“大洪水和诺亚方舟”故事中，上帝让诺亚能预知毁灭的到来，并且安排他乘舟安全离开。然而，在《天顶》中，汉金斯并非诺亚，当水蔓延过来的时候，他毫无准备，在水流之中，他像“小小的纸船”，显得惊慌无助，随时会被大水吞没。具有讽刺意味的是，当人类浑浑噩噩过着无聊的日子，对灭顶之灾的到来浑然无知时，鸟儿却似乎得到了某种启示，提前逃生去了：

> 以前这里有许多鸟，但是现在都飞走了。没有人知道它们飞到了哪里。我过去曾常在树上看到它们，小时候我还在动物园里喂过一只。那是一只很大的鸟。在没有人留意的时候，鸟儿都飞走了。现在树变得静悄悄的。它们不会飞。

需要指出的是，美国民众这种与基督教有着千丝万缕联系的末日情结在9·11恐怖袭击事件发生之后被进一步放大了。9·11事件不仅给美国民众带来难以弥合的伤痕，更给他们带来了新的不安全感和威胁感。对此，制片人、电影评论家比尔斯认为大众近年来对“末日”兴趣的与日俱增部分是来自“后9·11”时代的焦虑。他说，这种情感是很复杂的，也来自对经济的悲观态度，并特别指出：“对目前有种不安的感觉，（观众们）在演员身上可以看到我们自己。”（王洋，2009：89）

三、末日威胁：9·11创伤心理再现

不少学者认为，9·11恐怖袭击带给美国普通大众的心理创伤是刻骨铭心的，也是前所未有的，正如恐怖袭击发生之后约翰·厄普代克（John Updike）在《纽约客》（*The New Yorker*）里所谈到的，“恐怖袭击是美国的噩梦”（Updike Webpage）。近年来，很多优秀的文学作品都反映了恐怖袭击给美国民众带来的心理创伤，包括唐·德里罗（Don Delillo）的《坠落的人》（*Falling Man*）、约翰·厄普代克的《恐怖分子》（*Terrorist*）、伊恩·麦克尤恩（Ian McEwan）的《星期六》（*Saturday*）以及菲利普·罗斯（Philip Roth）的《反美阴谋》（*The Plot Against America*）等等。菲利普·特伊（Philip Tew）在谈论9·11文学作品的时候认为：“9·11之后出版的小说多以给人们的自我感和社会秩序造成伤害的历史事件为背景，具有明显的创伤倾向。”（Philip，2007：190）罗小云也指出：“在文学作品中，9·11事件发生以来许多美国人认为自己整天生活在恐怖主义阴影

中，此类恐慌和焦虑在不少作品流露出来。”（罗小云，2011：6）

国内学界在讨论美国“后9·11”文学创作时，多关注长篇小说，对9·11在短篇小说中的再现则鲜有论及。事实上，短篇小说作为一种大众化、民主化的媒介，最适合用来表现普通民众的生活，因此，若考察9·11对普通民众的影响，我们应更多地关注短篇小说。笔者认为，布洛克梅尔的《天顶》准确捕获了9·11事件带给美国民众的心理创伤。虽然《天顶》并未直接言及9·11恐怖袭击，但该作品发表于2002年，显然与9·11事件以及该事件之前的美国经济萧条有不可分割的联系。创伤研究学者卡鲁斯（Cathy Caruth）曾引用弗洛伊德对创伤的一段描述：一个人有幸逃离火车相撞的事故现场，从表面上看，他没有受到伤害，然而在随后的几周时间里，他会出现一系列严重的心理和行为表征。（Qtd. in Caruth, *Trauma*，16）。《天顶》正是如此，它通过描写不断下坠的天顶以及小镇居民对天顶的反应，影射了9·11恐怖袭击给民众带来的这种延时的、渐增的心理创伤和焦虑。

当天顶降临小镇时，镇里几乎所有人都出现了诸如幻觉、恐惧、暴力、麻木、沮丧等创伤症状。小说中“我”的妻子梅丽莎就是典型的例子：“在约书亚生日的那天晚上，她在枕头上哭，缩在毯子下躲着我。当我坐在她身边、把手放她身体一侧的时候，‘我只想要睡觉，’她说，‘求求你，落下来吧，别挂在半空中了’。”悬挂在半空的那个不知名的物体，让梅丽莎感到恐惧，于是她开始逃避生活，变得歇斯底里，每天都活在恐惧之中，惶惶不可终日，这种情绪最后让她脱离正常的生活轨道，与邻居米奇发生了婚外情。

理发师维森代表的是另一类心理创伤，面临即将到来的威胁，他变得麻木和冷漠。创伤理论对此的解释是：（受创的抑郁主体）拒绝恢复与外在现实正常的认同关系，长时间陷入自责、沮丧、冷漠等心理情感。（陶家俊，2011：119）维森在天顶降落前后的变化是非常明显的：“他埋头于工作，从没结过婚，他非常喜欢顾客的孩子们。‘很快要有事情发生了’，每次聊天结束的时候他总是这么说……但是他的眼神是空洞和苍白的，眼里如火焰般的精华仿佛已经被消磨殆尽。”据相关调查，美国很多民众都选择相信9·11事件没有真的发生过，而更多的人则认为类似悲剧还会在美国上演，只是不知道这一次悲剧会以何种方式在何时降临。这种集体心理导致美国近年来出现了一大批“超级英雄”类的文艺作品，这些英雄以各自的方式力挽狂澜，阻止看似不可逆转的悲剧发生。“超级英雄”类作品往往受到普通读者的欢迎，但很多严肃作家则批评这类作品只是美国人的幼稚想象，比如近年来活跃在美国文坛上的另一位短篇小说家德波拉·艾森伯格（Deborah Eisenberg）在其以9·11为题材的知名小说《超级英雄之迟暮》（*Twilight of the Superheroes*）中就反其道而行之，粉碎“超级英雄”神话，还原了普通民众面对创伤事件的真实心态。《天顶》中的维森也绝非“超级英雄”：他以前认真工作，对生活充满热情，然而，当天顶降临的时候，他直觉有些事情要发生，却又不知道什么事情会发生。这种焦虑给他带来了心理创伤，让他失去了对生活的热情和激情，只剩下麻木和冷漠。

与主人公妻子的恐惧和理发师维森的麻木不同，小镇另外有些人因天顶的下坠而变得暴躁，变得具有侵略性：

> “你们见过我的雨伞吗?”他说：“我找不到我的雨伞，你们见过吗?”他的声音很大声——又高又尖，颤抖中带着焦虑——他的手在明显地抖动……
>
> “你肯定不会告诉我什么的，是不是?”那个男人说。“上帝啊，”他说，“你们这些人。”然后他拿起了烟灰缸架朝窗户重重地摔去。

当天顶悬挂在半空之后，小镇不少人都处在躁动之中，人与人之间失去了正常交往的关系，社会充满了暴戾之气和暴力倾向。对于创伤的这一症候，很多学者都曾提及，如有学者在论述《坠落的人》中的创伤书写时认为，“创伤者常常自闭于创伤事件的反复记忆中。而在现实生活中，他们表现为情绪失控，甚至施以暴力。无论是丽昂对邻居歇斯底里的狂吼，还是基斯在商场对人大打出手，都是压抑情绪在现实生活中得以发泄的典型例证”（朴玉，2011：61）。《天顶》里陌生男子只因找不到雨伞，就开始变得神经质，一副大难临头的模样，他显露出的歇斯底里和暴力倾向正是这种心理创伤的体现。

和这些人物相比，叙事者“我”表面看更为冷静，似乎没有受到下坠天顶的影响。然而，“我”却是下坠天顶的直接受害者，因为随着天顶一天天下坠，“我”和妻子的关系也日渐恶化，看似幸福的三口之家走向终结。天顶给“我”带来了死亡威胁。虽然在巨大的威胁面前假装无动于衷，但当儿子告诉“我”在梦中看到了一个灯火通明、车水马龙的地下城市时，“我”甚至愿意相信那可能是未来的避难所，于是和儿子一起前往查看。如前所述，“我”看到的不过是一个充满枯叶的地下管道。梦想不能照进现实，获救的希望根本不存在。当“我”在一个周日的早上去看望父母的墓地时，“我”看到的公墓空荡而荒凉，“墓碑和树木是唯一的存在”。我跪在父母的墓碑前，想象着他们在天堂上的生活。很明显，“我”已经预知死亡的来临，但“我”不是超级英雄，对此毫无办法，只好被动地等待着婚姻的结束和死亡的来临。从这个意义上讲，“我”也许是小说中最为绝望的人物。

四、亦真亦幻：魔幻与现实的完美结合

为了更好地表达美国普罗民众这种对世界末日的焦虑，凸显当代美国社会普遍存在的迷茫心理，折射出9·11之后的心理创伤，布洛克梅尔在《天顶》中大量采用了象征主义[①]、荒诞、幻觉和隐喻等艺术手法，这使得他的作品带有强烈的魔幻现实主义色彩。魔幻现实主义是20世纪在拉丁美洲兴盛起来的一种叙事文学技巧，在魔幻现实主义作品中，“魔幻指任何有悖于经验主义的事物，包括宗教信仰、迷信、神话、传说、巫术，简言之，即托多罗夫（Todorov）所指的异乎寻常的美妙奇幻”（Hart，2005：15）。但是魔幻只是作者使用的一种表现手法和途径，其真正目的是表现生活和现实，魔幻现实主义作者在作品中将这两个看似矛盾的概念巧妙地融合为一体。这种魔幻与现实相结合的亦真亦幻的美学旨趣和叙事特点与作者的生活经历密不可分。布洛克梅尔在读大学的时候曾在日托中心工作了三个暑假，与儿童交往的经历给他留下难以磨灭的记忆。在访谈中，他也证实了这一点，并提到了自身对儿童文学持续的兴趣。布洛克梅尔谈到，他喜欢讲述一些荒诞的故事，并且想用荒诞不经的寓言故事来表达对严肃和重大事情的关切。

魔幻现实主义常见的手法有象征、荒诞和幻觉等。在《天顶》文本中，第一个出现的象征物是空中漂浮的热气球。“当天下午的早些时候，

---

① 美国短篇小说一直与象征主义有着不解之缘。自舍伍德·安德森始，至海明威、福克纳等著名作家都非常注重和热衷象征主义在短篇小说中的使用。例如，在《白象似的群山》《乞力马扎罗的雪》《献给艾米丽的一朵玫瑰花》等名篇中象征和隐喻俯仰可拾。《天顶》传承了美国短篇小说的这种优秀传统。

一个热气球飞船从我们街区最边上的地方慢慢升起来，喷着火飘过我们。”小说一开头，安详宁静的小镇上就飘来了一个热气球，人们开始讨论它，它并没有带来丝毫的不祥感。然而，读完全文再重新回到热气球，我们可以发现原来热气球的出现是作者埋下伏笔，他在向读者暗示，小镇的毁灭将可能来自人们想不到的地方——空中。小说中最主要的象征物则是莫名其妙从天而降的天顶，它是世界末日和毁灭的象征。它在不知不觉中出现，完全出乎人们的预料，最终却摧毁一切。唐·德里罗在《坠落的人》中谈到了下坠的人，“人坠落的同时还是政治和美学的坠落，以人的坠落方式映衬了大厦、全球资本和生活方式的坠落”。（Thurschwell，2008：227）在布洛克梅尔笔下下坠的人则变成了下坠的天顶，这莫名的天外之物象征的正是9·11后萦绕在美国人心中的外来威胁。

除了象征之外，魔幻现实主义作家还喜欢运用与真实相悖的幻觉和荒诞，文本中常出现很多经验和常识无法阐释的现象。“在魔幻现实主义作品中，关键的事件是无法从逻辑上或心理上予以解释的。魔幻现实主义作家不是像现实主义作家那样去复制周围的现实，而是试图去发现事物背后的神秘。”（Leal，1995：123）例如，当作者坐在长满扁蓄草的墓地上时，不知不觉中产生幻觉，已故的双亲浮现在了眼前：“坐在那里，我幻想着父母亲一起在天顶上生活：在太阳、天空和凌乱的白云之下，他们正走过一块长满高高的、黄色花朵的田野，母亲穿着长裙，弯着腰正在端详着花朵，父亲在她旁边弯着身子，手放在她的腰上，他们不知道他们脚下的世界快落到地面了。”当天顶不断带来威胁、末日就要降临之际，作者来到了具有强烈死亡象征意义的墓地，神情恍惚间，他似乎分不清文本中的现实和想象中的幻觉，两者之间的界限已模糊。原来生死相隔的双亲与现实中的叙事者有了魔幻般“神秘”的联系，我们就在他们的脚下，他们只需往下坠，我们只要往上看，生与死就在一起了。

特别值得注意的是，作者还在文本中仔细描绘了两个荒诞的梦，一个是儿子约书亚讲述的梦，一个是叙事者“我”自身回忆的梦：“昨晚我做了个梦，”约书亚说，“我梦见我的玩具熊掉进了过道中的一个栅格……当我往过道的底下看时，我可以看到城市的另外一部分。人们在下面来来往往。那里有汽车，街道，树丛和灯光。”在梦境里，约书亚奇怪地看到了下水道栅格下面还有一个另外的世界，一个相似却又不同的世界。同时，作者也回忆起自己小时候的一个梦：“当我像约书亚那么大的时候，有一晚梦见在自己的房子里发现一扇新的门，它从我的地下室通向亮堂、干净的药店通道：我从中走过去，看到了一束光线，然后发现自己直坐在床上。过了几天之后，每当我经过地下室门口，我总觉得很快就能看到梦境里出现的情景，就像到其他地方那样。好像是我睁眼看到了真实的世界内部图，它是根据我们自己的信念和理解投射而成的。”通过并置约书亚的梦和叙事者的梦，日常熟悉的世界变成了梦境的虚幻和不真实。这两个梦都特别强调了“似曾相识”。关于这种情形，弗洛伊德理论曾将其解释成潜意识矛盾冲突的体现。但现代心理学家提出，这是因为现代人处在疲惫和压力之下（文中父子俩均如此），而压力状态下的人更容易出现这种幻觉和感受。

总而言之，“在魔幻现实主义当中，我们发现了普通和日常的事情变成了特别的和不真实的事情”。（Flores，1995：113－116）布洛克梅尔正是通过书写荒诞的梦境、描写幻觉来表达对当代美国人生活现实和心理真实追求的。

五、结语

当世界末日降临的时候，科技、科学家、博士等能拯救人类吗？当今社会科技已经高度发达，电脑、火箭、航天飞机、核物理、基因技术等尖端科学日新月异，然而，这一切还是不能阻止9·11恐怖袭击悲剧的发生。现有的威胁人类社会的问题，包括核武器扩散（科技危机）、全球气候变暖、地震（自然灾害）、经济衰退（社会危机）等顽疾尚未能解决，新的、未知的灾难却随时可能出现。科学能预见并避免新的灾难吗？这种疑惑和困惑正是大部分美国人现有矛盾心态的表现。“一系列的天灾人祸的威胁让人类明白，人类的存在其实非常脆弱，世界末日随时有可能到来。科学的进步使得世界末日的来临愈发容易……在此时代背景下，当今人类已经开始不得不面对人类存亡问题的现实挑战，不得不认真思考人类前途和世界的未来。”（刘涛，2012：153）。在小说中，布洛克梅尔借助一个剧团成员排练时的台词发出了这种深层次的哲学追问：

> 当地流动剧团的一位成员正在街灯下朗诵，她坐在木桌子后面，一只手叠放在另一只上面，似乎在对着摄像机说话。“那个物体从哪里来？”她说，“它是什么？什么时候会停止下落？我们怎么会在这里？我们从这里去向何方？科学家们感到困惑。著名

的霍顿太空研究学院主任史蒂芬·曼德鲁扎托博士在本台的采访中说：'我们不知道，我们不知道，我真的不知道。'"

这种追问表明：《天顶》一文不仅用荒诞的寓言故事表达了美国民众在9·11恐怖袭击之后被放大的焦虑、心理创伤和末日情结，同时也隐秘而强烈地表达出了作者关心人类前途和命运的人文关怀。

参考文献

[1] Caruth, C. *Trauma: Explorations in Memory* [M]. Baltimore: John Hopkins Unversity Press, 1995.

[2] Flores, A. Magical Realism in Spanish American Fiction [A]. Zamora , L. P. & Wendy, B. F. *Magical Realism: Theory, History, Community* [M]. Durham, N. C. : Duke University Press, 1995.

[3] Hart, S. M. Wen-chin Ouyang. *A Companion to Magical Realism* [M]. Woodbridge: Tamesis, 2005.

[4] Leal, L. Magical Realism in Spanish American Literature [A]. Lois Parkinson Zamora, L. P. & Wendy, B. F. *Magical Realism: Theory, History, Community* [M]. Durham, N. C. : Duke University Press, 1995.

[5] Paulson, S. W. *Flannery O'Connor—A Study of Short Fiction* [M]. Boston: Twayne Publishers. 1998.

[6] Tew, P. *The Contemporary British Novel* [M]. New York: Continuum, 2007.

[7] Thurschwell, P. Forecasting Falls: Icarus from Freud to Auden to 9·11 [J]. *Oxford Literary Review*, 2010.

[8] 王洋. 美国人的世界末日情结 [J]. 新世纪周刊, 2009 (22).

[9] 罗小云. 后911文学的幻想——厄普代克的恐怖分子 [J]. 外国语文, 2011 (3).

[10] 朴玉. 从德里罗《坠落的人》看后911美国文学中的创伤书写 [J]. 当代外国文学, 2011 (2).

[11] 刘涛. 试论20世纪末俄罗斯启示录文学 [J]. 当代外国文学, 2012 (3).

[12] 陶家俊. 创伤 [J]. 外国文学, 2011 (4).

（原载《外国文学》2013年第3期，略有改动）

作者简介

王中强，南方医科大学外国语学院教授，文学博士，研究方向为当代美国文学、比较文学。

唐伟胜，南方医科大学外国语学院教授，博士，研究方向为叙事理论、当代美国文学。

外语语用能力可教吗?
——近十年外语语用教学研究回顾

吴让科

近年来，从语用学角度研究外语学习者交际能力的培养已经成为 seconol lauguage acquisition（二语习得）领域里的重点之一。研究发现，要进行恰当而有效的交流，语言知识是关键，而语用知识也必不可少（Usó-Juan & Martinez-Flor，2006）。当下对于外语学习者语用能力的研究已经取得了瞩目的成果，而语用能力教学及培养却相对滞后。本文以国内外近十年文献为基础，总结了语用教学方面所取得的成果，探讨将来可能的发展方向。

一、外语/二语语用意识（pragmatic awareness）的培养

（一）语用意识可以强化吗?

学习者语用意识的培养是语用教学最基本的研究课题。Schmidt 自 20 世纪 90 年代提出了注意假说（noticing hypothesis）以来，语言教学与研究者们也将该理论运用到外语/二语语用能力的教学研究当中，研究表明提高外语学习者的外语语用意识对于其语用能力的培养是必不可少的（Harlig，1996）。近十年来，研究者在以往对语用意识的研究成果的基础上，针对不同的研究对象对语用意识的培养进行了更深入的研究。

Bardovi-Harlig 和 Griffin（2005）开展了基于 ESL 课堂环境下的 L2 语用意识研究，他们发现尽管 L2 学习者能够辨别语用错误，但是他们纠正错误后还是不能达到目的语语用标准。因此，他们认为 L2 环境下无须指导也可以一定程度上培养学习者的语用意识，但是有目的的指导更能够促进其 L2 语用能力的提高。Takahashi（2005）采用前后测和自我报告的方式，研究了 49 名日本 EFL 学习者课堂上用英语实施请求的表现情况和学习效果，发现受试对英语请求的语用意识越高，越能确保他们在后测中使

用英语进行请求的形式。所以笔者认为语用意识的水平越高，越能促进外语学习者语用能力的学习，反之亦然。

以往大部分相关研究都以英语为二语或外语学习者为研究对象。而Cohen 和 Shively（2007）在他们的研究中则以法语和西班牙语为二语或外语学习者为研究对象。他们发现讲英语的学生到国外，即到讲法语和西班牙语国家学习外语（即法语和西班牙语），通过对受试学生进行语用意识习得干预可以强化学习者的外语（法语和西班牙语）语用意识。而 Narita（2012）则将日语为二语的学习者作为研究对象，将日语常规语用表达如rashii（I hear that）为研究目标，用量化研究方法研究证明了，语用强化活动可以提高学习者的语用意识。

总之，对于外语学习者，外语语用意识是可以通过恰当的方式强化的。

（二）隐含式还是明示式，哪个更有效？

尽管语用意识可以通过教学得以强化，但是在教学实施中，采用隐含式的教学方式（implicit instruction）还是采用明示式指导方式（explicit instruction）可以使得语用教学效果更好呢？

Koike 和 Pearson（2005）在研究课堂指导和反馈对语用能力培养的影响时发现，这两种方式都能对学习者语用能力的培养起促进作用，尽管它们可能各自对学习者学习能力的不同方面发挥了不同的作用。

Takahashi（2005）采用量化研究方法，对 49 名日本英语学习者用英语进行请求表达（request realization）的两种教学指导形式（form-comparison and form-research conditions）进行比较，研究发现采用前者对于外语/二语学习者语用意识的强化更有效果。同样，日本研究者 Takimoto（2008）在 45 名以日语为母语的英语学习者中开展了基于请求（polite requestive forms）的提高语用意识研究，通过前测、后测比较了明示教学、暗示教学和对照组的教学效果，结果证明明示和暗示教学法都能显著提高学习者的语用能力，但前两者教学法在强化语用能力方面差别不显著。

Alcón（2005）在西班牙某高中对 132 名 EFL 学习者平均分三组用英语进行“请求”（request）学习的实验，明示教学组采用语用意识强化训练的语用形式教学，暗示教学组围绕“请求”采用语用知识及社会语用知识的隐性教学方式，而对照组不围绕“请求”进行任何的指导。作者采用量化统计方法对各组的前测和后侧的数据进行统计分析，结果显示两种方法都对学习者语用（请求）意识的强化有影响，而且明示教学的影响更显著。几乎在同时，Martinez-Flor 和 Fukuya（2005）在 81 名西班牙英语学习者中开展了基于“建议”的语用教学，他们采用明示教学组、暗示教学组和对照组的分组法，通过前测和后测成绩对照，发现明示教学组效果最好，前两组明显比对照组的效果好。

以上结论也从以母语为汉语的英语学习者为研究对象的研究结果中得到明证。（Halenko‘Jones，2011；胡美馨，2004；刘润清，刘思，2005；陶志平，2007；王秀容，2007）Halenko 和 Jones（2011）以口语请求表达为研究对象，研究了在英国学习英语的中国学生中强化英语语用教学的效果，发现明示教学能有效强化学习者的的用语意识和能力，这是在目的语环境下的研究结果。

与之相应，目前大陆学者开展了在外语（中文）环境下研究中国英语学习者的语用意识和能力培养，探讨语用能力明示和暗示教学法对语用能力培养的效果。其中，陶志平（2007）在非英语专业学生中开展了一项语用失误的实证研究，结果发现：接受了语用知识学习的学生比没有接受的学生出现语用失误明显减少。杨春红和刘萍（2008）在 54 名大学生中进行了明示语用课堂教学实验，结果表明明示寓于语用课堂教学能够促进外语学习者语用能力的发展。段玲琍（2009）基于拒绝、建议、提供和请求四个语用表达，在 62 名英语专业学生中开展了语用能力可教性的实证研究，结果表明尽管明示和暗示教学都能有效提高学习者语用能力，而其前者明显好于后者。

近十年中外研究从一个侧面证明了明示教学方法的重要性，但是，外语语用能力的习得在对学习者进行指导之前和之后与目的语语用能力存在哪些差距呢？Kondo（2008）从另一个侧面研究了语用意识强化指导对 EFL 学习者语用能力培养的影响。通过在日本一所大学对 38 名英语学习者的语用能力和美国一所大学里以英语为母语的 46 名学生的语用运用能力进行对比研究，发现 38 名 EFL 学习者用英语表达拒绝行为通过课堂学习和讨论在两个方面得到了明显的提高，即话语长度（length of utterances）和语用迁移（pragmatic transfer）。该研究表明 EFL 学习者的语用意识可以通过课堂教学活动加以强化和提高。

综上所述，语用知识的强化教学，尤其是明示的课堂教学活动有利于 EFL 学习者的语用意识的提高，强化学习者外语/二语的语用意识对于其语用能力和语言能力的习得起到了很大的促进作用。

二、外语/二语言语行为（speech acts）的教学研究

目的语的语用知识直接表现在不同语境的言语行为中，那么哪些言语行为在外语/二语课堂中可以进行传授呢?

根据明尼苏达大学语言习得高级研究中心（CARLA）的分类，我们将近十年国内外研究者们主要研究的六个言语行为进行列表分类，可以看出研究者们集中研究的言语行为主要包括请求、道歉、拒绝和一些目的语的语用常规表达（见下表），相较而言，研究者们将赞扬、致谢作为研究目标的不多。

近十年研究者研究的言语行为的分布情况

言语行为		道歉	建议	赞扬	请求	拒绝	致谢	其他
篇数	国外	3	5	3	16	3	2	7
	国内	2	1	2	4	1	1	2
	总数	5	6	5	20	4	3	9

我们查阅近十年有关语用学研究的文献59篇，其中英文文献和中文文献各占43和16篇。43篇英文文献中，实证研究占28篇，研究6个言语行为和其他语用表达的有39篇，其余15篇为综述类或者教材研究类的文章。16篇中文文献中，实证研究占4篇，研究6个言语行为和其他语用表达的有13篇次，其余12篇为综述类的理论文章。从以上数据可以看出，对于言语行为的语用研究主要集中在“请求”的行为上，其他主要的言语行为分布差别不大，且研究文章相对偏少。与国外研究相比，国内对外语语用学研究还主要集中在对国外文献的介绍，而从事外语中介语语用学的实证研究依照很不足。

当然，言语行为包含的问题和内容很丰富，一方面是目的语的社会和文化都对语言的运用产生的影响千差万别，另一方面外语学习者本身的社会和文化也会在学习外语的过程中形成干扰，学习者中介语语用能力的形成必定受两种社会和文化的共同影响。因此，对于言语行为的研究，中外的研究目前还是局限于以上提到的几个方面，对于言语行为所涵盖其他方面的研究还很少涉及。

同时，中介语语用习得的过程中母语所蕴含的语用知识对目的语用知识和能力的习得产生了怎样的影响？它们又是如何造成影响的呢？要回答这样的问题还需我们学界进一步研究。此外，从上表中可以看出，在中国大陆，语用学的理论和教学研究还不丰富，尤其对汉语的语用研究还处于发展之中，相信这些都会对外语语用教学的研究提出更多新的课题。

三、外语/二语语用教学模式

如上所述，在现有的语用教学研究中，学界对外语/二语言语行为的许多方面的研究得出了明确的结论，令人更加鼓舞的是，许多研究者们还针对所研究的言语行为对象的教学提出了具有建设性的建议。在 20 世纪 90 年代 Olshtain 和 Cohen（1991）的五步法（five-step model）和 Judd（1999）建议的五步法的基础上，Martinez-Flor 和 Usó-Juan（2006）针对"请求"和"建议"的言语行为教学提出了"6R 法"的教学模式，该模式包括：研究（researching）— 反思（reflecting）— 掌握（receiving）— 推理（reasoning）— 演练（rehearsing）— 修正（revising）六个步骤。第一步是研究，教师从语用学的角度讲解"请求"和"建议"的概念及其差别，接着请学生收集自己母语中相关的"请求"和"建议"的真实例子并分析其社会语用功能。第二步是反思，为强化学习者语用意识，请他们基于所收集的资料回答一些关于语用语言学和社会语用方面的问题。同时请学生互相交流并反思一个言语行为所展示的社会因素是如何影响人们采取某一特定的语用策略的。第三步是掌握，在此阶段，老师就"请求"和"建议"用英语讲解其各种相关的语用表达形式，然后将这些表达形式与母语的相关表达进行对比分析，并找出相同点和不同点。接下来进行教学第四步，学生参加三个不同的课堂活动，以加深他们对这些言语行为的语用意义的理解。第五步，首先是请学生参加两个活动，活动中要求学生将所学的关于"请求"和"建议"的表达方式用英语口头表达出来或者以电子邮件的书面形式完成，接着请他们进行自由运用练习，即请他们将所学到的相关的语用知识自由地运用到与讲英语的人进行的交流中去，这就是演练的过程。第六步是修正阶段，教师对学生在自由运用活动中的表现进行反馈并提出建议，学生根据教师的建议进行进一步的改善和提高。

以上的教学模式主要是从教师角度设计的，他们注重的是教和学两个方面，但更侧重教师的指导作用。Usó-Juan 和 Martinez-Flor（2008）从学习者的角度设计了另外一种教学模式，他们以“请求缓和词（request mitigating devices）”的教学目的提出了基于学习者的三步法。首先是学习者研究，其次是运用，最后是反馈。三步基本上都是学习者在老师的指导下完成的，包括反馈（主要是同学之间相互评价），因此该模式强调学生自主学习的模式。

Kondo（2008）基于其他的言语行为，例如“道歉”“投诉”“赞扬”“拒绝”“请求”和“致谢”等的教学提出了5阶段教学模式，即“感知（feeling）”“练习（doing）”“思考（thinking）”“理解（understanding）”和“运用（using）”。在开始，即感知阶段，教师引导学生做基于语用能力的听力理解练习使学生对不同的言语行为有一个初步的印象。接下来老师给学生一个练习模拟的言语情景，请他们完成填空练习之后并按完成的练习进行角色扮演。第三阶段，学生参加几个课堂活动，并分析他们在活动中的表现。进入“理解”阶段时，学生根据分析所作的笔记找出日语和英语在言语行为上表达的差别。最后，老师通过一些口语活动让学生得以运用所学的语用知识。

从教育学的角度来看，知识和技能的获得基本上分为三个步骤：认识、训练、运用和反馈。以上研究者的各个教育模式基本上是对这三个步骤的细化，或者从不同角度去设计教学模式，但总体没有脱离知识学习掌握和技能习得的基本规律。从语用知识和能力的习得来说，Félix-Brasdefer（2006）从教授“拒绝”角度总结出的语用教学模式虽然笼统，但是其本质上反映了语言和语用知识习得的教育规律。他提倡的三步教学模式非常有意义：第一步是交际行为与跨文化意识（communicative actions and cross-cultural awareness）；第二步是课堂上进行对话分析（doing conversation analysis in the classroom）；第三步是交际实践和反馈（communicative practice and feedback）。

无论是从语用语言学的角度还是教育学的角度，研究者们对语用教学的模式皆提出了不同的建议，这无疑对于我们的外语教学具有指导意义。目前仍然存在的问题是，外语教学中语用教学的模式应该按一种模式开展教学还是根据不同的学习者和不同的语境开展不同的教学模式，抑或有没有必要对每一个教学模式进行效果检验，如果可以，我们又怎样进行检验。这些问题，有些已经在研究中，有些还有待进一步展开研究。

四、外语/二语教学资料对语用能力培养的影响

根据 Kasper（2001）、Kasper 和 Roever（2005）等的理论，语用能力的习得有三个必要条件：恰当的语用输入、足够的练习机会以及对元语用知识的认识和思考。就第一个条件而言，恰当的语用输入来自教师、教材和其他学习者三个方面（LoCastro，2003）。上一节主要从教师和学习者的角度探讨了外语语用能力的教学，本节将总结近十年来语用教学研究者在语用教材中的使用情况。研究者们所采用的教材基本可以分为书面教材和视听教材（Martínez-Flor & Usó-Juan，2010），以下分别讨论。

1. 书面教材

从教学的角度看，书面教材是外语教学中最常见的教学工具，在言语行为教学这一领域也不例外。但是研究发现，同语言教学不一样的是，言语行为的教学中书面教材的效果似乎不那么理想，这一点在 Salazar 和 Usó-Juan（2002）、Kakiuchi（2005）、Salazar（2007）以及 Usó-Juan（2007）等研究者的研究中得到证实。

首先，从语用知识输入方面来看，现有教材是否能够提供真正的有利于语言能力培养的材料呢？一些研究者从这一角度对选取的书面教材进行了研究，其中 Salazar 和 Usó-Juan（2002）以“建议和忠告”为目标研究教材中建议和忠告的体现策略（realization strategies），他们发现教材中最普遍的是传统意义上的间接体现策略，而不是任何间接或者直接的表示“建议和忠告”的策略。他们认为要使言语行为学习得到更真实的语境，教材中的言语行为的体现策略应当是更广泛的。Salazar（2007）和 Usó-Juan（2007）研究了教材中转写的书面材料是否能让学习者对“请求缓和表达”的使用予以重视。Salazar 却发现了他们对其相关表达的使用是有限的，而 Usó-Juan 也发现这些在活动中“请求缓和表达”能修正一些请求的表达，但是这些表达只不过是一些句子中的固定语言组块（fixed chunks），根本与语境无关。

其次，言语行为教科书是不是能够给学习者提供练习和实践的机会呢？Vellenga（2004）进行了一项实验研究，他收集了四种 ESL 教材和四种 EFL 教材用于研究教材中语用知识的数量和质量。研究集中在三个方面，即教材中元语言使用情况、言语行为的使用和处理情况、语用知识在活动设计中体现情况。研究发现教材中设计的教学活动都缺少对语用知识

足够的讨论，没能给学习者提供学习言语行为体现的恰当的语用学习模式，而且对大多数言语行为的运用不够。这些言语行为的教学设计和安排是孤立的，缺少相关的语境，因而缺少了语用的输入，从而也减少了学习者对元语用知识的认知和思考的机会。

相比20世纪90年代的教材，近期的教材在言语行为实施策略的选材广度方面有提高（Gilmore，2004；Jiang，2006；Usó-Juan，2008），但是对其正确运用的语境知识却很少提及。在中国大陆，英语教学专家也吸取了语用学的各方面的研究成果，并试图将语用能力的培养体现在教材中，但是更多的是借助跨文化交际理论，采用文化背景介绍等方式呈现到学习者面前，没有编写具体的系统的书面教材，也没有系统的练习。因此，将来言语行为教科书应该在这一方面大有作为。

2. 视听教材

外语教学中视听教材蓬勃发展是科技进步的结果，更重要的是视听教材比书面教材更具独特的优势，尤其是从语用能力输入来讲，书面教材更是无法与之相比。Canning-Wilson（2000）认为视听教材给学习者展示了真实的语境，从而帮助他们了解如何在某一特定的语境下使用相应的语用规则。在近年来的研究中，视听教材不仅被认为能对外语/二语语用认识起强化作用，而且研究证明它还可以让学习者有足够的机会接触和了解富有社会与文化背景知识的言语行为（Rose，2001；Alcón，2005；Kite & Tatsuki，2005；Tatsuki & Nishizawa，2005；Martinez-Flor，2007；Fernández-Guerra，2008）。

在Alcón（2005）、Tatsuki和Nishizawa（2005）及Fernández-Guerra（2008）等的研究中，他们都运用电视节目来研究帮助学生学习外语语用知识。其中Alcón（2005）采用了Stargate连续剧中的某些片断指导西班牙的学生学习如何用英语发出请求。作者发现这些试听材料，无论是采取明示还是隐含的教学方法，都能加强学习者对英语社会语用和语用认知。Fernández-Guerra（2008）以实施请求为研究对象，比较运用电视剧与语料库里节选的请求对话材料的相同点和不同点，结果发现二者非常相近，说明电视剧的对话材料适用于语用言语行为的教学。

在中国大陆，虽然还没有系统传授语用能力的教科书，很多英语教育者还是在此方面做出了力所能及的尝试，如上海外语教育出版社出版的《大学英语（修订本）》在其听力教程里编排了大量旨在培养语用能力的练习（叶邵宁，滕巧云，2003）。冯序颖（2002）通过大学英语口语课堂研究发现口语教材在培养学习者语用能力方面存在问题，认为口语教材应当利用真实的语料。当然还有许多英语教育者陈述了自己的观点：如姜占好（2003）认为可通过观看英语原版影视作品、开展网上讨论和举办语用知识相关讲座来提高学生的语用知识。叶邵宁和滕巧云（2003）也通过设计的练习，阐述了针对强化语用能力的练习对学习者语用能力的培养所起的。这些都强调了英语语用能力的培养，都脱离不了相适应的语用教学材料。

五、结论

总结近十年的研究成果，从语用能力的教学角度看，我们初步可以得出以下结论：①语用能力的教学离不开语用能力的培养和强化，当学习者充分认识到学习外语语用能力的重要性时，他们会有意识地学习语言知识的基础上，并将语言学习结合到实际的运用中，从而为有效地学习语言和正确地运用语言打下了良好的基础。②语用能力的教学研究具体落实到课堂教学，就体现在对目的语的言语行为的教学和研究，对于目的语言语行为的各个具体行为研究表明，通过引导尤其是通过明确的教学方式对于言语行为的教学是有效的。③对于课堂教学中的语用能力教学模式，学者们建立了不同的教学模式，这些模式都基于语言习得的基本模式：认识＋训练＋运用＋反馈。④现有教学资料促进了语用能力教学效果，但基于数字化的视听教材对于语用能力教学更有效。

语用能力的教学研究已经进行了三十多年，近十年的成果颇丰。但是，目前的研究尚存在以下问题：一是国内语用学的理论研究发展非常快，而且呈现多学科融合的趋势（高航，严辰松，2004；冉永平，2007；龙桃先，2008；姜占好等，2011；钟茜韵，2012；李明，2013），相比之下语用教学及其效果的实证研究还相对滞后；二是对语用教学的方法研究与国外还存在很大差距，目前关于国外所采用的各种语用教学方法在中国外语教学环境下的教学效果的研究鲜有报道；三是，明示/暗示的语用教学材料还不成体系，针对语用能力的训练目前只是隐含在各种教材的教学中。

综上所述，在中国外语教学的环境下，语用教学应在以下几个方面加以思考：一是，对于外语言语行为各个具体的方面进行更为全面深入的研究；二是，对于言语行为的研究应更多地吸收心理语言学、认知语言学和社会语言学的研究成果，将语用研究与其他学科结合起来，进一步解释语用能力习得的规律和社会意义；三是，对语用教学材料加强开发，并课入研究其对语用能力发展的影响。四就是，在语言教学课堂上，教师的角色是什么，教师如何教，花多长的时间等都是值得我们探究的领域（Cohen，2008）。总而言之，我们希望在不久的将来，外语语用能力的教学研究将会有、更丰富的理论基础，其教学模式将会更多样化，而其教材将会更系统、更契合语用能力的教学实际。

参考文献

[1] Bardovi-Harlig, K. & Vellenga, H. E. The Effect of Instruction on Conversational Expression in L2 Pagmatics [J] . *System*, 2012 (40).

[2] Bublitz, W. , Jucker, A. H. & Schneider, K. P. Handbooks of Pragmatics [A]. InTrosborg, A. *Pragmatics Across Languages and Cultures* [C]. Berlin: Mouton de Gruyter, 2010.

[3] Canning-Wilson, C. Practical Aspects of Using Video in the Foreign language Classroom [J]. *The Internet TESL Journal*, 2000 (VI): 11.

[4] Cohen, A. Teaching and Assessing L2 Pragmatics: What Can We Expect from Learners? [J]. *Language Teaching*, 2008 (41).

[5] Cohen, A. & Shively. Acquisition of Requests and Apologies in Spanish and French: Impact of Study Abroad and Strategy-building Intervention [J]. *Modern Language Journal*, 2007 (91).

[6] Félix-Brasdefer, C. Teaching the Negotiation of Multi-turn Speech Acts: Using Conversation-analytic Tools to Teach Pragmatics in the FL Classroom [A]. In Bardovi-Harlig, K. , Félix-Brasdefer, C. & Omar, A. S. *Pragmatics and Language Learning* [C]. Honolulu: University of Hawaii at Manoa, National Foreign Language Resource Center, 2006 (11).

[7] Fernández-Guerra, A. Requests in TV Series and in Naturally Occurring Discourse: A Comparison [A]. In Eva Alcón. *Learning How to Request in an Instructed Language Learning Context* [C]. Bern: Peter Lang, 2008.

[8] Gilmore, A. A Comparison of Textbooks and Authentic Interactions [J] . *ELT Journal*, 2004 (58).

[9] Gonzalez-Lioret, M. Computer-mediated Learning of L2 Pragmatics [A]. In Eva Alcón & Martinez-Flor, A. *Investigating Pragmatics in Foreign Language Learning, Teaching and Testing* [C]. Bristol: Multilingual Matters, 2010.

[10] Halenko, N. & Jones, C. Teaching Pragmatics Awareness of Spoken Requests to Chinese EAP Learners in the UK: Is Explicit Instruction Effective? [J]. *System*, 2011 (39).

[11] Ishida, M. Indexing Stance in Interaction With the Japanese Desu/masu and Plain Forms [A]. In Taguchi, N. *Pragmatic competence* [C]. Berlin: Mouton de Gruyter, 2009.

[12] Ishida, M. Development of Interactional Competence: Changes in the Use of L2 Japanese during Study Abroad [A]. In Nguyen, H. & G. Kasper, G. *Talk-in-interaction: Multilingual perspectives* [C]. Honolulu: University of Hawaii at Manoa, National Foreign Language Resource Center, 2009.

[13] Jiang, X. Suggestions: What Should ESL Students Know? [J] *System*, 2006 (34).

[14] Judd, E. L. Some Issues in The Teaching of Pragmatic Competence [A]. In Hinkel, E. *Culture in Second Language Teaching and Learning* [C]. Cambridge: Cambridge University Press, 1999.

[15] Kasper, G. Classroom Research on Interlanguage Pragmatics [A]. In Rose K. R. & Kasper G. *Pragmatics in Language Teaching* [C]. Cambridge: Cambridge University Press, 2001.

[16] Kasper, G., Roever, C. Pragmatics in Second Language Learning [A]. In-Hinkel, E. *Handbook of Research in Second Language Teaching and Learning* [C]. Mahwah: Lawrence Erlbaum Associates, 2005.

[17] Kite, Y. & Tatsuki, D. Remedial Interactions in Film [A]. In Tatsuki, D. *Pragmatics in Language Learning: Theory and Practice* [C]. Tokyo: The Japan Association for Language Teaching, Pragmatics Special Interest Group, 2005.

[18] Koike, D. A. & Pearson. L. The Effect of Instruction and Feedback in the Development of Pragmatic Competence [J]. *System*, 2005 (33).

[19] LoCastro, V. *An Introduction to Pragmatics: Social Action for Language Teachers* [M]. Michigan: Michigan Press, 2003.

[20] Martinez-Flor, A. Analyzing Request Modification Devices in Films: Implications for Pragmatic Learning in Instructed Foreign Language Contexts [A]. In Alcón, E. & Safont Jordà, M. P. *Intercultural Language Use and Language Learning* [C]. Netherlands: Springer, 2007.

[21] Martinez-Flor, A. & Usó-Juan, E. A Comprehensive Pedagogical Framework to Develop Pragmatics in the Foreign Language Classroom: The 6Rs Approach [J]. *Applied Language Learning*, 2006 (16).

[22] Martinez-Flor, A. & Usó-Juan., E. *Speech Act Performances: Theoretical, Empirical and Methodological Issues* [M]. Amsterdam: John Benjamins, 2010.

[23] Martinez-Flor, A. & Y. Fukuya, Y. The Effects of Instruction on Learners' Production of Appropriate and Accurate Suggestions [J]. *System*, 2005.

[24] Nikula, T. Learning Pragmatics in Content-based Classroom [A]. In Alcón-Soler E. & Martinez-Flor, A. *Investigating Pragmatics in Foreign Language Learning, Teaching and Testing* [J]. Bristol: Multilingual Matters, 2008.

[25] Narita, R. The Effects of Pragmatic Consciousness-raising Activity on the Development of Pragmatic Awareness and Use of Hearsay Evidential Markers for Learners of Japanese as a Foreign Language [J]. *Journal of Pragmatics*, 2012.

[26] Pearson, L. Patterns of Development in Spanish L2 Pragmatic Acquisition: An Analysis of Novice Learners' Production of Directives [J]. *Modern Language Journal*, 2006.

[27] Rose, K. R. Compliments and Compliment Responses in Film: Implications for Pragmatics Research and Language teaching [J]. *International Review of Applied Linguistics*, 2001 (39).

[28] Salazar, P. Examining Mitigation in Requests: A Focus on Transcripts in ELT Coursebooks [A]. InAlcón, E. & Jordà, M. P. S. *Intercultural Language Use and Language Learning* [C]. Netherlands: Springer, 2007.

[29] Tatsuki, D. & Nishizawa, M. A Comparson of Compliments and Compliment Response in Television Interviews, Film and Naturally Occurring Data [A]. In Tatsuki, D. *Pragmatics in language learning, theory, and practice* [C]. Tokyo: The Japan Association for Language Teaching, Pragmatics Special Interest Group, 2005.

[30] Takahashi, S. Noticing in Task Performance and Learning Outcomes: A Qualitative Analysis of Instructional Effects in Interlanguage Pragmatics [J]. *System*, 2005 (33).

[31] Takimoto, M. The Effects of Deductive and Inductive Instruction on the Development of Language Learner's Pragmatic Competence [J] . *The Modern Language Journal*, 2008 (92).

[32] Trosborg, A. *Pragmatics Across Languages and Cultures* [M]. Berlin: Mouton de Gruyter, 2010.

[33] Usó-Juan, E. A Pragmatic-focused Evaluation of Requests and Their Modification Devices in Textbook Conversations [A]. In Alcón, E. *Learning How to Request in an Instructed Language Learning Context* [C] . Bern: Peter Lang, 2008.

[34] Usó-Juan, E. & A. Martinez-Flor. Teaching Learners to Appropriately Mitigate Requests [J]. *ELT Journal*, 2008 (62).

[35] Vellenga, H. Learning Pragmatics from ESL and EFL Textbooks: How Likely? [J]. *TESL Electronic Journal*, 2004, 8 (2).

[36] 冯序颖．大学英语口语课程与学生语用能力培养 [J]. 西安外国语学院学报, 2002 (2).

[37] 高航, 严辰松．语用学在中国 20 年综述 [J]. 解放军外国语学院学报, 2004 (4).

[38] 胡美馨．在专业英语口语教学中培养学生语用能力——基于一项教学实验的分析和建议［J］．外语电化教学，2004（2）．

[39] 姜占好，陶源，周保国．国外课堂语用教学研究三十年［J］；西安外国语大学学报，2011（2）

[40] 李明．国内语用教学研究 13 年：回顾与和展望［J］．语文学刊，2013（10）．

[41] 刘润清，刘思．语用习得的认知特性和影响因素述评［J］．外语教学与研究，2013（3）．

[42] 龙桃先．中国的语用学研究概况［J］．齐齐哈尔师范高等专科学校学报，2008（1）．

[43] 冉永平．语用学传统议题的深入研究 新兴议题的不断拓展　第十届国际语用学研讨会述评［J］．外语教学，2007（6）．

[44] 陶志平．对非英语专业学生语用失误的实证研究与课堂教学中的文化对策［D］．南昌大学硕学位论文，2007．

[45] 王秀容．中国大学生英语语用教学：请求言语行为［D］．西南大学硕学位论文，2007．

[46] 叶邵宁，滕巧云．应用教学与语用能力的培养［J］．外语界，2003（6）．

[47] 钟茜韵．国内语用学研究：现状、路径与展望——对 2008—2010 年 8 种外语类核心期刊的实证分析［J］．河海大学学报（哲学社会科学版），2012（1）．

（原载《语言教育》2015 年第 1 期，略有改动）

作者简介

吴让科，南方医科大学外国语学院副教授，硕士，研究方向为二语习得、ESP 翻译与教学。

走出文化研究的藩篱

——论当代西方文学研究中的美学回归态势

邓文华

一、当代西方文学研究的转型

在一篇名叫“审美在文学研究中的消逝”的论文中，美国布兰代斯大学的尤金·古德哈特教授讲述了自己的一次个人经历：有一次，他代表所在系参加一个招聘会。来求职的是一位女博士，博士论文写的是英国维多利亚时代的诗歌。这位女博士胸有成竹、口若悬河地用女性主义、新历史主义、解构主义等后现代批评方法分析一首诗。她谈完后，委员会的一个成员突然冒出一个问题：“但是，这是一首好诗吗？”听到这样的问题，这位求职者张口结舌，不知道该怎么回答，说了一些不着边际、苍白无力的话。古德哈特认为，若以这个问题问别的年轻的求职者，他们也同样会被难住。多年来，在美国的许多大学里，教师已不再教学生回答这样的问题了。研究者要做的是对文学作品以新历史主义、女性主义、后结构、后殖民等话语作阐释或分析，这已经形成了当代西方文学研究的行业习惯和标准。没有人再谈审美标准！为何会这样？

文学研究的这种范式转换，常被归因于20世纪后期开始的文化论转向。20世纪50年代，威廉姆斯、霍加特、霍尔、汤普森等一批英国文化学家，开始致力于批判19世纪的阿诺德、柯勒律治以及20世纪上半叶利维斯主义的精英主义文化观，确立了一种全新的文化研究方法，使文化研究渐渐成为“合法的”学术研究领域。由于文化研究将“文化”看作一种“特定的生活方式”，而不仅是完美的精神成就，其研究的关注点就不再单纯停留在一般文献或精英文化的范围之内。20世纪80年代以后，诸如沙滩、摩天大楼、游戏厅、二手服装、广告、牛仔装等，都成为文化学者的研究文本。于是，审美活动逸出了博物馆、剧院等高雅艺术场所，而更多地发生在城市广场、购物中心、超级市场、街心花园等与其他社会活动没有严格界限的社会空间与生活场所，艺术与实用、审美与日常生活、艺术与商业、艺术与政治之间的界限被打破了。这种“日常生活的审美化”，直接导致了文学性的扩散，以及文学艺术的“祛魅”和“去精英化”。

从总体上看，文化研究将马克思主义（阿尔都塞、葛兰西）、女性主义、符号学和后结构主义、后现代和后殖民理论作为其主要理论来源，解构了文学作品作为自足的有机整体的观念。举例而言，德里达提出“延异”（difference）、播撒（dissemination）、痕迹（trace）、去中心化（de-centering）等概念。在他看来，不存在言语与意义的同一性、同质性。所有的意指活动，无论是言语还是文字的书写，都起源于“痕迹”，“痕迹”就是差异、疏离、间隔，它意味着意义的缺席和主体的不在场，即写作所形成的文本总是渗入他者之手，回不到作者主体的手中。因此，所有文本都违背作者的意图，具有了“播撒”的能力。换言之，一个文本始终存在于一个复杂的文本网络之中，其意义是动态的，不可能被某一个权威所占有。对文本的考察，就是要通过揭示文本显现其特定权力形态的方式，去揭示文本为何偏爱于某些术语、隐喻和修辞而压制其他对于文本意义同样重要的术语、隐喻和修辞。这就是说，研究者要揭露文本历史的、偶然的和任意的谱系，由此揭穿其妄称客观真理的虚假面目，并在颠覆“深层结构”的同时，为读者提供自由选择的可能。

在后结构主义等思潮的影响下，文化研究普遍认为，依据何种观念看待文本和分析文本，较之观照和分析方式本身更为重要。这样一来，文本的阐释蕴含了直接或间接的政治意图：“从文化研究的观点来看，关键之处是能指与所指之间的关系是人为的，是惯例，或者依据文化研究所突出的，是政治问题。……对于符号，不同的群体可以在不同的语境中加以解释。”（Paula Saukko，2003：100－101）这种政治学转向，决定了文化研究关注的重点不再是传统文本的美学特质，而是文本的外部生产、传播、接受过程、文化要素和文本环境。其分析方式，不单单是针对文本构成性要素，而是融入了社会学和政治学的视角，将文本与文本环境、生产体制以及意识形态的支撑作为一种动态的关联方式，将平面的、静态的文本（以纸质、文字符号为主）和立体的、动态的文本（以视觉、社会事件与现象为主）结合起来，由此颠覆了传统文本的中心地位，其着力点是透过对文化表征的分析，展现出文化、知识与权力之间的关系。在这种思潮的影响下，不难理解文学研究为何越来越背离审美化的研究模式。

文化研究对文学领域的入侵，引发了一个无法回避的问题：既然文本分析不再是目的，而是变成了手段，或者说，既然文学研究的目的不再是为了揭示文本的“审美特质”或“文学性”，而是为了揭示文本的意识形态以及文本所隐藏的文化——权力关系，那么，文学研究是否正在远离文学？对此，众多欧美大学的文学教授都给出了肯定的回答。举例而言，马乔利·帕洛夫发出了“文学研究领域目前已被文化研究所主导”的控诉，而呼吁文学回到文学研究中来。（Marjorie Perloff，2000：24）理查德·罗蒂也明确指出，文化研究正在全面攻占美国大学的英语系，使得文学研究沦为沉闷枯燥的社会科学，令学生望而止步，敬而远之。在他看来，文化研究使得人们不再欣赏伟大的文学作品，而仅仅是用一些无味的术语来表达自己的政治情感。（Rrichard Rorty，1998：125－140）显然，对于批评者而言，文化研究基本上成了意识形态批判的代名词，文化研究以其强烈的政治旨意，满怀狐疑地审视着文学作品，将其谴责为政治压迫的工具，于是文学作品变成了意识形态机器批量生产的文本，变成了语境，变成了宣传。批评者甚至认为，文化研究不单单反对关于作品的美和快感、风格与形式的讨论，而且还试图把这种反美学的立场确立为文学研究的新规范，从而形成了一种新霸权。

针对于此，欧美大学的文学系出现了一轮又一轮的要求回归美学的呼声。在美国著名的高等教育报刊（*The Chronicle of Higher Education*），不断有作者撰文抨击文化研究对美学的贬损和忽视。作者们表示，已厌倦当代文学研究中泛滥的社会政治学批评，并试图重新讨论风格、韵律、形式、美等纯文学性的话题。而詹姆斯·索德霍尔姆（James Soderholm）、迈克尔·克拉克（Michael Clark）、伊莱恩·斯卡利（Elaine Scarry）、温迪·斯坦纳（Wendy Steiner）、丹尼斯·多诺霍（Denis Donoghue）、阿尔文·柯南（Alvin Kernan）、约翰·埃利斯（John Ellis）等众多文学教授共同呼吁，纷纷撰书对文化研究的霸权提出了质疑和批判。他们明确提出，文化研究的主导意味着文学的死亡。为了拯救文学，必须回归文学美学。那么，应如何看待当代西方文学中的这种新走向呢？

二、基于学科焦虑上的美学回归之思

毋庸置疑，文化研究对文学研究的发展有着积极的影响。文学本是一种极其复杂的现象，需要多学科的研究。在文学艺术研究长期与美学合一，只有审美与哲学的解读，而缺乏社会和文化的解读之时，文化研究确实为文学研究带来了全新的研究方法，大大拓展了文学研究的空间，使研究者有了更为广阔的视野。但另一方面，自从文化研究兴起后，文学研究确实是从跨界到越界，进而出界，远离了文学的家园。正如前文古德哈特教授所注意到的那样，当代的文学研究仅仅满足于女性主义、新历史主义、解构主义等各种后现代的批评视角，而从根本上放弃了对作品本身的审美判断。研究者走出文学研究，几乎研究社会上的一切，各种问题无所不包，偏僻就是不研究文学。或者说，他们越来越强调读者介入叙事的重要性，而将阅读本身变成了鲜明的意识形态化过程。诚如美国著名文论家林德赛·沃特斯所概括的，这使得文学沦为观念、作者或读者的意图或意识形态等一些不属于艺术自身的东西。

但如此一来，问题也就出现了：其一，文学还是文学吗？其二，文学的观念化和理论化，能否成为文学教育的存在依据？对于很多批评理论家而言，第一个问题并不构成问题。很明显，当代西方文学理论界与当代国际美学界，有着一些明显的交合点：二者都否认“文学”“艺术”定义的可能性。在国际美学界，尤其是在20世纪后期占据了西方美学论坛霸主地位的英美分析美学，将维特根斯坦的“游戏”和“家族相似”等理论奉为圭臬，从根本上否认了艺术的共性。他们将艺术视为一个“开放的”概念，因而是不可定义的。（Morris Weitz，1956：27 - 35）当代西方文学理论界同样如此。特里·伊格尔顿详细地讨论过西方文论史上各种关于“文学”的定义，最后的结论是：“文学”本身就是一个历史与文化的建构，不存在一成不变的“文学”，也没有永恒的文学“本质”。他甚至认为，或许有一天，莎士比亚的作品会被排挤出“文学”的大门。卡勒则更极端地认为：“文学就是一个特定的社会认为是文学的任何作品，也就是由文化来裁决，认为可以算作文学的任何文本。”

诚然，“艺术”和“文学”不是封闭性的概念，随着新作品和新形式的出现，其概念势必不断扩展。这意味着，对艺术和文学进行定义，势必导致各种争议。但问题是，即使艺术和文学难以界定，我们是否就应该完全取消文学与非文学、艺术与非艺术之间的界限？其实，在维特根斯坦否认艺术具有本质时，他也不得不承认，艺术与非艺术的界限实际上是存在的，正如一个国家的边界虽然纷争不断，但我们仍然能够确定自己是否置身其国。因此，文学的界定固然有着种种困难，但这并不妨碍我们对这一概念的使用。从常理上讲，经受了时间考验的文学精品，如《荷马史诗》《哈姆雷特》之类，被挤出“文学”大门的可能性微乎其微。退一步讲，即使它们在遥远的将来会变成非文学，也不妨碍我们现在将它们作为文学来欣赏。比如我们可以从《哈姆雷特》中获得关于抑扬五音步韵律的知识，从哈姆雷特的命运中欣赏其睿智、敏感，也洞察其个性的软弱。我们品味着弥漫于这部悲剧的各种具体的、强烈的情感，并有可能从中获得某种关于人性的体悟。

因此，我们不妨做出两种经验性假设：①文学与非文学的界限也许是存在的，将文学当作文学来欣赏也是可能的；②我们欣赏作品的过程中所形成的审美经验，也许远非社会政治学批评所能概括。早在20世纪80年代，英美新批评的重要代表门罗·比厄斯利，就对艺术的审美经验进行了详尽的考察，发现审美经验具有“对象的导向性”“感觉到的自由”“超脱的效果”“积极的发现”，以及“整一性”等本质特征。（Beardsley，1982：288－289）进而言之，这种现象学意义上的审美经验，可以：①缓解紧张，消弭破坏冲动，从而提供宣泄情感的工具和暴力的道德替代物；②消除自我内部的冲突，有助于实现人格的整合或和谐，从而达到心灵的澄明和愉快；③磨锐知觉力和辨别力，使得人与人之间的情感关系趋于和谐；④培养想象力和同情力；⑤促进精神健康；⑥培育人际间、文化间的同情和理解；⑦提供一个手段和目的完美结合的人类生活理想，等等。（Beardsley，1982：573－583）不难发现，从古希腊的亚里士多德到近代的席勒和雪莱，再到当代的I. A. 瑞恰兹和杜威，都持类似观点。也许，这些裨益只是经验性的假设，尚待心理学研究的确证，但它们却能解释文学艺术对于人类社会的独特意义，这也比较合理地解释了人们修习文学艺术课程的原因。既然艺术的审美经验可以启思激趣，可以培养感知者对艺术的敏感力、知觉力和想象力，可以通过意象和价值观促使感知者理解人类生活的可能性，可以最终提升生活经验的层次和质量，那么，又何必拒绝这种艺术经验！

然而，当代的文学研究往往只试图说明和阐释意义是如何构建的，而忽略了对意义的体验。他们大多热衷于讨论文学是如何在与历史、权力、性别、文化等诸种意识形态变体的互动联系中形成和存在的。这种研究方法在很大程度上把文学变成了理论。但是，诚如沃特斯所言，文学的理论化，理论的体制化，似乎正在变成一种压迫，一种霸权，使得当代文学批评不再是为了欣赏美学，不再是为了研究人们对艺术的审美反应和审美情感，不再是为了提升灵魂，从而取消了文学与生活之间的连续性。长此以往，文学必变得抽象枯燥、了无生气、魅力全失。也许是出于对这一后果的忧虑，比厄斯利耄耋之年撰文呼吁，要保护和拓展艺术在提升社会生活质量的过程中所扮演的“决然异样的、不可或缺的”诸功能，使其免受强势的政治和经济力量的控制、歪曲和压制。（Beardsley，1982：352）确实，时过境迁，文学研究的理论氛围与西德尼和雪莱所在的将艺术作为艺术、寓教于乐的年代已有了根本的不同。但无论如何，文学不应过度理论化，理论不应过度体制化。如果为文学教育辩解，却不将文学当作文学，而仅仅考虑文学的政治文化语境，这是否就是一个悖论？再说，文学变成理论，又能否作为文学教育的存在依据？即使它能作为文学教育的依据，又是否充分？凡此种种，无疑值得反思。

因此，对于欧美学者回归美学的呼声，应予以理解的态度。他们对于美学回归的诉求，可以理解为对文学研究从越界到出界的质疑，理解为一种基于学科焦虑的反思。正如笔者在另一篇文章指出，各种后现代主义思潮的泛滥，使得艺术彻底沦为他律性的存在，艺术无处不在，却又无处可寻。艺术什么都是，但又什么都不是。要解决当代美学的这一悖论，艺术相对的自律性和特殊性应予以承认和尊重，让其在人类社会中发挥某种独特的人文功能。也就是说，文学艺术除了其意识形态作用之外，应还有属于其自身的东西。在社会学、新历史主义、女性主义、解构主义等各种理论的批评之外，应还有一种把文学当作文学，把艺术当作艺术进行批评的可能性。

三、基于美育缺失的美学回归之思

应该说，文学的审美、道德、历史、社会等价值是可以共生共存的。因此，美学与文化研究未必相互排斥、非此即彼，反而可以相互汲取和补充。众所周知，威廉姆斯的文化观深受浪漫主义美学的影响。霍加特也同样关注大众文化特定的形式属性，说：“除非你知道这些事物是如何成其为艺术的……否则你对于它们的谈论不会切中肯綮。”（Michael Bérubé，2005：33）20世纪70—80年代，文化研究甚至接受了俄国形式主义、欧洲先锋派艺术理论以及布莱希特（Bertolt Brecht）的美学思想，对能指而不是对所指表现出了浓厚的兴趣。在《亚文化：风格的意义》这部文化研究的经典著作中，迪克·赫伯迪格（Dick Hebdige）不但以社会学家的眼光，而且以美学家的眼光，透过“拼贴”“合成”等先锋派技术，以及用狗项圈、别针、垃圾袋等什物做成的各种匪夷所思的艺术品，详细解读了亚文化风格的多重意义，其对内容、快感的关注，不亚于对意识形态的关注。因此，正如丽斯塔·费尔基（Rista Felki）所言，文化研究和美学的关系，应予以更全面、更客观的评估。（Michael Bérubé，2005：32－34）无论如何，美学的回归，并不意味着文学拒绝文化研究的视角。文学研究所拒绝的，是存在于文化研究中的独断论，即将文学的社会、文化、政治学解读视为唯一合法化的批评视角，而排除作品的审美批评。

文化研究不愿对文本下价值判断，也不愿讨论审美经验，这在很大程度上源于他们对现代美学的敌意。在他们看来，现代美学所提倡的审美无利害原则，实际上是资产阶级进行意识形态控制的工具。通过美育或趣味教育，现代美学将少数精英的趣味确立为唯一合法的审美趣味，由此对缺乏必要的预备教育、闲暇、社会文化条件而无法接近和欣赏高级文化作品的普通大众，设置了粗暴的阻碍，使得他们不得不勉强承认自己低人一等。（Paul Mattick，1993：110）正是由于看到了审美教育是一种新的统治形式，伊格尔顿等后现代主义学者才将其称为“霸权”。（Terry Eagleton，1990：106）随着大众消费社会在更大更广的范围的形成和迅速蔓延，文化研究渐渐超越了传统的精英主义，甚至出现了约翰·费斯克所代表的民粹主义文化观。众所周知，费斯克把大众鉴识力标举为对美学霸权的拒绝和反抗，不加批判地颂扬大众文化的娱乐性和反抗性，甚至不遗余力地为大众文本的浅白性和贫瘠性辩解。

但是，文化研究的这种政治工具主义难以通达人的灵魂深处，也难以解答文学艺术的共性和普世价值等问题。他们抛弃趣味的争辩，同样缺乏依据。如果文学确实存在某种“审美价值”，或者说，如果存在一种将文学当作文学来看待的可能性，那么，文学的审美批评就是必要的。毕竟，没有人能够心安理得地说，一部特定的艺术作品既是优秀的，又是糟糕的。拒绝作品的审美判断，势必导致“坏”艺术的泛滥，甚至使得大众趣味日益低俗，丧失审美能力，分不清美丑，无法体会真正的生活之美。要培养和提高社会成员的艺术欣赏和批评的能力，必须要求他们体验大量具有高度审美价值的艺术作品，以获得关于文学艺术的知识，比如文体、诗歌韵律、小说叙事、戏剧结构等等。同样，它要求人们探寻艺术之善美的标准。因此，我们必须询问：作品具有哪些典型的审美特性？我们能否说明这些特性有何特殊之处？其情感氛围是悲伤的、幽默的、欢乐的，还是愤怒的？我们何以得知？我们为何对某些作品情有独钟？我们为何对低俗的、乏味的、拙劣的、刺耳的、无病呻吟的作品心生厌恶，敬而远之？对于一些标新立异的作品，我们是喜爱还是厌恶？作品整体上是好还是坏？我们的判断有何依据？……在找到这些问题的答案之前，我们不能夸口说对文学有了充分的理解。

然而，审美批评并不是一个强迫他人接受判断的过程。比厄斯利说得好："作为一个知识领域，美学由批评陈述的澄清和确证所需要的诸原则构成。"（Beardsley，1982：3 –4）这就是说，对作品的批评仅仅是批评家根据自己的经验和理解对作品某些性质或要素做出描述、阐释或评价，以促使读者看到这些性质和要素，由此引导读者关注和区分作品的模式、事件和意义，促成感官层面的交流，形成相同的视野和经验内容。用伊森伯格的话来说，一个批评家宛如一位教师，他提供的是"新的感悟和新的价值观"。人们不必遵循批评家的判断或评价，这不是批评的目的。批评的目的是揭露、展现，为学生的"看"提供更多的可能性，由此帮助其培养深层次的审美体验，意识到生活的新维度，体会真正的生活之美。

总而言之，文化研究为文学研究提供了发展的机遇。文学研究不能抱残守缺、闭门造车，否则路会越走越窄，最终走进死胡同。但另一方面，文化研究思潮的泛滥，却破坏了文学艺术相对的自律性和特殊性。这也许就是文学要回归美学的原因吧。文学研究的未来趋势，现在尚难定论。但可以说，只要"这是一首好诗吗?"之类的问题成立，美学的回归是迟早的事。

参考文献

［1］ Eugene Goodheart. The Demise of the Aesthetic in Literary Study［J］. *Philosophy and Literature*, 1997, 21 (1).

［2］ Jacques Derrida. *Dissemination*［M］. London: The Athlone Press, 1981.

［3］ Lindsay Waters. Literary Aesthetics: The Very Idea［J］. *The Chronicle Review of Higher Education*, 2005 (12).

［4］ Marjorie Perloff. In Defense of Poetry: Put *the* Literature Back into Literary Studies［J］. *Boston Review*, 2000, 24 (6).

［5］ Marvin Levich. *Aesthetic and the Philosophy of Criticism*［M］. New York: Random House, 1963.

［6］ Michael Bérubé. *The Aesthetics of Cultural Studies*［M］. Malden: Blackwell Publishing Ltd, 2005.

［7］ Monroe C. Beardsley. *The Aesthetic Point of View*［M］. Ithala: Cornell University Press, 1982.

［8］Monroe C. Beardsley. *Aesthetics: Problems in the Philosophy of Criticism* ［M］. Indianapolis: Hackett Publishing Co., 1982.

［9］Morris Weitz. The Role of Theory in Aesthetics ［J］. *The Journal of Aesthetics and Art Criticism*, 1956, 15 (1).

［10］Paul Mattick. *Eighteen-Century Aesthetics and the Reconstruction of Art* ［M］. New York: Cambridge University Press, 1993.

［11］Paula Saukko. *Doing Research in Cultural Studies* ［M］. Thousand Oaks: SAE Publications, 2003.

［12］Richard Rorty. *In Achieving Our Country* ［M］. Cambridge: Harvard University Press, 1998.

［13］Scott Heller. Wearing of Cultural Studies, Some Scholars Rediscover Beauty ［J］. *The Chronicle of Higher Education*, 1998 (2).

［14］Terry Eagleton. *The Ideology of the Aesthetics* ［M］. Oxford: Basil Blackwell Ltd., 1990.

［15］邓文华．新美学语境下对杜威美学的再思考［J］．山西师大学报，2009（5）．

［16］陶东风．日常生活的审美化和文化研究的兴起［J］．南阳师范学院学报，2004（5）．

［17］［美］约翰·费斯克．理解大众文化［M］．王晓珏，宋伟杰译．北京：中央编译出版社，2001．

（原载《山西师大学报》（社会科学版）2012年第5期，略有改动）

作者简介

邓文华，南方医科大学外国语学院副教授，文学博士，研究方向为西方美学、叙事学。

当代美学语境下的艺术使命

邓文华

一、日常生活的审美化

毋庸置疑，“日常生活审美化”是当代美学文化的新动向。英国社会学家费瑟斯通曾将日常生活审美化界定为后现代社会的一个特点，并指出了它的三个表现形式：一是艺术亚文化的兴起。这个潮流以第一次世界大战和20世纪20年代出现的达达主义、历史先锋派和超现实运动为代表，他们追求打破艺术和日常生活之间的界限，消解艺术的“灵韵”，认为一切都可以成为艺术或审美的对象：大街小巷、废弃物、身体、偶发事件等，无一不可以进入审美的殿堂。二是将生活转换为艺术作品的谋划，具体指追求生活方式的风格化、审美化。这种审美化的谋划可以追溯到19世纪后期的唯美主义、象征主义者波德莱尔，一直延续到福柯等后现代主义者。三是日常生活符号和影像的泛滥。由于大众电子传媒的迅猛发展，当代的生活环境越来越符号化、影像化，这构成现实幻觉化的空间。（费瑟斯通，2000：94）德国学者沃尔夫冈·韦尔施在《重构美学》中更加详细地分析了日常审美化的各种表现，指出：“今天，我们生活在一个前所未闻的被美化的真实世界里，装饰与时尚随处可见。它们从个人的外表延伸到城市和公共场所，从经济延伸到生态学。”这种现象是与消费方式的变化联系在一起的。在韦尔施看来，今天的消费者“实际上不在乎获得产品，而是通过购买使自己进入某种审美的生活方式”。（韦尔施，2002：109）他甚至认为，今天的公共空间，“已经过度地审美化了……在我们的公共空间中，没有一块街砖，没有一柄门把手，的确没有哪个公共场所逃过了这场审美化的蔓延。‘让生活更美好’是昨日的格言，今天它变成了‘让生活、购物、交流与睡眠更美好’”。（韦尔施，2002：164）

从韦尔施、费瑟斯通等人的描述与分析中，可以看出，“日常生活审美化”产生的一个重要背景是西方社会进入消费社会以后，消费主义文化和意识形态的出现与流行。在消费社会，物质生产的丰富达到“充溢”的程度，商品源源不断地以一种符号化的形式涌入人的内在心灵世界，重新整合着人的精神世界。于是，大众的日常生活被越来越多的艺术品质所充满，“美的幽灵”便无所不在：外套和内衣、高脚杯和盛酒瓶、桌椅和床具、电话和电视、手机和计算机、住宅和汽车、霓虹灯和广告牌等，都显示着审美泛化的力量。就连人的身体，也难逃大众化审美设计的捕捉，从美发、美容、美甲再到美体都是如此。可见，在当代文化中，审美消费可以在任何地方实现，任何事物都可以成为美的消费品，这便是“日常生活审美化”的极致状态。

当代文化这种景观的形成，当然有赖于“大众文化”的兴起和“文化工业”的再生产。大众文化以其商业性和娱乐性消解了“审美非功利性”的诉求，文化工业则利用其“有目的的无目的性”驱逐了康德美学的“无目的的合目的性”。这样，自康德以来的欧洲美学传统就受到了大众美学的质疑，后者“将审美消费置于日常消费领域的不规范的重新整合，取消了自康德以来一直是高深美学基础的对立，即‘感官鉴赏’与反思鉴赏的对立，以及轻易获得的愉悦——化约为感官愉悦的愉悦，与纯粹的愉悦——被清除了快乐的愉悦对立”。（布尔迪厄，1994）与此相应，艺术发生了深刻的变化。一方面，高雅艺术不再是人们文化审美生活的中心，逐渐丧失了以前的地位。另一方面，工业的艺术化以及艺术的工业化，正在成为当代社会现实的两个维度。首先，产品被美化。设计者致力于使产品的外观和包装变得更美。在购买产品时，美学决定了竞争力。随着现代化进程的发展，人们不再生活在自然环境中，而开始生活在一种人造的环境、一种设计出来的世界之中。其次，艺术被产业化。艺术不再是个人创作，而变成了按照标准化的标准大量复制推广的结果。艺术家被放到了一个巨大的生产过程中，其创意只有通过制作、复制、宣传广告、品牌效应等复杂的过程方可实现。

但是，审美泛化导致了一个这样的悖论：美学主张审美无功利，商品的美恰恰成了财富的象征。对于艺术家来说，搞设计并不是最重要的工作，最重要的还是创作出艺术品。但是，如果日常生活中所使用的物品都已经美化，艺术化了之后，那为什么还需要艺术品？既然美已经通过生产劳动创造出来，为什么还要艺术家把它们再创造一次呢？如果艺术不再是为了创造美，那么，“艺术”究竟是什么？

二、新语境下艺术观念的变迁

也许，诚如韦尔施所言，在一个处处皆美的世界，艺术只能放弃美，其所能做的就是给人以震撼。这就是说，日常生活审美化的浪潮，必然会促使艺术走上与日常生活审美化截然相反的道路：去审美。因此，不难理解，自20世纪70年代始，当代欧美“前卫艺术”走向了观念（观念艺术）、行为（行为艺术）、装置（装置艺术）、环境（环境艺术）等等。所有这些艺术形式，都在采用反审美的姿态。博伊斯、凯奇、沃霍尔这类的前卫艺术家，考虑的只是如何将“原本不是艺术的现成物”当作艺术来理解。他们试图拓展艺术自身的疆界，力图将艺术实现在日常生活的各个角落，这种诉求恰恰是与“日常生活审美化”背道而驰的。与日常生活审美化刻意设计的“美”不同，前卫艺术家切断了艺术与美的联系，对于他们而言，“所谓好的艺术和设计，应是不为人所注意的或看不见的”。（Light & Smith，2005：135－155）确实，当我们走进巴黎的蓬皮杜艺术中心，走进北京的“798”、酒厂、宋庄等地时，我们会发现，一些当代艺术品一点也不美，它们或者是很丑、很怪，或者谈不上美与丑，面对先锋派艺术时，将艺术等同于美的传统美学观点，显然碰到了危机。“艺术”是什么？仿佛变成了一个斯芬克斯之谜。为何杜尚展出的小便壶（《泉》）和米开朗琪罗的《大卫》一样，都称为“艺术”？为何安迪·沃霍尔将几个商品包装盒子简单地叠放在一起，拿到艺术展览馆就摇身变成了一件著名的艺术品（《布里洛盒子》）？

这的确是一个很麻烦的问题，许多理论家都觉得难以回答。面对这些问题，存在理论滞后的现象。虽然苏珊·朗格、恩斯特·贡布里希、鲁道夫·阿恩海姆等美学家在中西方美学界影响较大，但他们并不直接讨论先锋艺术。在克莱夫·贝尔和罗杰·弗莱等人的论述中，虽然涉及一些抽象艺术，但对于像杜尚、沃霍尔这样一些人的艺术，也仍然缺乏解释力。也许，对先锋艺术的正面回应，是从分析美学开始的。在分析美学对艺术的一系列定义中，最有代表性的是阿瑟·丹托的“艺术界”理论和迪基的“艺术制度论”。

在1964年发表的《艺术界》一文中，丹托针对杜尚的《泉》和波普艺术家安迪·沃霍尔所制作的“布里洛盒子”，提出了一种新的艺术观点：“将某个东西看作艺术，要求某种眼睛不能察觉的东西——一种艺术的氛围，一种艺术史的知识：一种艺术界。”（Danto，1964）换言之，艺术的概念在本质上相关于历史境况和艺术理论的存在，如果没有艺术界的“理论”和“历史”，单纯的现实物便不会成为艺术品。这样，丹托把定义艺术的方向从关注艺术品的内在知觉属性，转移到了艺术品所处的外在的艺术史框架。迪基发展了丹托的艺术界理论。从发表于1969年的《界定艺术》一文，至1974年的《艺术与审美》，迪基基于艺术品的人工性和艺术地位的授予性，提出了一种艺术制度论：“一个分类意义上的艺术品是①一个人工制品；②一系列特征，其由代表某个社会制度（艺术界）的某个人或某些人授予欣赏的候选者资格。”（Dickie，1974：34）根据这种艺术定义，艺术的资格是人们在艺术界的框架内授予的。后来，迪基于1984年出版了他的另一本重要著作《艺术圈》，对他早期的艺术制度论作了修改。迪基明显摒弃了“代表”和“授予”等含糊的术语。在他看来，任何物品，只要得到艺术界的承认并公开展览，都可以成为艺术品，“一件艺术品是为了呈现于艺术界公众而创造出来的”。（Dickie，1974：80－82）迪基之后的许多美学家，如卡罗尔、斯蒂芬·戴维斯、杰罗尔德·莱文森等，都提出了相类似的艺术定义。其所力图陈明的是，一件艺术品之成为艺术品，要看“艺术界”和“艺术理论”是否认可，要看是否符合艺术的“惯例”，甚至要看是否被陈列在“博物馆”或“美术馆”中。

毋庸置疑，分析美学的各种艺术定义，提供了一种全新的理论视角。但是，我们也应看到，其本身也存在着诸多难以克服的理论困境。从某种意义上说，他们的理论是维特根斯坦“家族相似”理论的衍生物。受这种理论的影响，分析美学不再讨论“什么是艺术?”转而讨论“哪些物品被艺术界授予了‘艺术品’的资格?”但是，在当代艺术正被纳入被少数人所操纵的商业文化的范围时，这些艺术定义可能起了推波助澜的作用，使得非审美对象的“艺术”在商业炒作中获得了极大的发展。是否艺术？好坏如何？不再有标准。一切都在资本操作中加快运行、相互支撑，成了发达社会的高级装饰。

荣格曾说，美学实质上是应用心理学，对人类心灵问题有着深切的关注。（荣格，1987：20）那么，当分析美学纯粹从“制度”的角度上讨论艺术，而剔除艺术的心理学意涵，抛弃对人类心灵的关注，这种美学究竟有什么意义呢？这是一个分析美学无法避免的问题。应该说，分析美学对于艺术的理解和定义并不是最终的结论。只要艺术还没有终结，只要人类还需要用艺术观照自己、调节自己、超越自己，人们对艺术的追问和界定就不会终止。比如，我们仍然可以追问：在日常生活审美化的浪潮之中，艺术是否只能走向“反审美”的宿命？除了给人以“震撼”，艺术是否还有其他的使命？

三、艺术的当代使命

“日常生活审美化”所导致的一个悖论是：一方面，“审美”在当代生活各方面达到了渗透和饱和；但另一方面，这也意味着“审美领域”不复存在，审美判断不再可能。诚如波德里亚所言，“美学已经渗透到经济、政治、文化以及日常生活当中，因而丧失了其自主性与特殊性。艺术形式已经扩散渗透到了一切商品和客体之中，以至于从现在起所有的东西都成了一种美学符号。所有的美学符号共存于一个互不相干的情境中，审美判断已不再可能”。（贝斯特，1999：175）从美学批判的角度上，由于审美判断不再可能，“日常生活审美化”势必走向自身的反面，即以美的名义扼杀我们的审美敏感力。我们只需要了解日常生活审美化是如何进行的，就可以肯定这点：对日常生活进行美化改造的设计师们对美都有着十分明确的看法，他们通过社会调查、名义测验、计算机数据处理等获得美的标准，再按照美的标准进行设计，最终生产出完全符合美的标准的产品。但这种美是一种“平均美”，而不是美学意义上的美。所谓“美的”产品，也大多是一些苍白而了无生气的影像。如果说美学意义上的美是每个个体事物直接呈现出来的活泼的状态，需要我们积极投入身体和智力上的努力才能介入，那么，“平均美”反过来追逐消费者，消费者无须投入任何积极的努力，只需要完全放松就可以消费它，而且无须进行任何判断。这样一来，人们会逐渐丧失自己的审美判断力，随波逐流，任人摆布，成为缺乏个性的“单面人”。设想一下，如果世界上仅仅剩下“平均美”，这将是一个怎样的“美的荒原”？（彭锋，2009：266～270）我们可以说，要避免世界变成“美的荒原”，我们唯有采用真正的审美策略，发现并培养个体的审美敏感和个性。而这项任务，需要真正的文学艺术的审美教育来帮助完成。正如有研究者指出，文学艺术自有其独特的魅力，对于提高大众的审美水准和国民素质有着重要的价值。

在中西方传统的美学理论中，文学艺术的美育功能一般被认为是培养人们的美感和审美感受力、理解力、鉴赏力，提高审美趣味和艺术修养，甚至是作为人类的精神力量和道德源泉，成为改造个人生活和社会的一条重要途径。柏拉图在《理想国》中，对用艺术来培养城邦未来建设者的途径及其效果满怀信心：“我们必须寻找一些艺人巨匠，用其大才美德，开辟一条道路，使我们的年轻人由此而进，如入健康之乡；眼睛所看到的，耳朵所听到的，艺术作品，随处都是；使他们如沐春风、如沾化雨，潜移默化，不知不觉之间受到熏陶，从童年起，就和优美、理智融合为一。”（柏拉图，1997：107）亚里士多德则对艺术的净化功能给予了肯定，他认为，艺术可以疏泄人的情感，协调人的心境，维系心理平衡。可以说，柏拉图和亚里士多德的思想为后来的审美教育理论铺平了道路。在18世纪的德国，康德提出，文学艺术的审美教育侧重的是人类的情感与心理层面，强调的是人类审美修养或鉴赏力的提高。通过这种文学艺术的教育，人类不仅可以培养内心的能力，而且可以成就博爱的人性。“人性”具有两个基本维度：一是普通的同情感或共鸣感，二是普遍传达内心情思意趣的能力。前者是道德感的基础，也是审美感的基础。人性的这两个维度的加强，使得人们不但可以感悟到普遍可以传达的愉悦、优雅与美感，而且可以更加文明地生活在社会里，可以进一步摆脱感官的主宰，获得“人类内在的质的规定性”，即人之为人所应有的纯粹理性、实践理性和审美判断能力。（康德，2007：285～289）这是一种完成自然向人类社会过渡的过程，是人的内在人格的自我完善过程，同时也是个体对于人类的真善美理想的自觉的人格确认过程。席勒接受了康德的影响，提出了具有划时代意义的美育理论。他认为审美是感性和理性的对立和冲突的解决，是人性的全面和谐发展和解放。他指出：“这个题目不仅关系到时代的鉴赏力，而且更关系到这个时代的需求。我们为了在经验中解决政治问题，就必须通过审美教育的途径，因为正是通过美，人们才可以达到自由。”（席勒，1984：39）19世纪的英国，诗人兼批评家马修·阿诺德将“文化”界定为“世上所思所言之精华”，（Arnold，1912：82）并指出，唯有高雅艺术和诗才能给人以精神和情趣的陶冶，从而完成一个伟大民族所必需的人文的，即道德的、近于宗教的和审美的教育，由此促进人类完善的境界。20世纪的西方，利维斯、马尔库塞、沃尔佩和阿多诺在新的意识形态和文化产业发展的条件下，继续对艺术的审美维度予以强烈关注。比如，在《审美之维》中，赫伯特·马尔库塞指出，艺术可以通过其审美形式服务于人类，特别是服务于人类从社会压迫和自然限制下全面解放的目标，“艺术的审美形式使得艺术可以置身于实践和生产领域之外，而这种距离或疏离恰好构成了艺术的解放价值”。（Marcuse，1978：19）

美国当代著名美学家门罗·比厄斯利曾结合当代心理学研究成果对审美经验进行了深入的研究和探讨。他指出，在和艺术作品打交道时形成的审美经验，可以：①缓解紧张，消弭破坏性的冲动，从而提供了宣泄情感和冲动的工具以及暴力的道德替代物；②消除自我内部的冲突，有助于实现人格的整合或和谐，从而实现我们心境的澄明和愉快；③磨锐人的知觉力和辨别力，使得人与人之间的情感关系趋于和谐；④培育想象力和同情力；⑤促进精神上的健康，虽然也许只是一种预防，而不是治疗；⑥培育人与人、文化与文化之间的同情和理解，从而将人们在友谊和相互尊重中团结起来（使这点成为可能的是人们对艺术作品的共同经验）；⑦为人类生活提供一个手段和目的完满结合起来的理想，等等。（Beardsley，1982：574－583）审美经验所带来的这些裨益，明显是亚里士多德、席勒、雪莱、瑞恰兹和杜威等人的学说的综合。虽然它们只是经验性的假设，但充分地解释了审美教育何以能够实现众多中西方思想家所强调的那些目标，当然也充分地解释了人们何以要致力于文学艺术这类课程。事实上，为审美教育辩解，上述裨益之三者，足矣。它们分别是：知觉力的磨锐、想象力的培育，以及人类理想的呈现。我们可以说：审美教育首先培育民众对艺术的感知力，使其能够将这种敏感力运用于其他领域；其次，审美教育可启思激趣，在提升民众知觉力的同时，拓展其想象力；再者，艺术作品所蕴含的意象、意蕴和价值观，有助于民众理解人类事业及生活的各种可能性。总而言之，只要我们坚持欣赏具有高度审美价值的艺术作品，我们就能提升自身的审美敏感力，并最终能提升生活经验的层次和质量。

可见，在绵延的审美文化中，文学艺术一直被赋予重任：文学艺术的审美教育要提高人的审美感受力、审美鉴赏力和审美创造力，使人的感觉更为敏锐、更具鉴别力，从而以美启真，以美引善，逐步发展自身的人性和德行，进而走向精神的自由与独立。也许，文学艺术的作用被夸大了，但是，这种审美教育的相关理论学说的重要意义，与其说在于自身的可行性，不如说是在于其超越时空背景的启发性。今天，人们面对浮华躁动、物欲横流、道德滑坡以及娱乐至死、低俗文化泛滥的社会现实，当作何感想呢？再者，针对大众被缺乏大量个性的“美”所包围和宰制而逐渐丧失审美鉴赏力的情况，又当如何思考可能的解决方案呢？这些都是我们所无法回避的问题。

参考文献

[1] [英] 费瑟斯通. 消费主义与后现代文化 [M]. 刘精明译. 南京：译林出版社，2000.

[2] [德] 韦尔施. 重构美学 [M]. 陆扬译. 上海：上海译文出版社，2002.

[3] [法] 布尔迪厄. 区分：鉴赏判断的社会批判 [J]. 黄伟译. 国外社会学，1994 (5).

[4] [瑞士] 荣格. 心理学与文学 [M]. 冯川，苏克译. 北京：生活·读书·新知三联书店，1987.

[5] [美] 道格拉斯·凯尔纳，斯蒂文·贝斯特. 后现代理论——批判性的质疑 [M]. 张志斌译. 北京：中央编译出版社，1999.

[6] 彭锋. 回归当代美学的 11 个问题 [M]. 北京：北京大学出版社，2009.

[7] 凌建英. 文学审美教育的当代文化意义 [J]. 山西师大学报（社会科学版），2006 (4).

[8] [古希腊] 柏拉图. 理想国（卷三）[M]. 郭斌和，张竹明译. 北京：商务印书馆，1997.

[9] [德] 康德. 判断力批判 [M]. 邓晓芒译. 北京：人民出版社，2007.

[10] [德] 席勒. 美育书简 [M]. 徐恒醇译. 北京：中国文联出版公司，1984.

[11] Andrew Light & Jonathan M. Smith. *The Aesthetics of Everyday Life* [M]. New York：Columbia University Press，2005.

[12] Arthur Danto. The Art World [J]. *Journal of Philosophy*，1964，61 (19).

[13] George Dickie. *Art and the Aesthetic* [M]. Ithaca：Cornell University Press，1974.

[14] George Dickie. *The Art Circle* [M]. New York：Haven，1984.

[15] Herbert Marcuse. *The Aesthetic Dimension* [M]. Boston：Beacon Press，1978.

[16] Matthew Arnold. *Literature and Science. Discourses in America* [M]. London：Macmillan，1912.

[17] Monroe C. Beardsley. *Aesthetics：Problems in the Philosophy of Criticism* [M]. Indianapolis：Hackett Publishing Co.，1982.

（原载《山西师大学报》（社会科学版）2013 年第 4 期，略有改动）

作者简介

邓文华，南方医科大学外国语学院副教授，文学博士，研究方向为西方美学、叙事学。

直面“艺术”的哲学困惑

——解读20世纪英美分析美学的人文性

邓文华　王　磊

一、分析美学的多元性与开放性

作为20世纪后半期最有影响力的西方美学流派，分析美学的最大特色是将语言分析哲学引入美学领域。众所周知，分析哲学通过实证主义的语义分析，确立了“语言在哲学中的地位”。但是，分析哲学重语义分析，也使得它备受诟病。举例而言，斯科利莫夫斯基（Henryk Skolimowski）指责分析哲学“以技术崇拜和规避问题为基础”，于是从分析哲学转向了生态哲学。（Skolimowski，1981：20）由于分析美学与分析哲学的同源性，分析美学也往往被批评过于侧重烦琐的语言和概念分析，从而缺乏对于艺术创作和欣赏等现实问题的人文关怀。

然而，“分析美学”是什么？这一问题，至今都没有满意的答案。一个重要的原因是，分析哲学本身就是难以界定的。20世纪80年代，牛津大学一个哲学课题组对分析哲学进行了长达三年的专题研究，最终得出的结论却是：要确定分析哲学的本质是不可能的。（Mitchell & Rosen，1983：vii）这是因为，分析哲学的本质本身就是一个哲学问题，更糟糕的是，哲学的本质，同样是不确定的，比如不同的方法、活动和理论，都可能是哲学，也可能不是哲学。这一研究表明，要界定分析美学的本质，可能也是徒劳的。确实，很多美学家都试图对分析美学进行全面的描述和界定。理查德·舒斯特曼（Richard Shusterman）归纳出了分析美学的九个基本特征，其中包括反本质主义、规避评价、追求清晰性等。（Shusterman，1994：6）在《艺术的分析哲学》（1988）中，德国哲学家吕德金（Karl-heinz Ludeking）则直接将分析美学界定为反本质主义，而将传统美学归于本质主义。应该说，研究者对于分析美学的界定和分析，有着重要的启示意义。但是，将分析美学视为一个封闭性概念而加以分析，却容易导致片面的甚至荒谬的结论。比如说，分析美学是否必然逃避艺术的评价？显然不是。很多重要的分析美学家，如比厄斯利（Monroe Beardsley）、巴瑞特（Cyril Barrett）、加利（W. B. Gallie）等，都将“艺术”视为一个评价性的概念。再如，如果简单地将分析美学界定为反本质主义，则把比厄斯利、奥斯本（Harold Osborne）和丹托（Arthur Danto）这样一些具有本质主义立场的分析美学家驱逐出了分析美学的阵营。这是对哲学事实的无视。举例而言，比厄斯利的《美学》一直被公认为分析美学的扛鼎之作，甚至是分析美学的真正肇端。既然一些典型的分析美学家不是反本质主义者，反本质主义自不能作为分析美学的本质规定。

那么，分析美学究竟是什么？在这个问题上，苏黎世大学格洛克教授（Jans-Johann Glock）对分析哲学的界说，提供了一个全新的视角。格洛克教授对分析哲学进行了大量的考察后，得出结论说，分析哲学实际上是一个家族相似概念，其包含多种不同的哲学传统，也不像一般所认为的那样逃避政治和伦理学的问题。（Glock，2008：80－82）其实，从历史发展脉络看，分析美学又何尝不是一个“家族相似”的概念？正如赫默伦（Goran Hermeren）所言，分析美学包含了多个当代哲学传统，比如胡塞尔、弗雷格、罗素、穆尔、维特根斯坦、奥斯汀，以及比厄斯利、古德曼、西布利和韦兹等，这些人的相关学说都是分析美学的理论来源。（Hermeren，1983：241－259）沃托夫斯基（Marx W. Wartofsky）也主张，美学自有其特殊的言说内容，因此，分析美学只能通过言说方式来界定。这一观点是合理的。美学本身是一门交叉学科，与艺术、心理学、语言学、人类学、神话学、社会学、民俗学、文化史、风俗史等诸多学科都有着密切的关系。如果因为分析美学侧重语言哲学的相关学说和方法，就断定它是仅仅满足于语言和概念的二阶分析，甚至将分析作为自己的唯一任务，这是犯了范畴的错误。

从哲学的角度看，对分析哲学的误解，源于分析/综合的区分，即完全依赖于意义的真理，与既依赖于意义又依赖于事实的真理之间的区分。这一区分，构成了现代西方哲学的主要支撑，甚至也是很多分析哲学家的基本预设。但是，这个哲学预设却遭到了纳尔逊·古德曼（Nelson Goodman）、W. V. 蒯因（W. V. Quine）和 M. 怀特（Morton White）等分析哲学家的激烈批判。作为主力，古德曼指出，一个语词的意义不仅依赖于这个语词的单独所指——第一外延（primary extension），而且还依赖于包含着这个语词的复合语词的所指——第二外延（secondary extension）。按照古德曼的路径，对于任何两个我们认为是同义的语词来说，都至少有一对不同外延的平行复合词，并因此拥有不同的外延。以“脊椎”和“脊骨”为例，虽然两者当作同义词，但可以想出一个不是“脊骨—描述”的“脊椎—描述”，如“不是脊骨的脊椎”。事实上，对于任何两个语词p和q来说，我们总能在使用“不是一个q的p”这个公式，并发现意义上的不同。（Goodman，1972：231－230）这样，古德曼的同义性标准导致了这样一个结论：在任何一种语言中，没有任何两个语词的外延是相同的，因此，没有任何两个语词的意义是相同的。既然没有语词是同义的，以这个“同义性”为根据的“分析”，也就丧失了合法性和可理解性。至此，古德曼通过这样一条独特的纯粹外延路径，完成了对“分析/综合”区分的消解和拒斥。既然不存在任何命题是分析的，也就不存在分析命题和综合命题的区分。古德曼的启示在于，单纯以“分析”为目的的分析哲学，是不可能的。

这意味着，分析美学也不可能是纯粹的语义分析，而完全排斥综合命题。舒斯特曼发现，分析美学和实用主义美学之间虽然存在差异，但它们不是相互排斥的，同一个美学家（如古德曼）对二者的综合是可能的，而且，它们存在一种走向融合的潜势。赫伯特·施皮格尔伯格（Hebert Spiegelberg）则注意到，比厄斯利的分析美学一直从欧陆现象学美学中汲取营养。（Aagaard-Magensen & De Vos，1986：9－12）在1987年再版的《艺术的哲学考察》这部重要的分析美学著作中，马戈利斯（Joseph Margolis）暗示，分析美学是一个宽泛的概念，在经历了古典唯心主义的“经验主义”和“本体论”阶段后，将进入一个“多元化”的阶段，即分析哲学和大陆哲学相互融合的背景下的阶段。（Margolis，1987：vii－viii）分析美学近年来呈现的跨学科态势，如借鉴和吸收形而上学、语言哲学、心灵哲学、伦理学、人类学和进化心理学等领域的研究成果，验证了这一点。凡此种种，表明分析美学虽然一度是由分析哲学派生而来，但其方法论是具有多元性和拓展性的，也正因为如此，它未曾远离人的生活世界、意义世界和价值世界。

二、艺术本质的深度反思

分析美学对人类世界的关怀，首先体现在它对当代艺术现实的直接回应。自20世纪60年代，各种先锋派艺术不断涌现，颠覆了一些过去人们所假定的艺术的条件。如果杜尚美其名曰“泉”的便壶，或者更晚近的沃霍尔所制作的“布里洛盒子”，也能冠以“艺术”之名，那么，什么样的物品是艺术？这个问题就无法回答了。进而言之，过去人们假定，艺术品必然是美的，是个人的独创，用康德的话说，是与“天才”“灵感”等概念联系在一起的。但是，人们发现，很多当代艺术品不但不美，反而很丑、很怪，艺术似乎走向了与美分离的宿命。很长时间内，面对先锋派艺术所带来的挑战，国际美学界有理论滞后的现象。一些著名的理论家，如苏珊·朗格（Susan Langer）、恩斯特·贡布里希（Ernst Gombrich）、鲁道夫·阿恩海姆（Rudolf Arnheim）等，都对先锋艺术持回避的态度，不直接讨论先锋艺术。在克莱夫·贝尔（Clive Bell）和罗杰·弗莱（Roger Fry）等人的论述中，虽涉及一些艺术中的抽象，但对先锋派艺术还是缺乏解释力。

真正对先锋艺术作出正面回应的，是分析美学。分析美学选择直面艺术现实所带来的种种哲学困惑。他们询问的第一个问题是：为什么从米开朗琪罗的《大卫》，到马蒂斯的《生之愉悦》，再到杜尚的《泉》，这些都同样是艺术品？该怎样给艺术下定义？在这一问题上，分析美学展开了百家争鸣式的哲学探究。20 世纪 50 年代，保罗·齐夫（Paul Ziff）、韦兹（Morris Weitz）和肯尼克（William Kennick）等早期分析美学否认艺术具有共同的本质，而叫停了对“艺术”进行定义的企图。然而，从 20 世纪 60 年代开始，另一些分析美学抨击了当时盛行的反本质主义和个体心理主义，而重新开始对艺术进行界定。在《艺术界》一文中，丹托反驳了维特根斯坦和韦兹等人的反本质主义立场，提出艺术的本质是某种“隐性意义”，这种意义依存于相关的艺术史和艺术理论。在《艺术品和现成品》一文中，他的观点有所改变，说“一个陈述”是某物成为艺术的原因。”在这里，使某物变身为艺术的，是一种语言学语境，而不是艺术理论。总体上，丹托倾向于认为，艺术品是关于某东西的，而且有阐释的必要。这两种讨论意义的方式朝不同方向发展：说一件艺术品是关于某东西，指向的是创造的艺术家。而说一件艺术品有阐释的必要，是说，其意义可以被艺术界的成员所理解。应该说，丹托的“艺术界”理论，是最早关于艺术本质的语境主义理论。乔治·迪基（George Dickie）发展和修订了丹托的这一理论，而提出了艺术的制度论：一件艺术品是“①一个人工制品；②一系列方面，它由代表某个社会制度（艺术界）的某个人或某些人授予它以欣赏的候选者资格。”（Dickie，1974：34）这种制度论显然是程序性的定义，即从某些文化程序对艺术进行界定。它也无须限定艺术品的功能，而是宣称，没有任何功能是普遍性的、界定性的。它所感兴趣的，不仅包括好的艺术，而且包括坏的艺术。迪基之后的许多美学家，如卡罗尔（Carroll）、斯蒂芬·戴维斯（Stephen Davies）、杰罗尔德·莱文森（Jerrold Levinson）等，基本上都是继承和发扬了艺术的制度论。

与艺术的程序性定义相反，一些分析美学家提出了“功能性”的定义。所谓“功能性”的定义，是将艺术视为具有某一特定的功能，如表现情感、生产审美经验、关于某东西等。（Davies，1991：41）比较有代表性的功能性定义，是比厄斯利的审美定义和古德曼的符号学定义。在1981年出版的《美学》第二版中，比厄斯利对艺术定义如下：“一件艺术品乃是一种条件安排，它意图提供一种带有鲜明的审美特质的经验，或者说，它是一个这样的对象，在它的生产过程中，试图让它满足审美兴趣的意图有着举足轻重的因果作用。”（Goodman，1978：xix）这一定义明确反对20世纪60—70年代盛行的语境理论，它将“艺术品”视为某种能够提供审美经验的对象，由此，将杜尚的《泉》之类反审美的先锋作品驱逐出了艺术的王国。这种定义面临重重困难，其中一个困难是，它明显依赖于一种超脱性的审美经验概念，这使得它面临“超脱性”所面临的所有困难。与比厄斯利一样，古德曼也致力于“在审美与非审美的对象和经验之间做出一般性的区分”，但与比厄斯利不同，古德曼深度质疑对“好艺术”的追寻，在他看来，随着审美价值低微的“坏艺术”在当代语境中被拿到美术馆展览，已无法再用传统的理论来界定艺术了。（Goodman，1968：243－255）这一现实，促使古德曼不再纠缠于“什么是艺术”这一传统的美学问题，而是独辟蹊径地询问：“何时是艺术”，这种从“空间性”到“时间性”的视角转换，无疑解决了在当代艺术当中日常物和艺术品的相互转换问题：一方面，日常物可以转换成艺术品；而另一方面，艺术品也可以转化为日常物。更深层而言，古德曼所反对的是这样一种理论预设：只要成为艺术品，就永远作为艺术品而存在。在古德曼看来，这种理论预设“没有认识到某物在某些时候执行了艺术品的功能，但在另一些时候则不能”。（Goodman，1978：66－70）

分析美学对艺术观念的探讨，是细致而深入的，而且有着极为重要的理论和现实意义。诚然，先锋派艺术，以及其他挑衅传统、反审美、反艺术的“艺术品”，有着离经叛道、惊世骇俗的一面。但是，不管你喜欢与否，这些艺术品是作为艺术而面向市场的。如果简单地宣布它们不是艺术，将其置之不理，这只是理论的逃避而已。理论一旦拒绝当下现实，其结果将是被边缘化。分析美学选择正面应对先锋艺术的挑战，不但赢得了读者，也在艺术家和艺术批评界受到了欢迎。也正因为这一原因，分析美学能够在西方长盛不衰，流行了半个多世纪，对西方美学的发展，产生了重大影响。这种对艺术现实的关注和探讨，难道不是一种人文关怀？

三、艺术价值的不懈追寻

分析美学所关注的另一大问题牵扯到艺术的价值。艺术对于人类社会的意义是什么？艺术具有道德价值吗？道德价值和审美价值的区别是什么？艺术可能在审美上是优秀的而在道德是邪恶的吗？参与审美活动能提高参与者的道德水准吗？艺术审查制度在什么情况下是正当的，甚至应该是强制性的？在审美领域，参与者们具有什么样的道德责任？这些问题，都是分析美学所探讨的内容。正如研究者指出的那样，对于艺术与道德的关系，每一个分析美学家，都有着自己独特的观点和论证策略。

根据马修·凯尔兰（Mathew Kieran）的概括，在艺术和道德之间的关系这一问题上，分析美学大致可以划分三个阵营：第一阵营包括比厄斯利和彼得·拉马克（Peter Lamarque）所代表的“精致的唯美主义”，以及安德森（Anderson）和迪恩（Dean）所代表的“温和的自律论”；第二阵营包括以诺埃尔·卡罗尔（Noel Carrol）为代表的“温和的道德论”和贝里斯·高特（Berys Gaut）为代表的“伦理主义”（ethicism）；第三阵营则包括凯尔兰和丹尼尔·雅各布森（Daniel Jacobson）所提出的“背德论”或情境主义。（Levinson，2003：452）第一阵营回溯亚里士多德的相关学说，主张：①艺术作品的道德特征仅仅以间接的方式影响其艺术价值；②道德价值和审美价值之间的冲突和张力是普遍存在的，因此，“当我们面临那些两种价值不一致的作品时，把道德批评和审美批评理解成不同的，就有助于我们更好地理解一些令人困苦的经验”。（基维，2008：106～127）第二阵营主要源于休谟的趣味说，他认为：①艺术作品的道德缺陷直接影响作品的艺术价值；②艺术并非道德说教的工具，但其通过审美的方式（比如通过对于人物和环境的丰富而细致的描述）在道德上教育受众，来传达某些认知性的洞见。（基维，2008：106～127）第三阵营则认为，“虽然艺术品内在固有的道德缺陷能够与其审美价值关联起来（与自律论相反），那么，它们并非必然成为审美上的缺陷——甚至当它们具有审美上的相关性的时候，也不必成为审美上的缺陷（与道德论相反）”。而且，“一部艺术作品中的道德缺陷可以成为其审美价值的一部分”。（Kieran，2006：342－343）这就是说，一件艺术品的道德缺陷既可以是审美上的优点，也可以是审美上的缺点，甚至与审美无关。所有这一切，取决于艺术品所处的情境。

很明显，在艺术与道德关系的问题上，分析美学的讨论，比起之前的美学理论，更加细致和深入。值得注意的一点是，不论分析美学内部的争论如何激烈，他们有一个共同的前提，即都批判了两种极端倾向：极端的自律论和极端的道德论。极端的自律论，如王尔德和贝尔认为，一件艺术品的内容与其作为艺术的价值是绝不相关的，因此，对作品的道德判断，不应视为对艺术价值的判断。极端的道德论，如柏拉图和列夫·托尔斯泰，认为艺术直接关系到人类的德行和情感健康，因而作品的艺术价值完全取决于其道德性。在分析美学看来，这两种观点都是独断论，都太过简单了：首先，抽象绘画和器乐等艺术，难说有什么道德内涵；其次，即使是具有道德内涵的艺术品，其道德性和艺术性之间的关系，也不能用“促进德行”或“破坏德行”来进行简单的概括。分析美学的态度是相对温和的，斡旋于两个极端之间：与极端的自律论有所不同，他们不反对对艺术品进行道德评价；与极端道德论有所不同，他们并不给艺术套上道德的枷锁，而将道德性作为艺术价值的唯一衡量标准。进而言之，分析美学承认艺术具有审美、道德、政治等多形态价值，但同时也在寻求这样一种可能性，即艺术具有某种独特的文化功能、目的和作用。比厄斯利对艺术哲学的界定，充分体现了这一点，他说：“艺术哲学的基本任务是划分艺术活动的特殊领域，恰当地辨识它在促进生活的善和意义的过程中所具备的独特而珍贵的特征。这一理论任务实际上就是致力于保留和扩展艺术在改善社会生活质量中所发挥的决然异样的、不可或缺的诸功能，使得这些功能免受强势政治和经济力量的影响，后者一直威胁着要控制、歪曲、压制它们，或者让它们变得无关紧要。”（Beardsley，1982：352－355）

那么，艺术在人类社会中有着什么独特的功能呢？在比厄斯利看来，艺术作为艺术的功能，是提供具有“对象的导向性”“感觉到的自由”“超脱的效果”“积极的发现”，以及“整一性”等基本特征的审美经验。（Beardsley，1981：288－289）而且，这种审美经验能进而提升人类经验的层次和质量，比如它有助于：①消弭破坏性的冲动，提供宣泄情感和冲动的工具以及暴力的道德替代物；②消除自我内部的冲突，实现人格的整合或和谐；③磨锐人的知觉力和辨别力，使得人与人之间的情感关系趋于和谐；④培育想象力和同情力；⑤促进精神上的健康；⑥培育人与人、文化与文化之间的同情和理解；⑦为人类生活提供一个手段和目的的完满结合的理想，等等。（Beardsley，1981：574－583）应该说，这些假设较为充分地解释了艺术对于人类社会的特殊意义，也较合理地解释了人们为何要投身于文学艺术的学习、欣赏和创作。然而，这一理论所面临的困境在于，审美经验所带来的这些裨益，尚缺乏实证性的验证。

古德曼也认为，艺术的功能是提供审美经验。为了区分审美与非审美，他将“句法的密度”“语义的密度”“相对的充盈”“例示”以及“多元的、复杂的、间接的指涉”作为审美的征兆。但是，这种审美经验，与其他分析美学家所描述的审美经验，已然大相径庭。用古德曼的话来说，审美经验本质上是一种“认知经验”，而且，“对审美经验的构想是一种理解的形式，这既是审美价值问题分解的结果，也是其被去掉价值的结果”。（Goodman，1968：262）这样，古德曼基本上偏离了布洛、普劳尔、斯托尔尼茨、比厄斯利等人所代表的审美传统。古德曼对审美经验概念的意义转换，是基于他的符号系统理论。古德曼把分析美学和符号学美学融合起来，对认识论和美学进行了重新思考，并把美学确立为认识论的一个分支。在古德曼看来，艺术品作为一种符号，与科学著作、日常话语等符号不无二致，都是为了认知而存在，而美学的任务就是要解释艺术品是如何发挥其认知功能的，比如它属于什么符号系统，作为符号是如何运作的，又如何匹配世界等。所以，古德曼实际上是认为，艺术的功能是认知，相应地，艺术应根据其认知价值予以评价。与艺术打交道的收获，是生成新的世界观，以及获得表象和现实的新结构，或者说，对艺术符号的持续关注，使得我们收获了对于该符号和其他事物的全新的视听觉体验，并形成了新的理解和认识。正如古德曼所言，“我们在抽象绘画的展览上，驻留观看一、两个小时后，每样东西会化身为几何块状或旋转的圆形，或编织成蔓藤花纹状的图案，或凸显成黑白两色，或跃动着和谐和不和谐的新色调。”（Goodman，1978：105）古德曼的美学，当然有其理论困境。例如，是否一切艺术的目的都是对世界的认知？这似乎是一个太过于绝对的假设，比如抽象绘画和器乐就未必如此。

不管怎样，比厄斯利和古德曼所关注的，都是作品产生某种有价值的经验的能力，而试图通过这种能力对所有艺术品进行概括和比较。这种放之四海而皆准的企图注定是失败的。但从另一方面看，比厄斯利和古德曼有对的一面：如古德曼所主张的艺术的认知内容，确实构成了作品的艺术价值；如比厄斯利所主张的艺术的审美形式，也同样构成了作品的艺术价值。分析美学的这些启示，不应被忽视。比厄斯利、古德曼以及其他众多的分析美学家，对“艺术为何”这一问题的不懈追求，体现了一种对当下现实的人文关怀和担承。这一点，是要承认的。

即使在今天，分析美学所提出的一系列话题，如艺术与非艺术的边界，好艺术与坏艺术的区分，审美与非审美的区分，艺术对于人类社会的意义等，仍然是有意义的。这些问题，虽然极难回答，却是我们每个人所要直面和思考的。

参考文献

[1] Arthur Danto. The Artworld [J]. *Journal of Philosophy*, 1964, 61 (19).

[2] Arthur Danto. Artworks and Real Things [J]. *Theoria*, 1973 (39).

[3] George Dickie. *Art and the Aesthetic* [M]. Ithaca: Cornell University Press, 1974.

[4] George Dickie. The Origins of Beardsley's Aesthetics [J]. *The Journal of Aesthetics and Art Criticism*, 2005, 63 (2).

[5] Goran Hermeren. *Aspects of Aesthetics* [M]. Lund: Gleerup, 1983.

[6] Henryk Skolimowski. *Eco-philosophy Designing New Tactics for Living* [M]. Boston: Marion Boyars, 1981.

[7] James C. Anderson & Jeffrey T. Dean. Moderate Autonomism [J]. *British Journal of Aesthetics*, 1998 (38).

[8] Jans-Johann Glock. *What is Analytic Philosophy*? [M] New York: Cambridge University Press, 2008.

[9] Jerrold Levinson. *The Oxford Handbook of Aesthetics* [M]. New York: Oxford University Press, 2003.

[10] Joseph Margolis. *Philosophy Looks at the Arts* [M]. Philosophy: Temple University Press, 1987.

[11] Karlheinz Ludeking. *Analytische Philosophie der Kunst* [M]. Frankfurt: Athenaum, 1988.

[12] L. Aagaard-Magensen & L. De Vos . *Text*, *Literature*, *and Aesthetics* [M]. Netherlands: Rodopi, 1986.

[13] Marx W. Wartofsky. The Liveliness of Aesthetics [J]. *The Journal of Aesthetics and Art Criticism*, 1987 (46).

[14] Matthew Kieran. *Contemporary Debates in Aesthetics and the Philosophy of Art* [M]. Oxford: Balckwell, 2006.

[15] Monroe C. Beardsley. *Aesthetics: Problems in the Philosophy of Criticism* [M]. Indianapolis: Hackett Publishing Co., 1981.

[16] Monroe C. Beardsley. *The Aesthetic Point of View* [M]. Ithaca: Cornell University Press, 1982.

[17] Nelson Goodman. *Problems and Projects* [M]. Indianapolis: Bobbs-Merrill, 1972.

[18] Nelson Goodman. *Languages of Art* [M]. New York: Oxford University Press, 1968.

[19] Nelson Goodman. *Ways of Worldmaking* [M]. Indianapolis: Hackett Publishing Co., 1978.

[20] N. Trakakis et al. *Australasian Encyclopedia of Philosophy* [M]. Melbourne: Monash University Press, 2010.

[21] Richard Shusterman. On Analysing Analytic Aesthetics [J]. *The British Journal of Aesthetics*, 1994, 34 (4).

[22] Richard. Shusterman. *Analytic Aesthetics* [M]. Oxford: Blackwell, 1989.

[23] Sollace Mitchell & Michael Rosen. *The Need for Interpretation* [M]. London: The Athlone Press, 1983.

[24] Stephen Davies. *Definitions of Art* [M]. Ithaca: Cornell University Press, 1991.

[25] 谢维营，刘晓雪. 语义分析何以成为哲学方法 [J]. 山西师大学报（社会科学版），2005 (6).

[26] 刘笑非，闫天洁. 分析美学视野下的艺术和道德关系研究 [J]. 哲学动态，2010 (5).

[27] [美] 彼得·基维. 美学指南 [M]. 彭锋等译. 南京：南京大学出版社，2008.

（原载《山西师大学报》（社会科学版）2014 年第 5 期，略有改动）

作者简介

邓文华，南方医科大学外国语学院副教授，文学博士，研究方向为西方美学、叙事学。

王磊，南方医科大学外国语学院讲师，文学硕士，研究方向为英美文学。

外语形成性评估的效度验证框架

李清华

一、引言

自从 Black 和 Wiliam（1998）关于形成性评估（formative assessment，FA）的综述发表以来，形成性评估在全世界的教育评估中迅速发展。形成性评估融入教学，是教学过程的一部分，但仍是一种评估活动（Brookhart，2003）。“形成性评估不是一种评估工具，而是效度推断。”（Nichols，et al.，2009：14）与所有教育测量一样，形成性评估也是一种推断过程，因为我们对学生学习情况的判断或推测基于我们所看到的学生表现，如课堂表现、作业、应试行为等等。推断会受到很多因素的影响，可能是不确定的，可能带有偏差（bias）。形成性评估不是孤立存在的，而是评估与教学协调的系统（Nichols，et al.，2009；Way，Dolan & Nichols，2010）。因此，对于形成性评估结果的解释和使用必须符合一定的技术标准，形成性评估的理论必须包括教育测量学的原则（Bennett，2011），也应回答这样的问题：学生如何表现其知识和能力？通过哪些任务和场景能够观察到学生的行为表现？可从学生的表现中做出什么推论？（Way，Dolan & Nichos，2010）。建立一套可供操作的衡量形成性评估质量的标准是形成性评估能够发挥其应有作用的关键。国外学者对这一问题有所讨论，但仍未出现广为学界接受的理论模式。国内对外语形成性评估的研究多为理念的介绍和评估实践的探索（曹荣平等，2004；罗少茜，2003；李清华，2008；李清华，曾用强，2008；王华，富长洪，2006；文秋芳，2011）。本文以教育测量的质量标准为切入点，首先评述国外学者对形成性评估效度和信度理论的研究，然后提出适用于形成性评估的效度验证框架。

二、教育测量的质量标准

20 世纪 60 年代以来，教育测量的质量标准被不断修正。20 世纪 60—70 年代，效度和信度是两大重要质量标准。信度即稳定性（consistency），是效度的前提条件。效度的经典定义是："一项测试是否测量了它所要测量的东西？"（Lado，1961：321）在 20 世纪 70 年代，效度三分法（内容效度、效标关联效度和构念效度）成为主流观点。20 世纪 80 年代，美国著名教育测量家 Messick（1989）提出了"整体效度观"（a unified view of validity）：效度是一个整体概念，构念是其核心，内容和效标关联证据以及信度是效度证据的一部分。效度是关于测试（分数）的解释及其使用的论证，即在多大程度上能够证明一项测试的解释和使用是合理的。Messick（1989）把测量结果解释的价值意义（value implications）及其使用的社会后果（social consequences）纳入效度的范畴（Chapelle，1999；Kunnan，2005；李清华，2008）。Bachman（1990）把 Messick（1989）的效度思想引入语言测试领域，促进了语言测试的有效发展。美国"教育和心理测量标准"（AERA，APA & NCME，1999）也采用了 Messick（1989）的"整体效度观"。

不过，Messick（1989）思想虽更具有理论意义，却并没有提出指导教育测量实践和研究的具体操作框架。Bachman（2005）吸收了 Messick（1989，1995）等人的"效验即举证"的思想，拓展了 Kane（2001，2006）等人的基于论证（argument-based approach）的效验方法，提出了适用于行为评估（performance assessment）及其他测试或测量的"基于论证的效度构建框架"。Bachman 和 Palmer（2010）进一步发展了这一框架，完善了"测评使用论证"（assessment use argument，AUA），提出了可操作化的 15 个问题（详见表 1）。这些问题可归结于两个方面：一是评测译结果的解释，包括问题 8 ~ 15，其中 14 ~ 15 是关于测评记录（assessment records），指测评结果的一致性，即传统意义上的信度。二是测评结果的使用，包括根据测评结果做出的决策（问题 5 ~ 7）及其带来的后果（问题 1 ~ 4）。

表1 测评设计开发的指南问题

后果	1. 通过使用测评及据此所做决策，我们打算获得哪些有益的结果，并让哪些人从中受益？
	2. 我们如何能够保证使用测试的结果将对每个受影响的利益群体都是有益的？
	3. 我们如何能够保证所做决策的结果将对每个受影响的利益群体都是有益的？
	4. 不当的分类决策会带来哪些潜在的不利后果？如何减轻这些不利后果的影响？
决策	5. 需要做出什么具体决策来获得预期的结果？谁将与所做决策负责？
	6. 我们如何能够保证这些决策考虑到当前的教育和社会价值观以及相关的法律？
	7. 我们如何能够保证这些决策是公平的？
解释	8. 我们需要了解考生的哪些语言能力才能做出这些决策？
	9. 我们如何能够保证对能力的解释是有意义的？
	10. 我们如何能够保证对考生语言能力的解释对所有利益相关群体是公平的？
	11. 我们如何能够保证语言能力解释能够概化到所要测量的目标语使用域？
	12. 我们如何能够保证对考生语言能力的解释与决策是相关的？
	13. 我们如何能够保证对考生语言能力的解释与所做出的决策是充分的？
测评记录	14. 我们如何保证这些测试记录（对某位考生）是稳定的？
	15. 我们如何保证这些测试记录在不同考生群体之间的相对稳定性？

上述效度理论研究主要围绕大规模、标准化教育测量进行。那么，非标准化的形成性评估是否应达到同样的心理计量学的效度要求呢？对于这一问题，存在三种观点：一是任何测试和评估都有必要建立计量学意义的信度与效度，如 Brown 和 Hudson（1998）、Hamp-Lyons 和 Condon（2000）、Hyland（2003）、Messick（1995）等；二是抛弃标准化语言测试所奉行的计量学意义的信度和效度理论，如 Gipps（1994）等；三是反对照搬计量学意义上的信度与效度，认为这些标准不适用于形成性评估，有必要参照心理计量学的技术标准，重构适合形成性评估的质量评价体系，如 Andrade 和 Cizek（2010），Bennett（2011），Brookhart（2003），Leung（2004），Lynch（2001，2003），Lynch 和 Shaw（2005），Moss（2003），Shepard（2006，2008），Smith（2003），Teasdale 和 Leung（2000），Way、Dolan 和 Nichos（2010）。可见，多数学者主张第三种立场。鉴于形成性评估的情景化、多样化、动态化与经典计量学信度，效度理论要求的标准化相矛盾，传统的心理计量学技术质量需要在测量方法、程序和理论等方面加以变革，以适应形成性评估的需要（Way，Dolan & Nichos，2010）。

三、形成性评估的技术质量标准

Cizek（2009）分析了课堂评估的特点，指出课堂评估的效度证据应包括三个方面：必须保证所提供信息的稳定性——信度，与教学目的的一致性——效度，可以外推的程度——概化力。他提出的效度框架明确了效度证据的来源及其描述、效度验证要回答的问题。遗憾的是，该框架未区分形成性评估和总结性评估，也没有指出收集证据的方法。

为了解决课堂评估的质量评价问题，Brookhart（2003）在经典测量理论的框架下提出了“课堂计量学理论”（classroometric theory），强调课堂计量学理论与传统的心理计量学理论的差别表现在三个方面：①测量者与被测量者的关系；②构念相关方差及构念无关方差（construct-relevant and construct-irrelevant variance）；③信度与误差。

上述两种模式虽然不针对形成性评估，但对于本文讨论的课堂外语形成性评估效度验证框架仍有很大的启发意义。

（一）影响形成性评估效度的因素

形成性评估效度的根本问题是，评估在多大程度上真正促进了学生的学习？（Shepard，2006；Hargreaves，2007）。形成性评估的促学目的决定了其效度会受到多种因素的影响。Crooks（2001）、Stobart（2006）等学者就影响形成性评估效度的因素提出了自己的观点或模式。Crooks（2001）认为，四种因素可能影响形成性评估的效度：情感因素、任务因素、结构因素、过程因素。Stobart（2006）则认为，影响形成性评估效度的主要因素有两种：“学习环境”和“反馈”。我们把几位学者的观点概括为以下几个方面：

（1）评估环境：课堂外的大环境和课堂内的小环境。

（2）评估任务：任务的内容、难度、时间等，以及评分标准。

（3）参加者：教师和学生的情感因素、同伴的能力。

（4）评估过程：接受的帮助、为同伴提供的帮助、反馈的质量。

（二）形成性评估效度验证的框架

为了指导形成性评估的效度验证实践，一些学者提出了效度验证的框架。

1. 形成性评估系统的效度框架

Way、Dolan 和 Nichols（2010）基于“教育和心理测试标准”（AERA, APA & NCME, 1999），借用经典测试的效度思想，主张降低对形成性评估效度的两种威胁：一是构念覆盖不足（construct underrepresentation），二是涉及与构念无关的因素，并据此提出了“形成性评估系统的效度框架”，涵盖以下六个方面的问题：

（1）教学目标：是否规定了在某一特定领域的知识、技巧、能力的最低要求？

（2）评估工具：是否仅仅涉及与构念有关的知识、技巧、能力？

（3）评估结果的解释：是否向学生提供“学业沟”（achievement gaps）的信息，即学生学习现状与教学目标的差距？

（4）评估结果的解释：是否向教师提供学生“学业沟”的信息，帮助教师决定教学干预？

（5）教学干预：在特定的教学环境中是否可行？

（6）教学干预：实施之后是否减小了“学业沟”——起到了促进学习的作用？

2. 形成性推断的效度评价框架

基于 Messick（1989）和 Kane（2001，2006）效度理论，Nichols 等（2009）提出了“形成性推断效度的评价框架”（a general framework for evaluating the validity of formative claim）。该框架由两类成分构成：一类是有计划安排的（organized）静态或动态的信息，另一类是对评估结果的解释以及根据评估结果采取的行动（如课堂活动）。所谓“评估内容模式”（domain model）是构成评估构念的知识和技能；所谓“教学模式”（teaching model）是指导教学的哲学原则和教学方法。

形成性系统包括两个阶段，即评估阶段和教学阶段：①评估阶段。首先观察“学生表现”，即学生在课堂评估活动中的行为（既可以使用基于行为的评估任务，也可以使用包括多项选择在内的客观测量方法），由此获得对学生学习情况的描述数据；二是“数据解释”，即基于描述数据对学生学习的知识、技能、能力等做出概括性评价。这些推断形成了“学生模式”（student model），即每位学生的知识和能力现状。具体来说，包括四个方面的信息——某位学生在所测量的构念方面的实际水平；评价时所参照的水平（标准）；比较这两种水平的方法和机制；两种水平之间的差距。②教学阶段。基于评估阶段获得的“学生模式”，结合“教学模式”，选择适当的教学方法、教学材料和课堂活动。

Nichols 等（2009）强调，评估系统的效度取决于提供“形成性”信息的条件：一是学生行为表现的证据——学生的学习现状；二是所获得的证据与教学目标相关；三是对证据的解释可以用来指导下一步的教学调整，有助于实现教学目标。

但是，这一模式也存在一些问题：首先，在“形成性系统”中，没有体现出评估与教学的循环关系。其次，“总结阶段”要做出“总结性结论”（summative conclusion），即评估是否促进了学生学习应是形成性评估效度验证不可或缺的一环。但在该模式中，“总结阶段”却在“形成性系统”之外，而且，“总结阶段”的活动与“评估阶段”相同，似乎是另一轮的评估。

（三）形成性评估的信度

对于形成性评估的信度问题，少数学者坚持以经典测量理论的信度为参照，如 Black 和 Wiliam（2006）、Cizek（2009），但大部分学者主张，形成性评估的信度与总结性评估不同。Brookhart（2003）认为，信度是关于学生的成果与理想的成果之间差距的信息的稳定性，因而排序的可靠性并不重要，重要的是确定学生处于能力连续体的位置和学生具体缺点的诊断性信息。Way、Dolan 和 Nichols（2010）主张，形成性评估是教学与评估的合作系统，该系统的信度受到五个方面因素的影响：①学生的答题行为；②数据的解释；③反馈；④教学干预；⑤学生的参与。这五个方面是可能产生不一致的误差源。对于第一个误差源——学生的行为表现的评分，如果评估任务是传统的测试任务（如多项选择题），可以使用经典测量理论的科隆巴赫阿尔法系数估计其内部一致的信度。但对于另外四个潜在误差源的信度则尚无公认的估计方法。

这些观点虽是讨论信度，但已涉及了效度问题。如前文所述，当代教育测量的效度理论把信度作为效度的一种证据而不是一种独立的质量指标。

四、形成性评估的效度验证框架

Cronbach（1984）明确指出了教育测量和测试的政治功能。在 Messick（1989）把测量结果解释的价值意义及其使用的社会后果纳入效度研究的范畴之后，很多学者进一步阐述了这一思想（Bachman，1990；Spolsky，1995；McNamara，1997，2000；Shohamy，2001；杨惠中，桂诗春，2007等）。Kunnan（2005）认为，应在更广阔的背景下研究测试效度和公平性，除了教育、社会和文化因素之外，还涉及政治和经济、法律和道德、技术和设施等方面的因素。对于形成性评估而言，其促学本质更加深了评估与社会环境的联系，应当把社会文化理论应用于形成性评估理论的构建。基于上述讨论，笔者提出“形成性评估的效度验证框架”（见下图）。

本框架中的“社会文化环境”包括 Kunnan（2005）强调的教育、社会、文化、政治、经济、法律和道德等因素。在此大环境下的课堂环境则涉及教师和学生的情感、信念等主观因素和教学设施等客观因素。形成性评估系统包括教学阶段和评估阶段。两个阶段之间虽然存在先后的循环关系，但往往交叉在一起。二者都发生在特定的社会文化环境之中，都会受到教育政策、文化习俗、道德规范等因素的制约和影响。

在效度整体观的框架下构建形成性评估的技术标准，我们借用经典计量学的术语，并赋予其新的含义。鉴于形成性评估的实质，“后果”是形成性评估效度的基础与核心（Stobart，2006）。形成性评估的效度是指，评估结果的解释和使用在多大程度上真正促进了学生学习的进步。信度仅仅指评价过程中判断的一致性（inter-judge agreement）（Shepard，2006），是效度验证的一个必要方面。效度验证是指在教学和评估过程中收集各方面的数据来证明评估结果的解释和使用的有效性。

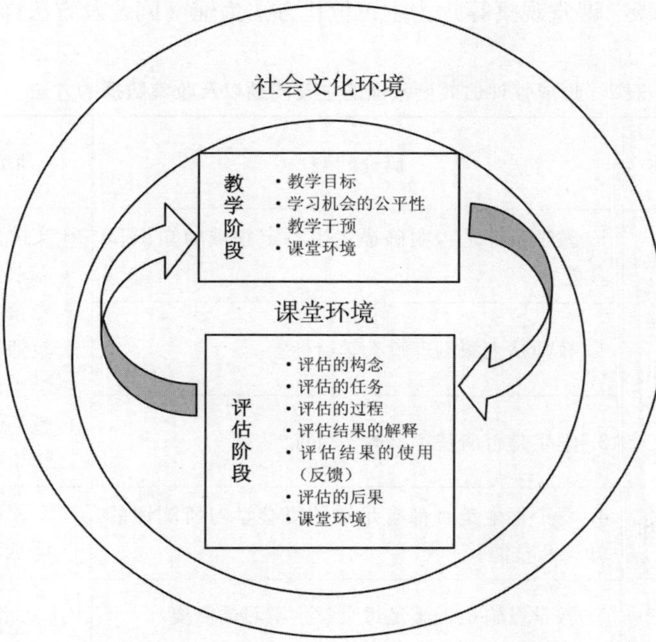

形成性评估的效度验证框架

在教学阶段，主要从以下四个方面收集效度的证据：

(1) 教学目标。

(2) 学习机会的公平性。

(3) 教学干预。

(4) 课堂环境。

在评估阶段，主要收集以下七个方面的效度证据：

(1) 评估的构念。

(2) 评估的任务。

(3) 评估的过程。

(4) 评估结果的解释。

(5) 评估结果的使用（反馈）。

(6) 评估的后果。

(7) 课堂环境。

参照 Bachman 和 Palmer（2010）的 AUA 模式，我们可以通过回答下述问题来收集形成性评估效度验证的数据，研究方法以质性方法（如专家判断、教师访谈、课堂观察等）为主，量化方法为辅（问题及方法详见表2）。

表2　形成性评估效度验证的主要问题以及收集数据的方法

评估系统	范畴	研究问题	研究方法
教学阶段	教学目标	1. 教学目标是否明确描述了特定领域的知识和技能？	·文件分析 ·需求分析 ·专家判断 ·教师访谈 ·学生访谈 ·教师问卷调查 ·学生问卷调查
		2. 教师是否深刻理解教学目标？	
		3. 学生是否清楚了解教学目标？	
	学习机会的公平性	4. 每个学生是否都有足够的机会学习所测评的知识和技能？	·专家判断 ·课堂观察 ·学生访谈 ·学生问卷调查
		5. 教学设施是否满足每个学生学习的需要？	
	教学干预	6. 教师是否能够发现每个学生学习中的亮点并洞察他们学习的障碍？	·专家判断 ·教师访谈 ·学生访谈 ·教师问卷调查 ·学生问卷调查
		7. 教师是否能够采取针对性的教学手段调节学生的学习过程和发展？	
		8. 学生是否使用元认知策略进行自我调节？	
	课堂环境	9. 教师的教学理念是否有利于教学目标的实现？	·专家判断 ·教师访谈 ·学生访谈 ·课堂观察 ·教师问卷调查 ·学生问卷调查
		10. 教师的教学方法是否有利于教学目标的实现？	
		11. 教师是否信任每个学生并乐于帮助他们学习？	
		12. 学生是否关心自己的学习并希望达到教学目标？	
		13. 师生关系和同学关系是否有利于教学目标的实现？	
		14. 教学设施是否有利于教学目标的实现？	

（续上表）

评估系统	范畴	研究问题	研究方法
评估阶段	评估的构念	1. 评估的构念是否与教学目标一致？	·专家判断 ·课堂观察 ·教师访谈 ·学生应试策略分析（问卷、有声思维、访谈） ·统计方法：相关、因子分析、结构方程建模
	评估的任务	2. 评估任务是否涉及与构念无关的因素？	·专家判断 ·课堂观察 ·教师访谈 ·学生访谈 ·教师问卷调查 ·学生问卷调查 ·偏差分析
		3. 评估任务是否有足够的代表性？	
		4. 评估任务的内容、难度、时间等是否对每个学生一致？	
		5. 教师设定的评价标准是否符合评估构念的要求？	
		6. 教师设定的评价标准是否符合学生实际情况？	
		7. 教师是否通过详细描述和列举具体的例子向学生解释评价标准？	
		8. 每个学生是否都清楚地理解并接受评价标准？	
	评估的过程	9. 学生是否愿意参与评估？	·专家判断 ·课堂观察 ·教师访谈 ·学生访谈 ·教师问卷调查 ·学生问卷调查
		10. 学生是否进行自我评估？	
		11. 学生是否进行同伴评估？	
		12. 评估过程中，每个学生获得了多少帮助？	
		13. 评估过程中，每个学生向同学提供了多少帮助？	

（续上表）

<table>
<tr><th>评估系统</th><th>范畴</th><th>研究问题</th><th>研究方法</th></tr>
<tr><td rowspan="12">评估阶段</td><td rowspan="3">评估结果的解释</td><td>14. 对每个学生的评估结果是否一致？</td><td rowspan="3">·专家判断
·课堂观察
·教师访谈
·学生访谈
·教师问卷调查
·学生问卷调查
·教师评分员内部一致（相关、多层面 Rasch 分析）</td></tr>
<tr><td>15. 是否向每个学生提供其学习现状与教学目标差距的具体准确的信息？</td></tr>
<tr><td>16. 是否向教师提供每个学生学习现状与教学目标差距的具体准确的信息？</td></tr>
<tr><td rowspan="7">评估结果的使用（反馈）</td><td>17. 学生得到教师的反馈是否及时？</td><td rowspan="7">·专家判断
·课堂观察
·教师访谈
·学生访谈
·教师问卷调查
·学生问卷调查</td></tr>
<tr><td>18. 学生得到教师的反馈中关于优点和缺点的信息是否基本平衡？</td></tr>
<tr><td>19. 学生得到教师的反馈是否具有赏识性？</td></tr>
<tr><td>20. 学生得到教师的反馈是否具有挑战性？</td></tr>
<tr><td>21. 学生得到教师的反馈提示是否针对任务而非学习者本人？</td></tr>
<tr><td>22. 学生是否得到同伴评估的信息？</td></tr>
<tr><td>23. 学生是否得到自我评估的信息？</td></tr>
<tr><td rowspan="2">评估的后果</td><td>24. 是否促进了教师教学的改进？</td><td rowspan="2">·专家判断
·课堂观察
·教师访谈
·学生访谈
·教师问卷调查
·学生问卷调查
·学生学习成绩的对比分析
·学生学习策略的对比分析
·学生学习动机的对比分析
·统计方法：卡方检验，t 检验，方差分析等</td></tr>
<tr><td>25. 在多大程度上真正促进了学生学习的进步？</td></tr>
</table>

（续上表）

评估系统	范畴	研究问题	研究方法
评估阶段	课堂环境	26. 教室的设施是否有利于评估的实施？	·专家判断 ·课堂观察 ·教师访谈 ·学生访谈 ·教师问卷调查
		27. 在决定教学目标（评估构念）时是否考虑到当前的教育和社会价值观以及相关的法律？	
		28. 在设计评估任务时是否考虑到当前的教育和社会价值观以及相关的法律？	
		29. 在设计评分标准时是否考虑到当前的教育和社会价值观以及相关的法律？	

五、结论

与其他教育测量一样，形成性评估在本质上也是推断性的。我们必须通过观察学生在评估任务中的行为表现来推断其能力状况，得出评估结果并加以解释和使用。对于高风险、大规模的总结性评估来说，“解释”比“使用”更重要，而对于课堂形成性评估来说，“使用”比“解释”更重要（Nichols，et al.，2009：15）。本文基于国外学者对形成性评估效度和信度理论的研究，提出了适用于形成性评估的效度验证框架。本框架采用Messick（1989）的“整体效度观”，强调评估结果使用的价值意义及社会后果。我们试图把形成性评估置于社会文化的大环境和课堂的小环境之中，把形成性评估系统分为教学阶段和评估阶段，但两个阶段之间存在循环关系。形成性评估效度的核心问题不是构念，而是后果，即评估结果的解释和使用在多大程度上真正促进了学生学习的进步？本文提出了形成性评估的效度验证应当回答的主要问题以及收集数据的方法，提高了本框架的可操作性。本框架基于当代教育测量与语言测试的效度理论，结合形成性评估的特点，在一定程度上弥补了现有效度验证框架的不足，对形成性评估的研究和实践具有指导意义。本框架适用于学校或课堂等小规模的外语形成性评估，对于其他课程的形成性评估也具有普适性。当然，本文提出的形成性评估的效度验证框架是试探性的，还需要在形成性评估的研究和实践中加以完善，如何处理课堂环境和社会文化环境的关系、教学阶段和评估阶段如何体现社会文化环境的影响等问题，尚值得更深入的探讨。

参考文献

[1] AERA, APA & NCME. *Standards for Educational and Psychological Testing* [M]. Washington D. C.: AERA, 1999.

[2] Andrade, H. L. & Cizek, G. J. *Handbook of Formative Assessment* [M]. New York: Routledge, 2010.

[3] Bachman, L. F. *Fundamental Considerations in Language Testing* [M]. Oxford: Oxford University Press, 1990.

[4] Bachman, L. F. Building and Supporting a Case for Test Use [J]. *Language Assessment Quarterly*, 2005, 2 (1).

[5] Bachman, L. F. & Palmer, A. S. *Language Assessment in Practice: Developing Language Assessment and Justifying Their Use in the Real World* [M]. Oxford: Oxford University Press, 2010.

[6] Bennett, R. E. Formative Assessment: A Critical Review [J]. *Assessment in Education: Principles, Policy & Practice*, 2011, 18 (1).

[7] Black, P. J. & Wiliam, D. The Reliability of Assessments [J]. In Gardner, J. *Assessment and Learning*. London: SAGE publications, 2006.

[8] Brookhart, S. M. Developing Measurement Theory for Classroom Assessment Purposes and Uses [J]. *Educational Measurement: Issues and Practice*, 2003, 22 (4).

[9] Brown, J. D. & Hudson, T. The Alternatives in Language Assessment [J]. *TESOL Quarterly*, 1998, 32 (4).

[10] Chapelle, C. A. Validity in Language Assessment [J]. *Annual Review of Applied Linguistics*, 1999 (19).

[11] Cizek, G. J. Reliability and Validity of Information about Student Achievement: Comparing the Contextsof Large-scale and Classroom testing [J]. *Theory into Practice*, 2009, 48 (1).

[12] Cronbach, L. *Essentials of Psychological Testing* [M]. New York: Harper & Row, 1984.

[13] Crooks, T. J. *The Validity of Formative Assessments* [A]. Paper presented at the Annual Conference of the British Educalional Research Association, Leeds, 2001.

[14] Gipps, C. V. *Beyond Testing: Towards a Theory of Educational Assessment* [M]. London: Falmer Press, 1994.

[15] Hamp-Lyons, L. & Condon, W. *Assessing the Portfolio: Principles for Practice, Theory, and Research* [M]. New Jersey: Hampton Press, 2000.

[16] Hargreaves, E. The Validity of Collaborative Assessment for Learning [J]. *Assess-*

ment in Education: *Principles*, *Policy & Practice*, 2007, 14 (2).

[17] Hyland, K. *Second Language Writing* [M]. Cambridge: Cambridge University Press, 2003.

[18] Kane, M. T. Current Concerns in Validity Theory [J]. *JEM*, 2001, 38 (4).

[19] Kane, M. T. Validation [A]. In Brennan, R. L. *Educational Measurement* (4th ed.) [M]. Westport, C. T.: American Council on Education/Praeger, 2006.

[20] Kunnan, A. J. Language Assessment from a Wider Context [A]. In Hinkel, E. *Handbook of Research In Second Language Teaching and Learning* [M]. Mahwah, NJ: Lawrence Erlbaum Associates, Incorporated, 2005.

[21] Lado, R. *Language Testing* [M]. New York: McGraw-Hill, 1961.

[22] Leung, C. Developing Formative Teacher Assessment: Knowledge, Practice and Change [J]. *Language Assessment Quarterly*, 2004, 1 (1).

[23] Lynch, B. Rethinking Assessment from a Critical Perspective [J]. *Language Testing*, 2001, 18 (4).

[24] Lynch, B. *Language Assessment and Evaluation* [M]. Edinburgh: Edinburgh University Press, 2003.

[25] Lynch, B. & Shaw, P. Portfolios, Power, and Ethics [J]. *TESOL Quarterly*, 2005, 39 (2).

[26] McNamara, T. F. Performance Testing" [A]. In Clapham, C. & Corson, D. *Encyclopedia of Language and Education* [M]. Dordrecht: Kluwer Academic, 1997.

[27] McNamara, T. F. *Language Testing* [M]. Oxford: Oxford University, 2000.

[28] Messick, S. Validity [A]. In Linn, R. L. *Educational Measurement* [M]. New York: Macmillan, 1989.

[29] Messick, S. Standards of Validity and the Validity of Standards in Performance Assessment [J]. *Educational Measurement*: *Issues and Practice*, 1995, 14 (4).

[30] Moss, P. A. Reconceptualizing Validity for Classroom Assessment [J]. *Educational Measurement*: *Issues and Practice*, 2003, 22 (4).

[31] Nichols, P. D., Meyers, J. L. & Burling, K. S. A Framework for Evaluating and Planning Assessments Intended to Improve Student Achievement [J]. *Educational Measurement*: *Issues and Practice*, 2009, 28 (3).

[32] Shepard, L. A. Classroom Assessment [A]. In Brennan, R. *Educational measurement* (4th ed.) [M]. Westport, C. T.: Praeger, 2006.

[33] Shepard, L. A. Formative Assessment: Caveat Emptor [A]. In Dwyer, C. A. *The Future of Assessment*: *Shaping Teaching and Learning* [M]. Mahwah, N. J.: Erlbaum. 2008.

[34] Shohamy, E. Democratic Assessment as an Alternative [J]. *Language Testing*,

2001, 18 (4).

[35] Smith, J. K. Reconsidering Reliability in Classroom Assessment and Grading [J]. *Educational Measurement: Issues and Practice*, 2003, 22 (4).

[36] Spolsky, B. *Measured Words* [M]. Oxford: Oxford University Press, 1995.

[37] Stobart, G. The Validity of Formative Assessment [A]. In Gardner, J. *Assessment and Learning*. London: SAGE publications, 2006.

[38] Teasdale, A. & Leung, C. Teacher Assessment and Psychometric Theory: A Case of Paradigm Crossing? [J]. *Language Testing*, 2000, 17 (2).

[39] Way, W., Dolan, R. & Nichols, P. Psychometric Challenges and Opportunities in Implementing Formative Assessment [A]. In Andrade, H. L. & Cizek, G. J. *Handbook of Formative Assessment* [M]. New York: Routledge, 2010.

[40] Weir, C. J. *Language Testing and Validation: An Evidence-based Approach* [M]. New York: Palgrave Macmillan, 2005.

[41] Wiliam, D. Some Technical Issues in Assessment: A user's Guide [J]. *British Journal for Curriculum and Assessment*, 1992, 2 (3).

[42] 曹荣平，张文霞，周燕. 形成性评估在中国大学非英语专业英语写作教学中的运用 [J]. 外语教学，2004 (5).

[43] 李清华. 形成性评估的现状与未来 [J]. 外语测试与教学，2012 (3).

[44] 李清华，曾用强. 外语形成性评估的效度理论 [J]. 外语界，2008 (3).

[45] 罗少茜. 英语课堂教学形成性评估研究 [J]. 北京：外语教学与研究出版社，2003.

[46] 王华，富长洪. 形成性评估在外语教学中的应用研究综述 [J]. 外语界，2006 (4).

[47] 文秋芳.《文献阅读与评价》课程的形成性评估：理论与实践 [J]. 外语测试与教学，2011 (3).

[48] 杨惠中，桂诗春. 语言测试的社会学思考 [J]. 现代外语，2007 (4).

（原载《外语教学理论与实践》2015 年第 1 期，略有改动）

作者简介

李清华，南方医科大学外国语学院教授，博士，研究方向为应用语言学、语言测试。

语言测试之效度理论发展五十年

李清华

一、引言

效度（validity）和信度（reliability）是语言测试及其他教育与心理测量质量评价的根本要求。从普通计量学引入的信度概念比较稳定，教育与心理测量学家关注的是信度的估算方法。效度则是社会科学计量学的概念，自20世纪30年代提出以来，效度概念不断演变，在近半个多世纪取得了重大进展。尤其是从20世纪80年代中期以来逐渐形成的“效度整体观”颠覆了“分类效度观”的统治，对当代效度研究产生了深远影响。但在我国应用语言学界，效度理论的新进展尚未得到充分重视。本文拟梳理语言测试效度理论的演变进程，并探讨当代效度的概念及效度验证的方法，以期国内同行关注效度理论的研究成果，用当代效度理论指导自己的研究。

二、教育与心理测量学中效度理论的发展

语言测试中的效度理论来自教育与心理测量学。Kane（2001）把20世纪50年代以来效度理论在教育与心理测量学领域的发展按照时间先后分为三种模式：①基于标准的效度模式；②构念模式；③整体效度模式。本文根据人们对效度的普遍认识的演变，把效度理论发展大体划分为三个时期：①单一效度观时期；②分类效度观时期；③效度整体观时期。

（一）单一效度观时期（20世纪50年代以前）

20世纪初，人们在评估智力测验的题目时常常把Binet与Simon（1908）量表作为标准，其实就是在收集效标关联的效度证据，只不过当时还没有明确的效度概念而已（Anastasi，1988）。20世纪30年代出现了

明确的效度概念，较早的效度定义是由 Kelly（1927）提出的——效度问题就是一项测试是否真正测量了它所要测量的东西（Weir，2005）。Cureton（1950）进一步明确了效度操作化定义：一项测试分数在多大程度上估计或预测了标准（测试）分数。效度仅仅被看作一种相关系数，因而可称之为“单一效度观”。但这种效度观的前提是能够找到适当的作为标准的测量。显然，若 A 以 B 为标准，那么 B 又以什么为标准？难以解决的问题是“标准”本身如何效验？最终难免陷入循环论证。解决这一问题的方法之一就是基于内容的效度模式（把内容视为“标准”）。内容效度的出现宣告了单一效度观时期的结束。

（二）分类效度观时期（20 世纪 50 年代至 80 年代中期）

随着对效度认识的深入，人们意识到效度远非一个相关系数那么简单。对效度的多角度研究产生了林林总总的效度。在 20 世纪 40 年代就有学者试图为效度分类，如 Guilford（1946）提出的因素型和实用型（factorial and practical）效度，Cronbach（1955）的逻辑分析与经验分析效度等。据 Angoff（1988）统计，在 20 世纪 30 年代至 80 年代的心理测量学文献中至少有 16 种效度：内容效度、构念（construct）效度、共时（concurrent）效度、聚敛（convergent）效度、区分（discriminant）效度、效标关联效度、生态（ecological）效度、因子（factorial）效度、内在（intrinsic）效度、操作效度、群体效度、预测效度、任务效度、时间效度、概化（generalization）效度等。实际上效度的种类远不止这些。比如，Lather（1986）提出的催化（catalytic）效度、反思的主观性（reflexive subjectivity）效度，Dunbar（1991）主张的公平性效度、迁移效度、认知复杂度效度、内容质量效度、内容覆盖度效度、有意义性效度、效能（cost and efficiency）效度等等。（Cumming，1996）这些令人眼花缭乱的效度概念一方面说明效度的复杂性，另一方面也说明人们对效度的认识虽有深化但并未达成共识。在美国心理学会（American Psychological Association，APA）等编制的“教育和心理测验标准”（以下简称“标准”）第二版（1954）中把效度分为 4 种，即内容效度、预测效度、共时效度和构念效度；第三版（1966）和第四版（1974）又把预测效度和共时效度合而为一，称为效标关联效度。Guion（1980）称之为“三位一体”（the holy trinity）。这种近乎被奉为“教义”的“三分说”（trinitarian doctrine）在 20 世纪 70 年代末和 80 年代初占统治地位，至今仍有很大影响。

（三）效度整体观时期（20世纪80年代中期至今）

一些学者认识到，人们在选择效度证据时存在严重的随意性（Guion，1980；Cronbach，1988；Messick，1989，1996；Tenopyr，1977）（见 Kane，2001）。效度三分法是零散、不全面的，因为没有考虑分数意义的价值含义的证据，也没有考虑分数使用的社会后果的证据（Messick，1996）。在近十几年的探索中，构念效度逐渐成为效度的核心。以 APA 等编制的“标准”（1985）颁布为标志，效度整体观时期到来了。

1. 构念效度的产生

20世纪50年代初，Meehl 和 Challman 受 APA 的委托，试图拓展当时的效度概念。Meehl 从科学哲学中借来了“构念”（construct）（Angoff，1988；Cronbach，1988）。随后，构念效度被 APA 等（1954）吸收进“标准”第二版。在 AERA（American Educational Research Association）和 NCME（National Council on Measurement in Education）（1955）的《成绩测试的技术性推荐意见》仅把构念效度作为一种无奈之选，即当内容、共时和预测三方面的证据还不足以说明效度时，才不得不用的方法。APA 等 1966 年的“标准”也指出，当测试者希望加强对测试所要测量的心理实质的了解时，才对构念效度进行研究。当测试者找不到现有的测量作为标准时就用构念效度。从 Cronbach 和 Meehl（1955）到 1974 年的“标准”都把构念效度看作其他效度的替代品。难怪 Shepard（1993）说，在效度的“几姐妹”中，构念效度的地位最低（weak sister）。

在20世纪50年代初到70年代末，三种效度似乎各有侧重，各司其职：成绩测试——内容效度；分班和选拔性测试——标准效度；基于理论的解释——构念效度。构念效度与其他效度处于同等地位。尽管构念效度仍被看作几种效度证据之一，但至少基于构念的三方面模式逐渐被当作效度验证的普遍原则（Kane，2001）。

2. 构念效度核心地位的确立

Cronbach 和 Meehl（1955）已播下把构念效度扩展为效度的通用框架的种子，但最早提出把构念效度作为整体效度概念的是 Loevinger（1957：636），“既然预期效度、共时效度、内容效度都是针对某一目的的，那么，科学的观点是，构念效度是效度的总体（the whole of validity）”（见 Kane，2001）。在20世纪80年代，这一观点逐渐得到人们的认同：构念效度不再作为效度的一种证据，而应包括内容和标准证据、信度及其他与理论验证有关的方法（Messick，1975，1980，1988，1989；Anastasi，1988）。一些测量学家主张把构念效度作为唯一的效度概念（Cronbach，1988；Anastasi，1988；Messick，1988，1989）。其中影响最大的是 Messick 的“效度整体观”。

Messick（1989：13）提出了具有突破意义的效度定义，即“经验证据和理论依据在多大程度上支持基于测试分数或其他评估方式所做出的推断或采取的行动是充分和适当的？对这个问题的综合评价性判断就是效度”。概括起来，Messick 对效度理论的贡献主要表现在：①明确了效验的对象是测试分数的解释和使用，而不是测试本身（Davies，2003）；②确立了构念的核心地位，加强了对构念效度作为效度整体概念的一致认识（Alderson & Banerjee，2002；Davies，2003）；③把效度的涵盖范围由分数意义扩展到相关性和使用（relevance and utility）、价值意义及社会后果（Shepard，1993）。Messick（1988，1989）用“分层效度框架”（facets of validity framework）表达自己的效度思想（见图 1）。Messick 称之为“渐进矩阵”（progressive matrix）：构念效度在每个层面都出现，从左上角到右下角，每个层面增加一个新成分。

	测试的解释	测试的使用
证据基础	构念效度	构念效度＋相关性 / 实用性
后果基础	价值意义	社会后果

图 1　效度的层面（Messick，1988：42；1989：20）

但是，这种分层效度框架存在一些问题：①分层排列容易使人产生一种错觉，即价值意义可以和测试分数意义的科学评价分开——先解决测试分数意义的“科学”问题，然后考虑价值问题（这并不是 Messick 的本意）。②把构念效度放在第一层面，在后面的层面中又都包括构念效度。那么，“构念效度”这一术语是指全体还是部分？（Shepard，1993）③左边的两格属于“测试的解释”，右边的两格属于“测试的使用”，似乎界线清楚。但是，如果不知道分数的意义又怎能使用测试分数？

综合 Messick 等学者的观点，效度整体观的要义如下：①效度是对所提议的测试分数的解释和使用的合理性的总的评价。效验的对象既不是测试本身，也不是测试分数，而是分数的解释（包括推论和决定）。②既要对所提议的测试分数解释提供足够的证据，也要考虑到其他可能的解释，并证明其不合理性。③效验应包括对测试使用后果的评价。④效验的目的、常用的方法、判断效验结果的标准应保持一致。

有鉴于此，笔者以为，以构念为核心的效度整体观用图 2 表示似乎更合理一些，因为用“构念”代替“构念效度”，既避免了术语的混乱，又反映了 Messick（1989，1996）的效度思想：效度涵盖了分数意义、相关性和使用、价值观含义及社会后果。价值意义是测试意义和结果所固有的，而且一直存在。效度判断就是价值判断。在效度验证过程中，分数的意义和价值与测试分数的解释和使用紧密交织在一起。

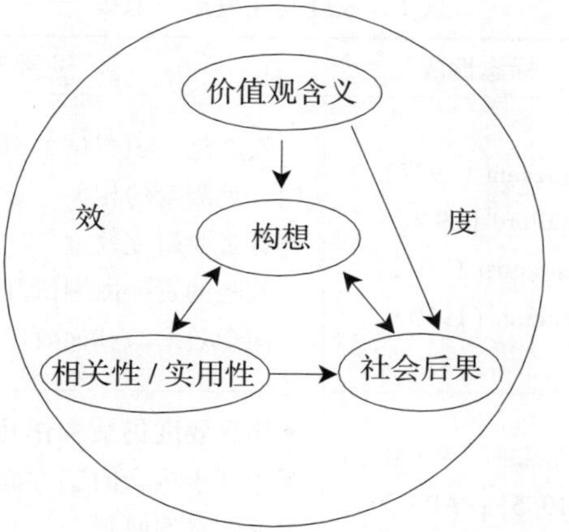

图 2　效度整体观

把构念效度作为一个整体原则，使效度验证符合长期以来的科学传统，即明确陈述所提议的解释（理论），然后使之经受实验和理论的检验与挑战。但是，效度整体观仍存在一些问题：①完全排斥传统的三分法，又没有提供新的结构，反而留下了一个真空，使得效验实践者无所适从。②传统的做法是把理论构念和可观察变量区别开来，可操作性较强。整体观否定这一做法。因而如何对理论进行经验性评价就成为一个难题。③整体观强调，效验是一个持续不断的过程。但受到实际条件的制约，人们往往仅收集那些对特定测试使用最重要的证据，但又缺乏判断效度证据重要性的标准。

正是由于这些原因，效度整体观在当时的效验实践操作中并没有产生显著影响。尽管 Cronbach 和 Meehl（1955）及 Loevinger（1957）在 20 世纪 50 年代就主张把构念效度作为整体效度概念，但直到 20 世纪 80 年代，评价效度证据的标准仍不明确。20 世纪 90 年代，虽然在理论层面效度整体观逐渐成为主流，但人们的视线大多集中于效验方法的探索，实践层面的研究则主要发生在 21 世纪初的教育测量和语言测试领域（Guerrero，2000；Chapelle，Jamieson & Hegelheimer，2003；Snellings，Gelderenet & Glopper，2004；Weir，2005）。

概括起来，50 多年来在教育与心理测量领域，效度理论历史可以归纳为表 1。

表 1　效度理论发展一览表

阶段	效度观	标志性成果	主要观点
20 世纪 50 年代之前	单一效度观	Bingham（1937） Guilford（1946） Lindquist（1942） Cureton（1950）	• 效度是一项测试的分数与测量同对象的其他客观测量的相关 • 有必要研究效度 • 效验的责任由测试开发者承担 • 构念效度与其他效度并列
20 世纪 50—80 年代中期	分类效度观	Cronbach 和 Meehl（1955）；APA 等“标准”（1954，1966，1974）；Cronbach（1971）；Messick（1975，1980，1988）	• 构念效度仍被看作几种效度证据之一，但至少基于构念的三方面模式逐渐被当作效度验证的普遍原则 • 效验的对象是对受试反应（测试分数）的推论和解释，而不是反应本身 • 理论重新受到尊重，但解释推论的理论也应检验 • 一项测试有多种效度

（续上表）

阶段	效度观	标志性成果	主要观点
20世纪80年代中期至今	效度整体观	Messick（1989，1994，1996）；APA等“标准”（1985，1999）；Shepard（1993,1997）；Moss（1992）；Kane（1999，2001）；Bachman（1990，2004）；Weir（2005）	•效度是一个整体概念，构念效度是核心 •效度既不是对测试本身的评价，也不是对测试分数的评价，而是对测试结果解释和使用的评价 •效度是针对一项测试的特定解释和使用而言的，因为同一项测试分数可能有不同的解释和使用 •效度是一个程度高低的问题，而不是有无的问题 •强调后果效度的重要性 •效验过程就是收集、积累不同方面的效度证据支持对测试结果特定解释或使用的合理性 •测试的开发者和使用者都有为效验举证的责任

三、语言测试中效度理论的发展

20世纪60年代以来，语言测试与评估的研究主要围绕效度展开（Kunnan，2000）。在语言测试领域引入和研究效度理论的学者主要包括：Lado（1961），Bachman（1990，2000，2004），Bachman和Palmer（1996），Davies（2003），Alderson和Wall（1993），Messick（1996），Cumming（1996），Chapelle（1999），Kunnan（2000），Alderson和Banerjee（2002），Weir（2005）等等。效度理论的演变也可大致分为3个阶段。

（1）20世纪60—70年代。Lado（1961：321）对效度的经典定义是：“一项测试是否测量了它所要测量的东西。”效度和信度是语言测试的两大重要质量标准。信度就是稳定性（consistency），是效度的前提条件。证明效度的最典型的方法就是“……在多大程度上这项测试与其他有效而又可靠的语言测试相关”（Oller，1979：417－418）。20世纪70年代的语言测试教科书一般涉及三种效度：内容效度、效标关联效度和构念效度。20世纪70年代末，潮流开始转向，测试研究者开始集中探索交际能力测试的构念效验问题。

（2）20 世纪 80 年代。1984 年创刊的《语言测试》的最初几期发表了大量研究测试分数意义解释的论文。研究者们认识到，效验就是假设检验的过程。效度三分法也得到拓展，如 Henning（1987）提出了“反应效度”，Madson（1983）提出了“影响效度”，Hughes（1989）提出了“反拨效度”，Canale（1987）提出了语言测试的道德问题。（Chapelle，1999）Messick（1989）对效度研究有突破性贡献，特别是强调后果效度的重要性，启发了 20 世纪 90 年代测试研究者对反拨作用的探索。

（3）20 世纪 90 年代至今。1990 年是语言测试发展史的分水岭（Douglas，1995）。主要标志是 Bachman（1990）把 APA 等 1985“标准”和 Messick（1989）的效度思想引入语言测试领域。整个 90 年代，语言测试研究大多在 Messick（1989）的效度框架下展开。如测试后果之一的反拨作用成为语言测试界研究的热点之一（Alderson & Wall，1995；Wall，2000；Shohamy，2001；Cheng，1997；Cheng，Watanabe & Curtis，2004；亓鲁霞，2004；Qi，2005）。在语言测试界，20 世纪 90 年代以来的效度观发生了明显变化，可概括为表 2（Chapelle，1999）。

表 2　语言测试效度观的对比

20 世纪 90 年代前	当代效度观
效度被看作测试的特征：在多大程度上一项测试测量了它要测量的东西	效度被看作关于测试（分数）的解释和使用的论证：在多大程度上能够证明一项测试的解释和使用是合理的
信度有别于效度，是效度的必要条件	信度是一种效度证据
效度的建立往往是基于一项测试与其他测试的相关	效度是基于多种理论依据和经验证据（包括测试的后果）的论证
构念效度被看作三种效度（内容、效标关联、构念）之一	效度是一个整体概念，构念效度是其核心，内容和效标关联证据是构念效度证据的一部分
测试研究者负有为大规模、高风险测试举证的责任	证明测试使用效度的合理性是所有测试使用者的责任

四、语言测试效验的研究方法

与效度理论研究相比，对效验方法的探索较少。近年来讨论较多的是“基于论证的效验方法”（an argument-based approach）（Kane，1992，2001，2002；Shepard，1993；Messick，1996；Kane，Crooks & Cohen，1999；Bachman，2004）。这一方法基于效验即论证（假设检验）的思想，与效度整体观一脉相承。一般来说，效验论证包括两个步骤：第一，提出效验观点，包括两方面的问题：试图对测试分数做哪些解释和使用？还有哪些与预期相反的解释和使用？第二，收集有关证据支持所提议的解释与使用，反驳相反的观点（Bachman，2004）。

Weir（2005）提出基于证据（evidence-based）的效度验证的理论框架，不仅从理论层面进一步发展了效度整体观及“基于论证的效验方法”，而且列举了大量研究实例供研究者参考。他主张，效验即收集效度证据的过程。效验证据主要包括5个方面：①基于理论（构念）的效度；②环境效度（context validity）①；③评分效度；④效标关联效度；⑤后果效度。

收集效度证据的方法主要有6种（Messick，1989，1996）：①内容分析：往往由相关专家判断，测试题目或任务与所要测量的构念的对应关系。②项目（题目）或任务的实验分析：定量的方法可以探究在多大程度上相关的因素影响了题目的难度和区分度，定性的方法可以研究受试在测试中使用的策略，也可以使用语篇分析法研究受试的“产品”（产出的语言），并将其语言和语用特征与构念定义加以比较。③维度分析：研究测试的内部结构。通过测试反应数据的心理计量学模型与构念理论的拟合（fit）加以检验。对单维构念，用传统的信度方法和项目反应理论（Item Response Theory，IRT）均可；对多维构念，则只能用多维IRT模型。④测试分数与其他测试和行为的关系：常用“多特质—多方法矩阵”（Multi-trait-Multimethod，MTMM）。⑤测试行为的差异：构念在不同的受试群体之间、不同时间之间、不同教学法之间、不同测试任务特征之间会有区别。⑥测试后果：通过问卷、访谈、观察等方法了解测试带来的宏观和微观后果。

---

① “环境效度”取代传统意义上的“内容效度”。所谓环境效度是指，测试任务在多大程度上代表了该任务所取样的全域（universe）。

基于论证的效验法的优点主要包括：①适用于任何种类的测试的解释和使用；②尽管解释性论证不能对效度做出任何绝对决定，但可以在整体上提高该分数解释的合理性，因为大多数推论和假设都经过检验，得到支持或改进；③效度研究促进测量程序的完善（Shepard，1993）。

其他常用的定性和定量研究方法还有：①逻辑分析（又称理论论证法）；②元分析（meta-analysis）；③回归分析；④因子分析（factor analysis）；⑤口头自陈（verbal protocol analysis）；⑥Rasch 模型（分析）；⑦结构方程建模（structural equation modeling，SEM，又称 linear structural equation modeling）等。

五、结语

“效度整体观”把效度看作对测试分数解释和使用的评价，其涵盖范围扩展到相关性和使用、价值意义及社会后果，大大拓宽了效度研究的范围。不过，作为一种新的效度理论，“效度整体观”在理论和操作层面尚存在一些问题：①“效度整体观”视构念效度为效度整体概念，似乎避免了效度概念的混乱，但用“构念效度”作为效度整体概念仍难免令人疑惑：是否还有“构念效度”之外的其他“效度”？笔者认为，效度整体概念称为“效度”即可，所谓“构念效度”可以叫作构念（理论）方面的效度证据。②效度是对测试分数解释和使用的评价，不是对测试本身的评价，而信度又成为效度的一种证据。这就意味着，效度已不再作为测试质量的评价标准。那么，如何评价测试的质量呢？③效度验证是一个持续不断的过程，需要收集多方面的证据。为证明分数解释和使用的合理性，哪些证据必不可少？哪些可以舍弃？选择标准是什么？④传统意义上的“单一效度观”和“分类效度观”尽管不够合理，但都有明确的操作化定义。相比之下，“效度整体观”则缺乏可操作性。Weir（2005）试图解决这一问题，他提出了“基于证据的效度验证的理论框架”，包括基于理论的效度、环境效度、评分效度、效标关联效度和后果效度 5 个方面。但 Weir 仍沿用数种效度的说法，说明 Weir 未彻底摆脱传统分类效度的窠臼。为明晰起见，把上述 5 方面称为基于理论（构念）的证据、环境方面证据、评分方面证据、效标关联方面证据和后果方面证据似乎更为准确。“效度整体观”框架下更具操作性的模式仍有待探索。

参考文献

[1] APA. *Standards for Educational and Psychological Tests and Manuals* [M]. Washington D. C.: Author, 1966.

[2] AERA, APA & NCME. *Standards for Educational and Psychological Testing* [M]. Washington D. C.: AERA, 1999.

[3] Alderson, J. C., Clapham, C. & Wall, D. *Language Test Construction and Evaluation* [M]. Cambridge: Cambridge University Press, 1995.

[4] Alderson, J. C. & Banerjee, J. Language Testing and Assessment (part two) [J]. *Language Teaching*, 2002.

[5] Alderson, J. C. & Wall, D. Does Washback Exist? [J]. *Applied Linguistics*, 1993, 14 (2).

[6] Anastasi, A. *Psychological Testing* (6 th ed.) [M]. New York: Macmillan, 1988.

[7] Angoff, W. H. Validity: An Evolving Concept [A]. In Wainer, H. & Braun, H. *Test Validity* [C]. Hillsdale, N. J.: Lawrence Erlbaun, 1988.

[8] Bachman, L. F. *Fundamental Considerations in Language Testing* [M]. Oxford: Oxford University Press, 1990.

[9] Bachman, L. F. Modern Language Testing at the Turn of the Century: Assuring that What We Count Counts [J]. *Language Testing*, 2000, 17 (1).

[10] Bachman, L. F. *Statistical Analyses for Language Assessment* [M]. Cambridge: Cambridge Universty Press, 2004.

[11] Bachman, L. F. & Palmer, A. S. *Language Testing in Practice* [M]. Oxford: Oxford University Press, 1996.

[12] Chapelle, C. A. Validity in Language Assessment [J]. *Annual Review of Applied Linguistics*, 1999 (19).

[13] Chapelle, C. A., Jamieson, J. & Hegelheimer, V. Validation of a Web-based ESL Test [J]. *Language Testing*, 2003, 20 (4).

[14] Cheng, L. How Does Washback Influence Teaching? Implications for Hong Kong [J]. *Language and Education*, 1997, 11 (1).

[15] Cheng, L., Watanabe, Y. & Curtis, A. *Washback in Language Testing: Research Contexts and Methods* [M]. Mahwash, N. J.: Lawrence Erlbaum Associates, 2004.

[16] Cronbach, L. J. Test Validation [A]. In Thorndike, R. L. *Educational Measurement* (3rd ed.) [C]. Washington D. C.: American Council on Education and National Council on Measurement in Education, 1971.

[17] Cronbach, L. J. Five Perspectives on Validity Argument [A]. In Wainer, H. & Braun, H. *Test Validity* [C]. Hillsdale, N. J.: Lawrence Erlbaun, 1988.

[18] Cronbach, L. J. & Meehl, P. E. Construct Validity in Psychological Tests [J].

Psychological Bulletin , 1955.

[19] Cumming, A. & Berwick, R. *Validation in Language Testing* [M]. Clevedon: Multilingual Matters Ltd, 1996.

[20] Davies, A. *Principles of Language Testing* [M]. Oxford: Blackwell, 2003.

[21] Douglas, D. Development in Language Testing [J]. *Annual Review of Applied Linguistics*, 1995, 15.

[22] Guerrero, M. D. The Unified Validity of the Four Skills Exam: Applying Messick's Framework [J]. *Language Testing* , 2000, 17 (4).

[23] Guion, R. M. On Trinitarian Conceptions of Validity [J]. *Professional Psychology* ,1980, 11.

[24] Kane, M. T. Current Concerns in Validity Theory [J]. *JEM* , 2001, 38 (4).

[25] Kane, M. T. , Crooks, T. & Cohen, A.. Validating Measures of Performance [J]. *Educational Measurement: Issues and Practice* , 1999, 18 (2).

[26] Kunnan, A. J. *Fairness and Validation in Language Assessment* [M]. Cambridge: Cambridge University Press, 2000.

[27] Lado, R. *Language Testing* [M]. New York: McGraw-Hill, 1961.

[28] Linn, R. L. Evaluating the Validity of Assessments: The Consequences of Use [J]. *Educational Measurement: Issues and Practice* , 1997, 16 (2).

[29] Messick, S. Validity [A]. In Linn, R. L. *Educational Measurement* (3rd ed.) [C]. New York: Macmillan, 1989.

[30] Messick, S. Validity and Washback in Language Testing [J]. *Language Testing*, 1996. , 13 (3).

[31] Moss, P. A. Shifting Conceptions of Validity in Educational Measurement: Implications for Performance Assessment [J]. *Review of Educational Research*, 1992, 62.

[32] Oller, J. W. *Language Tests at School* [M]. London: Longman, 1979.

[33] Qi Luxia. Stakeholders' Conflicting Aims Undermine the Washback Function of a High-stakes Test [J]. *Language Testing* , 2005, 22 (2).

[34] Shepard, L. A. Evaluating Test Validity [J]. *Review of Research in Education* , 1993, 19.

[35] Shepard, L. A. The Centrality of Test Use and Consequences for Test Validity [J]. *Educational Assessment: Issues and Practice* , 1997, 16 (2).

[36] Shohamy, E. *The Power of Tests: A Critical Perspective on the Uses of Language Tests* [M]. London: Pearson Education, 2001.

[37] Snellings, P, Amos van Gelderenet & Kees de Glopper. Validating a Test of Second Language Written Lexical Retrieval: A New Measure of Fluency in Written Language Production [J]. *Language Testing* , 2004, 21 (2).

[38] Wall, D. The Impact of High-stakes Testing on Teaching and Learning: Can This Be Predicted and Controlled? [J]. *System*, 2000. 28 (4).

[39] Weir, C. J. *Language Testing and Validation* [M]. Palgrave: Macmillan, 2005.

[40] 亓鲁霞. 意愿与现实：中国高等院校统一招生英语考试的反拨作用研究[M]. 北京：外语教学与研究出版社，2004.

（原载《现代外语》2006 年第 1 期，略有改动）

作者简介

李清华，南方医科大学外国语学院教授，博士，研究方向为应用语言学、语言测试。

中国 EFL 学习者英语程式话语能力发展研究

李清华　宾　科

一、引言

语用能力（pragmatic competence）是外语交际能力的重要组成部分（Bachman & Palmer，2010；Canale & Swain，1980）。中介语语用能力（interlanguage pragmatic competence）是指外语学习者所掌握的语用系统知识和恰当使用语用系统知识的能力（Rose，2001）。在语用学、二语习得、语言测试等领域，语用能力操作分为言语行为（speech acts）、会话含义（conversational implicature）、程式话语（routines①）等（Garcia，2004；Kasper，2001；Roever，2005，2006，2011）。Roever（2011）提出的语用能力构念框架包括四个方面的表达和识别：独白、交际对话、程式话语以及会话含义。其中，程式话语的表达和识别能力属于语言语用能力，是中介语语用能力的重要组成部分。程式话语是指，特定社会或语篇情境中为实施特定交际功能而使用的固定或半固定的话语（Taguchi，2013；Wray，2000）。这些话语在形式、意义和功能等方面都是人们约定俗成的（Bardovi-Harlig，2012）。程式话语是目标语语言社区的成员共同拥有的社会知识的体现，所以应该得到任何阶段的外语教学的重视（House，1996）。

程式话语日益引起学界关注，相关研究在程式话语的界定、识别、习得等方面取得了一定进展。研究发现，在一些特定场合，二语学习者并没有像本族语使用者一样使用程式话语（Blum-Kulka & Olshtain 1986；Kec-

① 程式话语在英语文献中名称很多，Taguchi（2013）总结出多达八种术语：formulaic language，prefabricated routines，formulas，phrasal chunks prefabs，conventional expressions，formulaic sequences，situationally-bound utterances，chunks。另外，常用的还有 routine，routine formulae（Roever，2012）等，其特点是：①多个词构成；②结构比较稳定；③可能不符合语法规则；④约定俗成，在语言社区广泛使用（Bardovi-Harlig，2012）。“routine” 在汉语中也有多种译法，语用套语、规约套语、语用惯例语等。本文使用“程式话语”。

skes，2003）。但是，在程式话语能力与语言能力的关系、程式话语的教学等方面，现有的研究结果并不一致。本研究拟探索中国 EFL 学习者英语程式话语能力方面的发展。

二、文献综述

Bouton（1994，1999）的研究表明，ESL 学习者的程式话语的理解能力没有随二语水平提高和世界知识增加而提高。关于“学习者的语言水平对程式话语的识别能力是否存在影响”这一问题，Roever（1996，2005）进行了两项研究，研究对象分别为德国 EFL 学习者以及 EFL 和 ESL 两类学习者，得出了与 Bouton（1994，1999）相同的结论：正常的英语课堂教学没有促进学生程式话语能力的提高。但 Bouton（1994）发现，经过有针对性的教学之后，ESL 学习者程式话语的理解能力发展迅速，能够接近母语者水平。Roever（2012）比较 EFL 和 ESL 两类学习者的国外学习经历对程式话语的识别能力影响发现，学习经历越长，程式话语能力越强。EFL 学习者掌握了一些程式话语知识，而他们的程式话语的识别能力与语言水平无关。

但是，Bardovi-Harlig（2009，2010）、Bardovi-Harlig 和 Bastos（2011）的研究表明，ESL 学习者的程式话语的理解和表达能力均随语言水平的提高而提高。Taguchi（2009）对以日语为第二语言的学习者的调查发现，在规约化间接表达观点（conventional indirect opinion）、非规约化间接表达观点（non-conventional indirect opinion）和间接拒绝三种言语行为的理解方面，高、中、低水平组均具有显著差别，但理解的速度并无明显差异。Taguchi（2011a）发现，日本 EFL 学习者的语言水平和国外学习经历对程式话语理解的准确性和速度都有显著影响，国外学习经历有助于提高程式话语理解的准确性，但对速度没有明显影响。Taguchi（2013）考察了同一批日本 EFL 学习者的语言水平和国外学习经历对程式话语表达的筹划时间（planning time）、速度和适切性的影响，结果显示，语言水平对程式话语表达的速度具有显著影响，但对表达的适切性和筹划时间的影响却不明显。对受试的话语分析则表明，他们在不同任务的表现并不一致。对于“询问时间”和“回应对方的道歉”，高水平组的正确率比低水平组高出 20%～30%，但在另外两项任务（回应对方的感谢、回应对方的帮助）上却没有显著的差别。

此外，Bardovi-Harlig（2008）发现，ESL 学习者的程式话语的识别与表达能力之间存在明显差异，前者高于后者。研究者由此推断，在识别与表达之间可能存在提取（access）这一个过渡阶段。

关于中国 EFL 学习者程式话语能力与外语水平的关系，国内仅见两项研究。邬颖祺、陈国华（2006）对 80 名中国大学生在英语日常交际中的语用语言能力的调查表明，英语专业和非英语专业学生在恰当执行请求行为以及准确使用程式话语方面，能力均不强；两组学生在语用语言能力上没有明显差异，学生元语用语言知识欠缺。刘建达、黄玮莹（2012）的研究显示，不同英语水平的学习者在程式话语识别和言语行为上都有显著差异，但在会话含义方面不存在显著差异，说明中国 EFL 学习者的语用能力发展不平衡。他们通过问卷调查还发现，学生的语用能力发展很大程度上受教师教学内容和教学方式的影响。不过，他们并没有关注程式话语表达能力的变化。

总之，对 EFL 和 ESL 学习者的程式话语能力与外语水平的关系已有一些研究，但结果并不一致。如果程式话语能力随外语水平的整体进步而提高，那就无须专门的语用能力教学。研究表明，整体而言，教学干预能够促进语用能力的提高，但有些语用特征在没有专门语用教学的情况下也能够发展（Ellis，1992；Rose，2005；Taguchi，2011b）。究竟哪些语用特征必须教学，哪些可以自然习得？程式话语能力是否需要教学才能掌握？中国学生程式话语的识别和表达能力的发展是否均衡？邬颖祺、陈国华（2006）和刘建达、黄玮莹（2012）对中国学生程式话语能力的研究得出了相反的结果，而且两项研究都没有对受试的话语进行分析。因此，有必要对 EFL 学习者程式话语能力发展做进一步研究。

三、研究设计

（一）研究问题

基于以上对现有研究的回顾与讨论，本文认为程式话语的识别是成功表达的必要条件，但并不是充分条件。这主要是因为二语使用者倾向于过度使用一些表达方式，而忽视另一些表达方式（Bardovi-Harlig，2009）。本研究拟探索中国 EFL 学习者的程式话语的识别和表达能力与外语水平的关系，分析中国 EFL 学习者的程式话语能力存在的问题及成因，首先回答以下问题：

（1）中国大学生英语程式话语整体能力是否随着外语水平的提高而提高？

（2）中国大学生英语程式话语识别能力是否随着外语水平的提高而提高？

（3）中国大学生英语程式话语表达能力是否随着外语水平的提高而提高？

（4）中国大学生英语程式话语习得方面主要存在哪些问题？

（二）受试

广东省某大学英语专业一年级 108 人，平均年龄 19.4 岁，平均学习英语的时间 10.7 年；三年级学生 173 人，平均年龄 21.7 岁，平均学习英语的时间 12.6 年。三年级学生经过两年的英语专业学习，英语整体水平高于一年级，所以一年级学生作为低水平组（组 1），三年级学生作为高水平组（组 2）。两组学生均无国外学习或生活经历。

（三）测量工具

为了测量学习者的程式话语能力，我们使用了两套试题。一是 Roever（2005，2006）设计的“多项选择话语填充”（MDCT），共 12 题，用来测量学习者的程式话语识别能力；二是 Bardovi-Harlig（2009）开发的“书面话语填充”（WDCT）①。测试试题包括发起对话 13 题，回应对话 19 题，用来测量学习者的程式话语表达能力，涉及的言语行为包括：感谢、道歉、警告、告别、请求、同情、拒绝帮助、接受帮助、邀请、同意等。题目内容参见表 4、表 5、表 6。两套试题经研究者多次使用，均具有令人满意的效度和信度（Bardovi-Harlig，2008，2009，2010；Bardovi-Harlig & Vellenga，2012；Roever，2005，2006，2007，2008，2010，2012；Tagu-

① Bardovi-Harlig（2009）开发的程式话语表达能力测试（发起对话 13 题，回应对话 19 题）是让受试在计算机上完成听说任务。本研究让受试完成纸笔的读写任务。

效应量（effect size，ES）Cohen's d 计算公式：$d = \frac{|\bar{x}_1 - \bar{x}_2|}{\sqrt{(\sigma_1^2 + \sigma_2^2)/2}}$。

效应量在平均数检验中表示的是两组样本分布的总体的非重叠程度；ES 越大，重叠程度越小，效应明显；ES 越小则相反。Cohen's d 在 0.2 到 0.3 之间，表示效应不明显，0.5 左右有中度的效应，大于 0.8 表示效应显著（Cohen，1988）。ES 作为一种标准的均数差异的估计，与当前样本无关，不受样本量的影响，是判断均数比较是否显著的重要指标。

chi，2013）。22 个程式话语表达题，并没有标准答案。为了制定统一的评分标准，我们邀请四位外教（三位美国人，一位澳大利亚人）独立完成，结果发现个别题目的答案并不一致，这是语用能力表达测试普遍遇到的问题（Bardovi-Harlig，2008）。为此，我们把有不同答案的题目交由外教一起讨论，就两个可能的答案达成一致。例如，发起对话的第三题，四位外教都认可两种说法：Watch out！和 Watch your feet！回应对话的第 12 题，他们都认为用不用“Thanks”均可。我们将这两套试题所搜集到的学生答题表现作为研究数据，通过 Excel 和 SPSS 17.0 进行统计分析。

（四）实验过程

实验在 2013 年春季学期进行。低水平组和高水平组学生分别在综合英语课和语用学课上完成答卷，受试被事先告知，这次测试是为了实验，他们会得到相应的成绩反馈，了解自己的英语程式话语掌握情况，但分数不计入课程成绩。DCT 每题时间 1.5 分钟（Bardovi-Harlig，2008），MDCT 每题时间 1 分钟（Roever，2012），我们规定识别程式话语的回应对话（MDCT）在 12 分钟内完成，程式话语表达（WDCT）在 33 分钟内完成，测试时间共计 45 分钟。但是，部分学生没有在规定时间内答完题目。因为答题速度不是本研究关注的问题，为了保证每位受试都完成测试，实验时间延长了 5 分钟，实际测试时间为 50 分钟。测试任务共计 44 题，每题 1 分，满分为 44 分。

四、数据分析

我们按照研究设计的程序对回收的 281 份问卷进行评阅，发现所有受试都完成了试题，未出现留空白的现象。我们将受试的答题表现（各试题的得分情况）作为数据，利用 Excel，统计高、低两个水平组在各试题中的正确率，并通过 SPSS 17.0 对数据进行效应量和独立样本 t 检验等相关统计，得到以下发现：

（1）学习者外语水平与程式话语整体能力密切相关。

描述统计（见表 1）显示，在程式话语整体（识别和表达）能力方面，两组学生的能力较低，高水平组的正确率仅为 65.4%，低水平组的正确率低至 48.5%。高水平组均值（28.8）明显高于低水平组（21.4）。比较两组的标准差可以看出，低水平组（7.4）大于高水平组（5.3），说明低水平学生之间的差距较大。效应量 Cohen's d 达到 1.1 476（>0.8），表示两组差异明显。独立样本 t 检验（表略）表明，t 值较大（9.036），两组之间存在显著差异（$p=0.000$），即受试的程式话语整体能力随着外语水平的提高而明显提高。

表 1　程式话语整体描述统计量

组别	N	均值	标准差	标准误	平均正确率（$k=44$）
1	108	21.361 1	7.397 22	0.711 80	48.5%
2	173	28.768 8	5.348 74	0.406 66	65.4%

虽然高水平组的程式话语整体能力明显高于低水平组，但是，程式话语的表达明显难以识别（Bardovi-Harlig，2008）。我们需要把识别和表达分开做进一步分析。

（2）学习者外语水平的提高对程式话语识别能力无显著影响。

在程式话语识别方面，两组学生的正确率均低于 60%，表现较差。高水平组均值（6.9）略高于低水平组（6.5）。两组的标准差接近（低水平组 1.9，高水平组 1.6），说明两组学生之间的分数分布差距不大。效应量 Cohen's d 仅为 0.229 2（<0.3），表示两组差异较小。独立样本 t 检验（表略）表明，两组均值之间没有显著差异（$t=-1.829$，$p=0.069>0.05$）。即受试的程式话语识别能力随着外语水平的提高而有所提高，但并没有统计学意义的显著性差别。

表 2　程式话语识别描述统计量

组别	N	均值	标准差	标准误	平均正确率（$k=12$）
1	108	6.527 8	1.916 28	0.184 39	54%
2	173	6.930 6	1.583 28	0.120 37	58%

（3）学习者程式话语表达能力明显随着外语水平的提高而提高。

在程式话语表达方面，两组学生的能力也不高，低水平组的正确率仅为 47%，高水平组的正确率高一些，达到 69%，但也不能令人满意。高水平组均值（21.8）明显高于低水平组（15.0）。低水平组的标准差（7.6）

大于高水平组（4.9），说明低水平组学生之间的差距较大。效应量 Cohen's d 达到 1.073（>0.8），表示两组差异明显。t 检验也显示两组之间存在显著差异（$t=-8.363$，$p=0.000$）（表略）。把表达（发起）和表达（回应）分别检验，得出同样的结果，高水平组与低水平组之间均有显著差异（发起：$t=-5.777$，$p=0.000$；回应：$t=-7.674$，$p=0.000$）。可见，受试的程式话语表达能力随着外语水平的提高而显著提高。

表 3　程式话语表达描述统计量

组别	N	均值	标准差	标准误	平均正确率（$k=32$）
1	108	14.963 0	7.604 63	0.731 76	47%
2	173	21.838 2	4.928 25	0.374 69	69%

总之，在没有语用教学的介入下，英语专业学生的程式话语识别能力和表达能力的发展并不平衡。前者没有明显提高，后者则有显著进步。这一现象提示我们对学生的具体答题进行分析，寻找中国 EFL 学习者在程式话语习得方面所存在的问题。

（4）中国 EFL 学习者在程式话语习得方面存在的问题。

在“程式话语识别”方面，两组在高识别度程式话语（正确率 >80%）和低识别度程式话语（正确率 <40%）方面几乎是一致的（见表4）。高识别度程式话语主要是第 7、9、10 题，低识别度程式话语主要是第 2、3、6 题。与低水平组相比，高水平组对多数程式话语的识别能力更强，特别是高识别度程式话语的正确率高达 90% 左右，而低水平组则低了近十个百分点。但是，在低识别度程式话语方面，高水平组的表现却比低水平组差，三道题的平均正确率竟然下降了 11%。此外，两组之间差别最大的程式话语是第 12 题，低水平组仅为 43.52%，而高水平组则上升至 67.63%。

表 4 "程式话语识别"的答题表现

题号	情 境	受试总体 ($N = 281$)		组 1 ($N = 108$)		组 2 ($N = 173$)	
		%	(N)	%	(N)	%	(N)
1	顾客来餐馆点餐	49.11	138	44.44	48	52.02	90
2	收银员把商品打包并递给顾客	32.03	90	39.81	43	27.17	47
3	餐馆侍者为顾客落单后，询问是否还需要再点其他餐饮	25.62	72	35.19	38	19.65	34
4	向陌生人询问时间	38.43	108	46.30	50	33.53	58
5	主人请客人再多吃点，但客人已饱	77.94	219	73.15	79	80.92	140
6	邀请朋友来家聚会	13.88	39	17.59	19	11.56	20
7	好心人捡起并归还他人遗失之物，回应失主的致谢	89.32	251	84.26	91	92.49	160
8	接电话	44.48	125	45.37	49	43.93	76
9	要求电话留言	86.12	242	75.93	82	92.49	160
10	Jack 和 Jamal 经人介绍相互认识，双方握手寒暄	85.41	240	82.41	89	87.28	151
11	Candice 在通电话时，因环境嘈杂没有听清对方话语	76.87	216	64.81	70	84.39	146
12	在拥挤的地铁中一位女士不小心踩到 Jack 的脚，女士向 Jack 道歉	58.36	164	43.52	47	67.63	117

在"使用程式话语发起对话"方面，两组的表现都差强人意（见表 5）。在超过半数的情境中，低水平组普遍不知如何使用程式话语发起对话（正确率 <50%）；仅在第 I－3、I－7、I－12 等情境表现尚可（正确率 >70%）。较之于低水平组受试，高水平组在绝大多数情境中都能够恰当使用程式话语发起对话，但是，在 13 个情境中，该组也仅仅在其中的三个情境中有较为理想的表现（第 I－3、I－7、I－13 题的正确率 >80%）。令

人意外的是，在I－2、I－6 和I－9 三个情境中，高水平组的表现反而不如低水平组，正确率极低（<30%）。

表5　“使用程式话语发起对话”的答题表现

题号	情　境	受试总体（N＝281）		组1（N＝108）		组2（N＝173）	
		%	（N）	%	（N）	%	（N）
I－1	与朋友通电话时，未听清	64.41	181	52.78	57	71.68	124
I－2	椅子坏了，提醒对方小心	17.79	50	22.22	24	15.03	26
I－3	邀请朋友到自己家来	79.00	222	75.93	82	80.92	140
I－4	与久未谋面的朋友短暂交流之后，起身作别	56.58	159	45.37	49	63.58	110
I－5	向朋友请求搭便车	65.12	183	66.67	72	64.16	111
I－6	朋友来访时，住所凌乱	28.83	81	36.11	39	24.28	42
I－7	请朋友帮忙取水杯	77.94	219	70.37	76	82.66	143
I－8	赴约迟到，抵达时朋友正准备离开	68.68	193	54.63	59	77.46	134
I－9	有人在电影院喧哗，向其表达不满	29.54	83	30.56	33	28.90	50
I－10	他人在百忙中施以援手，向其致谢	58.72	165	47.22	51	65.9	114
I－11	与朋友一起候车，这时公交车来了	59.79	168	30.56	33	78.03	135
I－12	警示他人，注意来车	76.16	214	72.22	78	78.61	136
I－13	致电朋友时被告知他不在，请求其室友转告信息	84.34	237	69.44	75	93.64	162

在“使用程式话语回应对话”方面，两组受试的成绩均明显高于“使用程式话语发起对话”（见表6）。在19 个情境中，高水平组受试在其中6 个情境中表现优秀（正确率>80%），在绝大多数情境中都比低水平组正

确率高。尽管低水平组的情况仍不理想（在超过半数的情境中正确率低于60%），但他们的表现也好于“发起对话”。经比较发现，在正确率趋势方面，两组受试的表现明显趋同，在高水平组正确率高的情境中，低水平组正确率也相对较高（如 R－1、R－15、R－16、R－19），对正确率低的情境，两组的表现都较差（如 R－3、R－11、R－12）。值得注意的是，高水平组在R－11 情境的表现反而低于低水平组，前者为 33.53%，后者则为40.74%。在情境 R－7 出现了最为显著的组间差异，低水平组的受试表现一般（正确率 75.93%），而高水平组的表现却非常优秀（正确率98.84%）。

表 6　“使用程式话语回应对话”的答题表现

题号	情　境	受试总体（$N=281$）		组 1（=108）		组 2（$N=173$）	
		%	（N）	%	（N）	%	（N）
R－1	与邻居交谈。邻居：Last Sunday my dog got hit by a truck.	91.81	258	91.67	99	91.91	159
R－2	自己有快递要取但一时无暇抽身，朋友主动帮忙：I can pick it up for you.	61.57	173	53.70	58	66.47	115
R－3	自愿参加校园接待服务，因故提前离开，向组织者告辞。组织者：Thanks for coming.	36.65	103	26.85	29	42.77	74
R－4	在商店购物，需要帮助。店员：Can I help you?	72.60	204	66.67	72	76.30	132
R－5	排队时，站在前方的人需要短暂离开，请求帮忙留位：Could you hold my place in line? I'll be right back.	61.92	174	55.56	60	65.90	114
R－6	购物结账之后，准备离开。收银员：Have a nice day!	64.41	181	59.26	64	67.63	117

（续上表）

题号	情　境	受试总体（N=281）		组 1（N=108）		组 2（N=173）	
		%	(N)	%	(N)	%	(N)
R-7	赴约时迟到五分钟。对方：Hello. Come on in.	90.04	253	75.93	82	98.84	171
R-8	忘记带来自己承诺归还同学的书。同学：By the way, did you bring my book? I really need it for my presentation tomorrow.	79.36	223	66.67	72	87.28	151
R-9	朋友搭便车后向你致谢：Thanks for the ride!	63.70	179	50.00	54	72.25	125
R-10	受邀参加聚会。主人：Can you come on Friday evening?	60.14	169	57.41	62	61.85	107
R-11	与朋友协商方案，朋友提出有利于你的建议。朋友：So, is the library OK for everyone?	36.30	102	40.74	44	33.53	58
R-12	进入商店购物，不需要帮助。店员：Can I help you?	38.43	108	34.26	37	41.04	71
R-13	因事需与上级交谈，工作时间敲门等候进入其办公室。上级：Come in.	54.45	153	47.22	51	58.96	102
R-14	受邀参加聚会。主人：How about you? Will you be able to join us this Saturday?	53.02	149	55.56	60	51.45	89
R-15	受人介绍认识新朋友。介绍人：This is my new roommate, Bill.	89.68	252	83.33	90	93.64	162

(续上表)

题号	情境	受试总体 (N=281)		组 1 (N=108)		组 2 (N=173)	
		%	(N)	%	(N)	%	(N)
R-16	询问他人明日是否能上班。对方因家中变故无法上班：I won't be having office hours tomorrow. My father died, and I have to go to the funeral.	90.39	254	84.26	91	94.22	163
R-17	错过考试，向老师申请补考。老师同意：OK. I'll give you a make-up test this time, but don't let it happen again.	73.67	207	64.81	70	79.19	137
R-18	朋友邀请你搭便车。朋友：Hey, want a ride?	70.46	198	60.19	65	76.88	133
R-19	在朋友家用餐。朋友：Would you like some more?	87.19	245	77.78	84	93.06	161

五、讨论

交际者使用程式话语受到物理环境不同程度的影响。从这一角度看，程式话语可以分为情境型和功能型。情境型程式话语高度依赖情境因素，如在餐馆购餐时，服务员的问询——“For here or to go?”（在这儿吃还是打包带走）；功能型程式话语受情境因素的影响较小，如，对别人感谢的回应——“You're welcome.”（Roever，2012）。本研究发现，情境型程式话语难度较高，在识别和表达两方面正确率较低的题目均属于这一类。如第 3 道识别题，情境是餐馆侍者为顾客落单后，询问是否还需要点其他餐饮——“Can I get you anything else?” 正确率不到 30%。第 2 道表达发起题，情境是发现椅子坏了，提醒站在椅子上的同学小心——“Be careful!” 正确率低于 20%。

从整体上看，英语专业学生的英语程式话语能力较差。在程式话语识别方面，存在两个值得注意的问题：一是大部分学生对功能程式话语（如道歉、回应道歉、感谢、回应感谢等）有较强的识别能力。这可能是因为功能程式话语的训练较多，特别是基础阶段的听力课和口语课，使得学生对这些特定程式话语的识别不断固化。二是程式话语习得的范围并没有随着英语学习的深入而拓展，表现出对某些特定程式话语（如“Do you think you could make it?”）的识别能力较差，在情境化的程式话语方面能力更低。在利用程式话语发起和应答对话方面，学生的表现更不理想，特别是在发起对话方面更是如此。这说明，学生使用英语交际的主动性不强，习惯于背诵和记忆。由于得到的实际操练太少，在真正遇到表达需要时，他们就显得不知所措。

本研究结果与所有以中国学生为对象的研究（Li，2007；Liu，2006；董晓红，1994；韩东红等，2002；何自然，阎庄，1986；洪岗，1991；季佩英，江静，2010；刘建达，黄玮莹，2012；邬颖祺，陈国华，2006）一致，即学生的语用能力普遍偏低。在程式话语能力方面，正确率仅57%。受试的整体程式话语能力随语言水平的提高而增强，这一发现似乎可以支持这样的结论——即使没有把语用能力作为教学目标，在常规的教学中学生的语用能力也可以发展（Ellis，1992；Ohta，2001；Taguchi，2011a，2011b；Tateyama，2001）。但是，学生的程式话语能力发展并不均衡，这些发现与刘建达、黄玮莹（2012）的研究结果一致。我们注意到，在情境型言语行为的识别与表达上，受试的正确率并没有随着语言水平的提高而增加，反而明显下滑。这似乎表明，如果没有明示的语用能力教学，学生处理高度情境化的程式话语能力不会提高，显示出课堂教学的必要性。

本研究还发现，学生的表达能力有显著提高，识别能力却近乎停滞。这一结果与Bardovi-Harlig（2009，2010）、Bardovi-Harlig和Bastos（2011）的发现不完全一致。他们的结论是，ESL学习者的程式话语的理解和表达能力均随语言水平的提高而提高。造成不一致的主要原因可能是，学习者所处的英语习得环境不同。上述三项研究的受试为ESL学习者，他们有足够丰富的英语习得环境，在日常学习和生活中可以经常接触到程式话语使用的情境；但是，我国英语专业的学生使用英语程式话语的条件有限，缺乏广泛接触程式话语的机会。在大学一、二年级，英语专业学生学习听力、口语、写作、综合英语和西方文化等课程，很多学生坚持经常观看英语电影和电视剧，他们有机会接触到一些程式话语。但是，到了三年级，英语技能课大幅度减少，大多数学生忙于实习或打工，即使有英语文学课，学生们也很少阅读英文原著，结果导致程式话语的识别能力呈现下降趋势。本研究中大三学生的程式话语表达能力更高一些，主要得益于他们口语和书面表达能力的提高。

六、结论

本研究发现，英语专业学生程式话语能力较低，整体程式话语能力随语言水平的提高而增强，但学生的程式话语能力发展并不均衡；表达能力有显著提高，但识别能力却近乎停滞；在情境型言语行为的识别与表达上，受试的能力并没有随着语言水平的提高而增强，反而明显下降。对受试话语分析发现，答错的原因主要来自两个方面，一是汉语思维及汉语程式语言的干扰，二是长期巩固的英语程式话语存在“过度程式化”（over-generalization）的倾向（Bardovi-Harlig，2009）。因为文化差异，一些在英语社会中常见的情境及其程式话语，在中国并不常见，因而在这些情境中学生显得无所适从。

我们的研究支持 Bardovi-Harlig（2001）、Jeon 和 Kaya（2006）、Rose（2005）、Rose 和 Kasper（2001）、Rose 和 Kwai-fong（2001）等人的研究发现——语用能力培养需要课堂教学。但是，Taguchi（2011b）的综述研究得出的结论却是：课堂教学不利于语用学习。我们认为，课堂教学没有显著提高学生的语用能力，并不能否定课堂教学的必要性，而应当分析课堂教学存在的问题。就我国的英语专业教学而言，课堂环境难以提供足够的交际语境和语域，现有教材难以提供足够的英语语用知识，语用能力教学也没有引起教师们的重视。鉴于此，我们建议：第一，在听力、口语等教材中，应系统介绍英语语用知识。第二，在教学实践环节，一、二年级可以在听力、口语、写作、文化类等课程中有意识地融入语用知识；在高年级阶段，可以开设语用学课或专门的讲座。第三，鼓励学生在阅读英语文学作品、观看英语电影、电视节目时，关注程式话语的使用，并加以模仿。第四，在课程考试和大规模考试中加强程式话语能力的考查，督促教师和学生在教学和学习中重视程式话语。

参考文献

[1] Bachman，L. & Palmer，A. *Language Assessment in Practice* [M]. Oxford：Oxford University Press，2010.

[2] Bardovi-Harlig，K. Recognition and Production of Formulas in L2 Pragmatics [A].

In Han, Z. H. *Understanding Second Language Process* [C]. Clevedon: Multilingual Matters, 2008.

[3] Bardovi-Harlig, K. Recognition of Conventional Expressions in L2 Pragmatics [A]. In Kasper, G., Nguyen, H., Yoshimi, D. R. & Yoshioka, J. K. *Pragmatics and Language Learning*: *Vol.* 12 [C]. Honolulu: University of Hawaii at Manoa, National Foreign Language Resource Center, 2010.

[4] Bardovi-Harlig, K. & Vellenga, H. E. The Effect of Instruction on Conventional Expressions in L2 Pragmatics [J]. *System*, 2012 (40).

[5] Bouton, L. Developing Nonnative Speaker Skills in Interpreting Connversational Implicatures in English [A]. In Hinkel, E. *Culture in Second Language Teaching and Learning* [C]. Cambridge: Cambridge University Press, 1999.

[6] Canale, M. & Swain, M. Theoretical Aspects of Communicative Approaches to Second Language Teaching and Testing [J]. *Applied Linguistics*, 1980 (1).

[7] Cohen, J. *Statistical Power Analysis for the Behavioral Sciences*ed [M]. Hillsdale, N. J: Lawrence Earlbaum, 1988.

[8] Ellis, R. Learning to Communicate in the Classroom: A Study of Two language Learners Requests [J]. *Studies in Second Language Acquisition*, 1992, 14 (1).

[9] Garcia, P. Developmental Differences in Speech Act Recognition: A Pragmatic Awareness Study [J]. *Language Awareness*, 2004 (13).

[10] House, J. Developing Pragmatic Fluency in English as a Foreign Language: Routines and Metapragmatic Awareness [J]. *Studies in Second Language Acquisition*, 1996 (18).

[11] Jeon, E. H. & Kaya, T. Effects of L2 Instruction on Interlanguage Pragmatic Development: A Meta-analysis [A]. In Norris, J. M. & Ortega, L. *Synthesizing Research on Language Learning and Teaching* [C]. Amsterdam: Benjamins, 2006.

[12] Kasper, G. Four Perspectives on L2 Pragmatic Development [J]. *Applied Linguistics*, 2001 (22).

[13] Kecskes, I. *Situation-bound Utterances in L1 and L2* [M]. Berlin: Mouton, 2003.

[14] Li, Q. Effects of Instruction on Adolescent Beginners' Acquisition of Request Modification [J]. *Tesol Quarterly*, 2007, 46 (1).

[15] Liu, J. *Measuring Interlanguage Pragmatic Knowledge of EFL Learners* [M]. Berlin: Peter Lang, 2006.

[16] Ohta, A. *Second Language Acquisition Processes in the Classroom*: *Learning Japanese* [M]. Mahwah, N. J.: Lawrence Erlbaum Associates, 2001.

[17] Roever, C. Linguistische Routinen: Systematische, Psycholinguistische und Fremdsprachendidaktische berlegungen [J]. *Fremdsprachen und Hochschule*, 1996.

[18] Roever, C. *Testing ESL pragmatics: Development and Validation of a Web-based Assessment Battery* [M]. Berlin: Peter Lang, 2005.

[19] Roever, C. Validation of a Web-based Test of ESL Pragmalinguistics [J]. *Language Testing*, 2006 (23).

[20] Roever, C. DIF in the Assessment of Second Language Pragmatics [J]. *Language Assessment Quarterly*, 2007 (12).

[21] Roever, C. Effects of Native Language in a Test of ESL Pragmatics: A DIF Approach [A]. In Kasper, Nguyen, G. Yoshimi, H. D. R. & Yoshioka, J. *Pragmatics and Language Learning* (Vol. 12) [C]. Honolulu, HI: National Foreign Language Resource Center, 2010.

[22] Roever, C. Testing of Second Language Pragmatics: Past and Future [J]. *Language Testing*, 2011, 28 (4).

[23] Rose, K. R. On the Effects of Instruction in Second Language Pragmatics [J]. *System*, 2005 (33).

[24] Rose, K. R. & Kwai-fong, C. N. Inductive and Deductive Teaching of Compliments and Compliment Responses [A]. In Rose, K. R. & Kasper, G. *Pragmatics in Language Teaching* [C]. New York: Cambridge University Press, 2001.

[25] Taguchi, N. Comprehension of Indirect Opinions and Refusals in L2 Japanese [A]. In Taguchi, N. *Pragmatic Competence* [C]. New York: Mouton de Gruyter, 2009.

[26] Taguchi, N. The Effect of L2 proficiency and Study-abroad Experience on Pragmatic Comprehension [J]. *Language Learning*, 2011a.

[27] Taguchi, N. Teaching Pragmatics: Trends and Issues [J]. *Annual Review of Applied Linguistics*, 2011b (31).

[28] Taguchi, N. Production of Routines in L2 English: Effect of Proficiency and Study-abroad Experience [J]. *System*, 2013 (41).

[29] Tateyama, Y. Explicit and Implicit Teaching of Pragmatic Routines [A]. In Rose, K. & Kasper, G. *Pragmatics in Language Teaching* [C]. Cambridge: Cambridge University Press, 2001.

[30] Wray, A. Formulaic Sequences in Second Language Teaching: Principles and Practice [J]. *Applied Linguistics*, 2000, 21.

[31] 董晓红. 对不同阶段英语专业学生语用能力的调查与分析 [J]. 外语教学, 1994 (3).

[32] 韩东红, 兰裕明, 姚文清. 涉外专业学生英语语用能力的调查与分析研究 [J]. 西安外国语学院学报, 2002 (4).

[33] 刘建达, 黄玮莹. 中国学生英语水平与语用能力发展研究 [J]. 中国外语, 2012 (1).

[34] 何自然，阎庄. 中国学生在英语交际中的语用失误——汉英语用差异调查[J]. 外语教学与研究，1986（3）.

[35] 洪岗. 英语语用能力调查及其对外语教学的启示[J]. 外语教学与研究，1991（4）.

[36] 季佩英，江静. 对大学英语语用能力培养的再思考[J]. 外语界，2010（6）.

[37] 郐颖祺，陈国华. 中国大学生英语语用语言能力：调查与分析[J]. 中国外语，2006（1）.

（原载《外语界》2014年第6期，略有改动）

作者简介

李清华，南方医科大学外国语学院教授，博士，研究方向为应用语言学、语言测试。

宾科，南方医科大学外国语学院讲师，硕士，研究方向为二语习得。

专门用途英语词汇语义共选特色探究

吕　桂　何安平

一、引言

本文采纳语料库语言学的共选理论及研究方法，以关键词作为切入点，从语义共选的角度研究专业文本内的词汇语义关系。核心概念之一是共选理论视角下的语义共选关系。共选理论源自语料库语言学的两大发现：一是语言使用中有很多意义（如果不是绝大多数）都需靠一个以上的词组合起来才能实现，表现出语言意义单位的短语取向性（phrasal tendency）；二是用词与词之间的共选模式来构建能够表现词语在语篇中更真实和更深层的意义，比以往的任何描述方式都更加强有力（Sinclair & Carter，2004：29，133）。这里的词语共选模式包括构建意义单位的多个层面，如词与词的共选（如词语搭配 collocation）、词汇与语法的共选（如类联接 colligation）以及基于这两种共选所形成的在语义类别和语用功能等更高层面上的共选关系，如语义偏好（semantic preference）和语义韵（semantic prosody）等（Sinclair & Carter，2004：34）。本文所聚焦的是语义共选模式，也即语义偏好。它关注核心词具有的“与一系列共享某种语义特征的词语的共选倾向”（Stubbs，2001：65）。例如，unemployment 常和含“统计”类语义的词搭配（Stubbs，1995：254）；sheer 通常搭配 volume、size 等表“容量”或“体积”语义的词，或和 joy、terror、panic 等表强烈情感的词搭配使用（Partington，1998：34－39）；large 倾向于搭配表示“数量和尺寸”的词（张继东等，2005）等，均表现出词或词组在使用中有语义共选的倾向。

核心概念之二是专业关键词。以往对专门用途英语词汇的考察往往由专业人士凭借经验和直觉来收集与认定，而如今借助语料库检索软件（Scott，2010）可以快捷而客观地提取某一专业巨量语料的词频表和关键词表。语料库视角下的关键词（keyword）是指某一文本与参照语料相比较有着不同寻常的使用频率的那一部分词。基于语料库的关键词分析跨距扩展到整个语篇，Mason 和 Platt（2006）将其称为“语篇搭配词（textual collocates）”。关键词表其实就是简化了的语篇，关键词表现出某些语篇、某种语篇类型以及知识范畴（如医学和自然科学）的特征（Stubbs，2008）。关键词表中的实词和虚词可称为文本的内容标识（aboutness indicators）和文体标识（stylistic indicators）（Scott & Tribble，2006：55）；探索关键词内部以及关键词与其周边搭配词的各类关联（keyword linkage）可以揭示语篇的本质属性（Scott & Tribble，2006：15－28）。本文拟将关键词作为探究专业英语词汇语义共选的切入点。

国内外不少学者的研究涉及专业文本内词汇（包括专业关键词）的语义特征。卫乃兴（2001）指出专业文本内的某一词汇和其他一些词汇若以大于偶然的概率共现可实现专业文本的概念意义（如报告实验、实验控制）和篇章意义（如评述或质疑以往研究、宣布研究内容）等；还有学者通过关注词语搭配分布来辨析专业英语同义词/近义词的不同意义特征（秦平新，2011）。Marco（2000）通过搭配框架来研究医学英语语义特征，表明搭配框架内吸收的搭配词明显带有医学论文这一体裁语言的语义特征；而 Nelson（2006）对商务英语关键词语义偏好的研究在理论和实践上对本研究尤其有启发。Nelson 将自建商务英语语料库和 BNC Sampler 语料库相比照生成了关键词表，并对前 1 000 个关键词进行直观辨识，将其分为 5 个语义范畴，然后从每个范畴中各选取 10 个词（共 50 个关键词）作为样品来研究其语义偏好，最后归纳出这 5 类关键词倾向与 10 类具有明显语义偏好的搭配词共选，由此从词汇搭配的语义层面凸显了商务英语词汇更深层面的特征。

二、研究问题

本研究从专门用途英语中的一种——医学英语（English for Medical Purposes，以下简称 EMP）的关键词入手，借鉴上述 Nelson 的思路和方法，即将关键词视为核心词，通过调查关键词周边惯常搭配词的语义特征归类，寻找关键词在构建意义过程中与周边词语在语义上的共选关系，由此归纳由这些关键词带出的医学语域独有的词汇使用特征。具体探究以下问题：

（1）医学英语的关键词具有哪些语义范畴？

（2）医学英语的关键词具有哪些语义偏好特征？

（3）医学英语的关键词语义偏好特征与相同词在普通英语语境中的语义偏好有何不同？

三、语料来源和研究方法

本研究的 EMP 语料库由笔者所在单位自建①，内容涵盖基础医学和临床医学，包括解剖、病理、生化、内外科、妇儿科，诊断学、神经精神病学等，均选自英美该学科名家专著、教材或知识性的医学英语读物；相当部分语料用于医学双语教学或医学英语课程教学。EMP 总词量为 972、530（形符），词形总数为 28、369（类符）；标准类符/形符比 S - TTR 为 40.15。

第一步，使用 Wordsmith 5.0 软件生成 EMP 库词频表并和 BNC 词频表②作比照，生成医学英语关键词表，截取关键值（keyness）最高的前 500 个词，并且将其中 or、of、the、in 等虚词（即文体特征的标识类词）排除于本次研究范围之外；关键词表中的实义词隶属于“直观上可以辨识的语义范畴（intuitively identifiable semantic fields）”（Stubbs，2008），对这些关键实词根据研究者及教学团队（包括语言专家和医学专家）长期从事医学专业英语教学的职业判断，对其语义范畴进行归类；对归类存在困难的词汇，则团队成员共同探讨，直到达成共识。第二步，从归类后的每个语义范畴中取 10 个关键值最高的关键词作为样品来作语义偏好分析。具体操作参照 Sinclair（2004）对短语意义单位构建的典型工作程序，对每个抽样关键词的语境共现行（数量从 100 行至 500 行不等）作词汇搭配和语义偏好分析。对关键词的搭配词范围跨距界定为 -4/ +4（即 4L - 4R）；搭配词的显著性界定为至少出现 5 次及以上且 T 值达 2.0 或以上。对搭配词的语义偏好分析关注显著搭配词中的名词、动词、形容词等实词的语义归类。第三步是从样品词中再选出几个有代表性的例词，分析它们在普通英语语料库 BNC 中的语义偏好并与其 EMP 的偏好特征进行比照，从而探究医学英语环境和普通英语环境中同一词项的语义共选特征的异同。

---

① 感谢南方医科大学外国语学院梁平教授课题团队无偿提供的医学英语语料。

② 下载地址为 http：//www. lexically. net/downloads/v. . . /BNC_ World. zip.

四、结果和讨论

本节首先展示医学环境下关键词的语义范畴分类结果，其次是每个范畴抽样关键词的语义偏好特征，最后是某些医学关键词的语义偏好与其在普通英语语境中的语义偏好对比结果。

(一) 医学英语关键词的5种语义范畴

除去占43.3%的or、of、the、in等虚词外，关键词表中的实义词（占56.7%）按照语义大致归入5个范畴（见表1）。研究者咨询的多位资深医学专家均认为，该语义分类客观上展现了医学英语区别于其他专业范畴的语义内容特征，表明在医学文本中显著性高频出现的词汇其实在很大程度上隶属于数量有限的语义集群。

表1　医学英语关键词的5种语义范畴

语义范畴	%①	解　释
人/人体	22.5	指“人”及“人体”相关词项，“人体”词项涵盖宏观（如blood、muscle）和微观（如cell、protein）两个层面
描述	11.4	指描述病症性质、部位及相互关系等的词项
疾患	9.8	指疾病名称
活动	7.4	包含“生理活动”及“带有具体动词意义（如increase、induce）”的词项
医治	5.6	指治疗方式、手段等词项

在5个语义范畴中从关键值最高的关键词开始提取，每个语义范畴提取10个样品词来作语义偏好分析。个别关键值虽不是很高，但研究者判断为有研究价值的关键词也纳入样品词（比如“医治”类的therapy因和treatment是近义词，故未入选，反而选取了关键值低于therapy的examination、drug等词），另外，隶属于“活动”类的关键词相对较少，故只入选7个，结果共计47个（见表2）。

① 百分数是各类词汇出现频次在500个关键词出现总频次中所占的比例。

表 2　医学英语关键词样品（47 个）

语义范畴	关键词的样品词
人/人体	blood，cell，patient，membrane，tissue，muscle，fluid，renal，hormone，protein
描述	acute，normal，severe，associated，malignant，common，medial，localized，upper，mild
疾患	infection，disease，lesion，symptom，fever，syndrome，hepatitis，tumor，pain，obstruction
活动	occur，cause（v.），secretion，immune，pregnancy，metabolic，growth
医治	diagnosis，treatment，examination，drug，agent，dose，penicillin，antibiotics，palpation，test

（二）抽样关键词的语义偏好特征——个案分析

限于篇幅，本节仅列出“人/人体”类和“描述”类这两个语义范畴中各 10 个关键词样品的搭配词语义趋向（见表 3、表 4）。除却虚词外，这两类范畴关键词的出现频次在 500 个关键词出现总频次中的比例位居第一和第二位，故有代表性。表 3 和表 4 中关键词的各类语义搭配偏好均呈现出一个典型的高频搭配词（T 值为 3.7～16.3）。

表 3　人/人体类关键词的 6 项语义偏好特征

关键词	搭配语义					
	人/人体	描述	疾患	活动	医治	计量
patient	heart	acute	syndrome	develop	treatment	year
blood	vessel	red	loss	supply	urinalysis	pressure
tissue	connective（结缔的）	soft	necrosis	cause		amount
muscle	fiber	smooth	atrophy	contract	relaxant	strength
fluid	cerebrospinal	normal	edema	accumulate	needle	concentration
renal	pelvis	acute	failure	excretion	transplantation	level

（续上表）

关键词	搭配语义					
	人/人体	描述	疾患	活动	医治	计量
cell	T（即 thymus）	white	tumor	mediate	culture	count
membrane	plasma	permeable	lesion	diffuse		
hormone	thyroid	important		secretion	testosterone	rate
protein	molecule	high	breakdown	metabolism		intake

表 4　描述类关键词的 7 项语义搭配偏好特征

关键词	搭配语义						
	人/人体	描述	疾患	活动	医治	计量	阶段/过程
localized	area	generalized	tenderness				
upper	limb	anterior	infection	respiration			
medial	border	lateral					
normal	cell	abnormal	glaucoma	pregnancy	scan	range	process
common	duct	rare	disease	occur		number	
severe	case	moderate	pain	attack			course
mild	patient	severe	anemia				
associated	abdominal	chronic	fever	growth		mortality	
acute	serum	severe	hepatitis	onset	diagnosis	age	phase
malignant	renal	secondary	hypertension	transformation			

transformation 就同一范畴内部的关键词语义偏好而言，我们发现“人/人体”类范畴 10 个关键词的显著搭配词聚焦于 6 种语义偏好特征（见表 3）；“描述”类 10 个关键词的显著搭配词聚焦于 7 种语义偏好特征（见表 4）（阴影部分表示某关键词的搭配词具有此种语义偏好）。“计量”类语义搭配偏好是指表数量、体积、水平等可精确“计量”的词汇。以 associated 为例（见图 1），其索引行表明病况和各种精确量化的因素之间密切联系，这种搭配符合科学事实，体现了医学的严谨性。

```
1) is the key to reducing morbidity and mortality associated with septic shock. Strict adherence to the
2) f involvement. Elevated blood glucose levels are associated with a greater morbidity and mortality. The
3)lomatosis, or atypical epithelial hyperplasia, is associated with an increased incidence of cancer.A wo
4) rculosis with cavitation may occur in adolescents associated with fever, weight loss, occasional hemopty
5) ficulties are made worse by lack of concentration associated with the slowing down of mental processes.
```

图 1　associated 的计量类搭配词

表3、表4还表明关键词“描述”和“人/人体”两类范畴的语义偏好相同度为85.7%，“描述”类关键词的7种语义偏好中有6种和“人/人体”类关键词的搭配偏好相同，体现了医务环境下词汇语义搭配趋向于固定和有限。但是值得关注的是一些关键词虽和其他关键词共享某种语义偏好特征，但具体含义、范围、角度等存在差异。试举一例，patient的“描述”类搭配词包括诸如年龄（如younger、older）、性别（如female、male）、健康状况（如ill、healthy）等；而与hormone共选的“描述”类搭配词仅表性质（如important），与medial共选的“描述”类搭配词仅有表方位的lateral、posterior、superior三词。

对表3、表4“人/人体”和“描述”两类语义范畴关键词的分析表明各语义集彼此联系、共现和包孕。具体表现：①两组各10个关键词各自通过部分甚至全部语义偏好的共享而实现语义集的共现和联系；②关键词自身的5类语义范畴属性都可在“人/人体”“描述”类关键词语义搭配偏好的特征属性中找到；③两类关键词样品均存在互为搭配词的现象，例如“描述”病症轻重的词对mild和severe、severe和acute，又如cell和normal等等。

（三）语义偏好和医学英语——整体讨论

笔者从语义偏好视角对隶属于5个语义范畴的47个关键词的搭配行为进行观察和统计，发现以上对“人/人体”和“描述”两类语义范畴共20个关键词样品的语义偏好分析其实是整体发现的一个缩影，因为整体分析也得到了类似结果（见图2）。

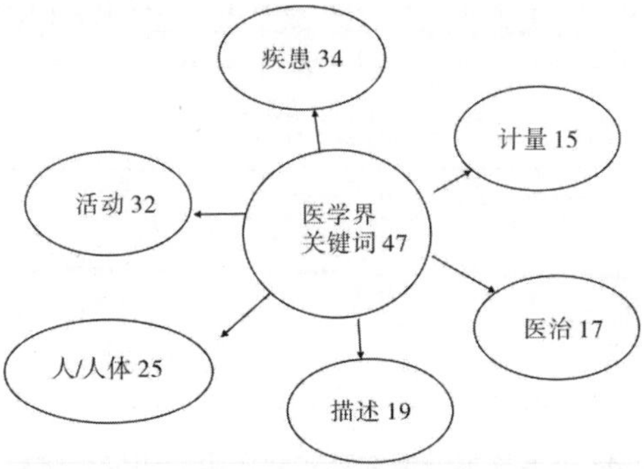

图2　医学界47个关键词共享的6类语义偏好

图2椭圆内数字表示47个关键词中和该语义集相联系的关键词数量。它们表明47个关键词样品的搭配词绝大多数都可纳入“人/人体”“描述”“疾患”“活动”“医治”“计量”6类语义范畴；而这6类语义偏好分类与关键词自身的5类语义范畴分类的重合率高达83%。约15个样品词和“计量”类语义产生联系。除前述表3、表4隶属“人/人体”及“描述”的多个样品词和“计量”类词汇联系外，还有属“活动”“医治”范畴的关键词也都存在此种语义搭配偏好（如metabolic rate、the amount of drug等），体现了医学的严谨性。为何研究者没有发现“计量”类的关键词范畴，可能是因为day、age、amount、number、time等类似词汇极为普通，在BNC语料中出现频率也较高，因而不称其为医学英语中异乎寻常的高频词汇。另外和“阶段/过程”语义联系的关键词只有normal、severe、acute和occur 4个，此种搭配词义可视为没有代表性，因此忽略不计。

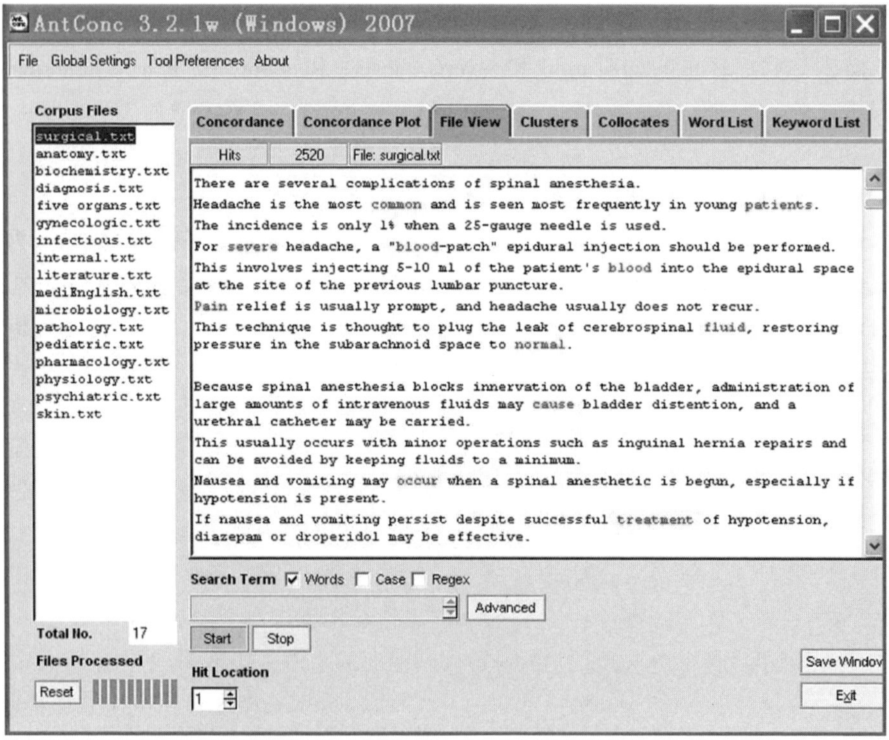

图3　47个抽样关键词在真实文本中的语境贡献相貌图

倘如同时输入5个范畴的47个高频关键词于EMP中，可获得它们在真实语境的近距离呈现相貌（见图3），出现的抽样关键词涵盖了“人/人体”（patient，blood，fluid）、“描述”（common，severe，normal）、“疾患”（pain）、“活动”（cause，occur）、“医治”（treatment）5类语义范畴。

总体而言，无论是同一语义范畴内的关键词之间、隶属于不同语义范畴的关键词之间、关键词和搭配词之间，还是搭配词和搭配词之间都呈现出彼此联系、共现和包孕的语义倾向。正是这些关键词及其搭配词生成相互关联、包孕并经常同现的语义群模式，组成了意义统率的相互联系的医学词汇世界。

诚然，以上所总结的语义搭配特征不能“绝对化”。第一，关键词的搭配词虽共享某些语义特征，但角度、具体含义和所占比率可能不同；所以即使一些关键词语义搭配关系总体趋向于相同，但搭配特征却存在隐性不同。第二，医学英语关键词与某些语义偏好相联系，但其搭配语义并非局限于此。一些典型搭配词很难进行语义归类，并且一些关键词还有大量非典型的搭配词，彰显出医学界部分关键词搭配的灵活性和开放性；归纳出的语义偏好通常占关键词所有语义搭配的一部分（见表5列举的单词）。关键词语义搭配偏好覆盖频率存在差异，可见其搭配潜力不同，如loca lized的搭配词隶属的语义范畴全部加起来比率高达92.4%，而normal重要的语义偏好所占比率仅为35.3%。

表5　语义偏好覆盖比率

单　词	语义偏好覆盖比率（%）
localized	92.4
severe	86.8
cause	57.6
treatment	54.7
normal	35.3

（四）医学关键词的语义偏好与其在普通语境的语义偏好对比结果

从47个医学关键词样品中选出occur、cause（动词）、normal、severe和treatment作对比分析。其中occur、cause和normal同时也是日常用语中的高频词，而severe和treatment两词则有用于医学领域的倾向。同时这5

个词含有名、动、形三种词性。5 个词中或许除 treatment 外，并没有医学英语核心词汇；即便是 treatment 也存在多种含义，并不局限于医学界。将这 5 个词在 BNC 中的语义偏好分析结果与 EMP 的相比照，结果见表 6（表中的数据因语料库库容不同，已作标准化处理）。

表 6　EMP 和 BNC 中 5 个单词语义搭配偏好（Semantic Preference，简称 SP）比较

单　词	EMP		BNC	
	语义偏好	SP(%)	SP(%)	语义偏好
occur	①疾患；②描述；③活动；④医治；⑤阶段/过程；⑥计量；⑦人/人体	56	21.3	①现象、事件（多为贬义）；②描述；③计量（多指时间）
cause (verb)	①疾患；②人/人体；③描述；④医治；⑤活动	57.6	21.0	①现象、事件（多为贬义）；②描述
normal	①活动；②医治；③疾患；④描述；⑤人/人体；⑥阶段/过程；⑦计量	35.3	18.0	①活动；②描述；③人/人体；④阶段/过程；⑤计量
severe	①疾患；②描述；③活动；④人/人体；⑤阶段/过程	86.8	37.3	①困难、障碍（疾病、金融、天气及其他）；②描述；③活动；④人/人体
treatment	①描述；②医治；③疾患；④人/人体；⑤活动；⑥计量	54.7	38.3	①描述；②处理/医治；③人或物（处理/医治的对象）；④活动；⑤计量（多指时间）

表 6 显示 5 个关键词在 BNC 中搭配的语域分散性和在 EMP 中的医学语域聚焦性形成了鲜明对照。它们在这两个不同语类的语料库中呈现的语义偏好有以下三点不同：

第一，EMP 中各词的搭配词语义范畴变得较固定。表现为上述 5 个词在 EMP 中的语义偏好覆盖率大于 BNC（见表 6），而这些词在 BNC 中的搭配词几乎是开放性的，如我们在研究中发现 normal、cause 均有大量 T 值小于2的偶然搭配词项。

第二，EMP中各词的搭配趋向明显体现出语域色彩。如normal一词在EMP库中被吸引到语境里与之共现的词项均广泛应用于医学界；但在BNC随机抽取出的500例索引行中，我们并未发现明显的医学语域色彩，可能跟医学相关的搭配词项仅有patient、mucosa、health三词。

第三，虽然一些关键词在两个库中共享同一语义偏好，但其具体内容和所占份额却有所不同。例如EMP中的severe与带有“疾患”含义的词搭配在一起占所有5类语义搭配的19.8%。而BNC中severe的“疾患”类搭配词仅占9.13%，不及前者的1/2。又如EMP库和treatment共现的“描述”类搭配词中有一类评述性形容词用于对治疗进行描述、评价；这些形容词有84.8%带有积极含义（如vigorous、satisfactory），带有否定和中性意义的评述性形容词仅占2.5%和12.7%。现实中医学治疗不可能总是成功，这里高频呈现的积极类形容词似与语言使用中人们的心理特点有关，即一切治疗活动都旨在取得成功，所以倾向于将有效、充分、恰当的治疗视为必须的目标。但这种搭配词的语义特点并未从随机抽取的500例BNC语料中发现（见表7）。它再次表明语域对词汇的使用具有决定作用。

表7　EMP和BNC中与treatment搭配的评述性形容词比较

语料库		与treatment搭配的评述性形容词		
		肯　定	中　性	否　定
EMP	例词	successful	specific	ineffective
	%	84.8	12.7	2.5
BNC	例词	effective	alternative	old
	%	25.9	67.5	6.4

五、结语

本文从词语共选多个层面中的语义共选，即语义偏好这一层面切入，基于关键词对医学界的词汇语义搭配概貌进行调查，归纳出医学英语关键词的5类语义范畴以及这些关键词的6种语义搭配偏好特征，且6种语义偏好中的5种和关键词5类语义范畴重合，这些均反映了医学界研究的关注重点是语言对现实世界的直接体现，同时结论也彰显了关键词在专业英语学习中的重要性。与Nelson（2006）归纳的商务英语关键词的5类语义范畴以及关键词的10种语义搭配偏好结论对比，医学领域关键词语义搭配偏好更为集中，关键词自身的语义范畴属性和关键词语义搭配偏好的特征属性重合率更高（重合率分别是83%和约50%），即医学领域语义集更为集中地复现；两个领域有独特的词汇语义共选特色，体现出各自的语域特征。在这一表层差异下我们却看到了医学英语和商务英语都围绕一些循环复现的语义集来呈现专业领域的文本内容特征。而且这两个研究都运用语料库语言学的频数驱动方法，通过关键词表检索以及对关键词进行语义偏好分析来揭示专业英语的词汇使用特色，比以往单纯通过主观判断来制定专业特色单词表的方式有所突破。它一方面体现了研究手段的科学化带动认识深化，另一方面对教学也有应用价值。

目前很多专业教科书基本都只有显示注音、词性、语义等表层词汇信息的简单词汇表；而本研究将单词研究拓展到了词语搭配研究（虽然仅聚焦于词汇语义层面）。它表明透过词汇与其结伴词的语义共选可以把握词汇的总体语义趋向以及具体的、不易察觉的语义搭配特点，从而为专业语言教学提供有价值的信息。比如医学英语教材可标明医学界关键词是如何围绕有限的几个语义集来呈现专业知识的，英语教学也可结合频数驱动的方法让学生了解医学关键词所吸引的典型搭配词具有怎样的语义特点，等等。

此外本研究500个关键词和47个关键词样品中均有三分之一左右的词汇属于医学界的半技术词汇表（王京，2008）。鉴于目前的医学英语词典多收录专业技术词汇而未涵盖那些在专业文献中频繁出现的居于技术词汇和普通词汇之间的半技术词汇，笔者认为专业英语词典编纂者有必要在词典中涵盖医学半技术词汇，同时应将词语共选模式包含的多个层面的内容体现在词典编纂的内容和形式中，为读者提供准确、充分的用法信息，如词与词的共选、词汇与语法的共选、在语用功能层面的共选以及本研究涉及的在语义类别上的共选关系（即语义偏好）。

本研究虽揭示了在医学英语读物及教材和专著中关键词的语义搭配倾向，但是此种倾向是否在更广泛的医学专业英语文本中也具普遍性还有待进一步考察。其中的一个途径便是建立库容量更大，包含不同体裁，比如论文、病例报告、药品说明书、医用广告等的医学英语语料库；另一个途径是选择批量更大的关键词，以便对其语义偏好倾向在更大范围内进行考察，从而获得更具广泛意义的结论。而且用这种研究方法也可以对其他专门用途的英语关键词的语义搭配偏好进行类似的细化研究。

参考文献

[1] Marco, M. J. L. Collocational Frameworks in Medical Research Papers: A Genre-based Study [J]. *English for Specific Purposes*, 2000, 19 (1).

[2] Mason, O. & Platt, R. Embracing a New Creed: Lexical Patterning and the Encoding of Ideology [J]. *College Literature*, 2006, 33 (2).

[3] Nelson, M. Semantic Associations in Business English: A Corpus-based Analysis [J]. *English for Specific Purposes*, 2006 (25).

[4] Partington, A. *Patterns and Meanings: Using Corpora for English Language Research and Teaching* [M]. Amsterdam: John Benjamins, 1998.

[5] Scott, M. & Tribble, C. *Textual Patterns: Keyword and Corpus Analysis in Language Education* [M]. Amsterdam: John Benjamins, 2006.

[6] Sinclair, J. & Carter, R. *Trust the Text: Language, Corpus and Discourse* [M]. London & New York: Routledge, 2004.

[7] Stubbs, M. Corpus Evidence for Norms of Lexical Collocation [A]. In Cook, G. & Seidlhofer, B. *Principle and Practice in Applied Linguistics. Studies in Honor of H. G. Widdowson* [C]. Oxford: Oxford University Press, 1995.

[8] Stubbs, M. *Words and Phrases: Corpus Studies of Lexical Semantics* [M]. Oxford: Blackwell, 2001.

[9] Stubbs, M. Three Concepts of Keywords [Z]. Revised Version of Paper Presented at Keyness in Text, Certosa di Pontignano, University of Siena. http://www.uni-trier.de/fileadmin/fb2/ANG/Linguistik/Stubbs/stubbs-2008-keywords.pdf, 2007.

[10] Wang, J. Establishment of a Medical Academic Word List [J]. *English for Specific Purposes*, 2008 (27).

[11] 秦平新．基于语料库的建筑专业英语词语搭配研究 [J]．山东外语教学，2011 (1).

[12] 卫乃兴．专业性搭配初探——语料库语言学方法 [J]．解放军外国语学院学报，2001，24 (4).

[13] 张继东，刘萍．基于语料库同义词辨析的一般方法 [J]．解放军外国语学院学报，2005 (6).

（原载《山东外语教学》2014 年第 1 期，略有改动）

作者简介

吕桂，南方医科大学外国语学院副教授，在读博士，研究方向为医学英语、语料库语言学。

何安平，华南师范大学教授、博士生导师，研究方向为语料库语言学、英语教学。

系统功能语言学视角下翻译质量评估模式的实证与反思

吕　桂

一、引言

近年来，黄国文先生（2006）提出了一个从系统功能语言学研究汉语古诗词英译的基本框架，从“观察”“解读”“描述”“分析”“解释”到最终“评估”，对汉诗英译进行了探讨性研究；该框架包含了三大纯理功能、语篇结构、形式对等、静态、动态、引述、时态、人称与专有名词等方面的内容。这一框架可作为“评价汉诗英译”的参照标准（杨自俭，2006：7）。之后，国内又有学者基于系统功能语言学和文本类型学提出了基于英汉互译文本的翻译质量评估模式，并运用该模式进行实证研究：评估了小说《孔乙己》（司显柱，2007：156～168）、科普短文《蜻》（司显柱，2007：141～156）和几则广告（司显柱，2007：170～179）的英译本质量，以此检验这一模式在实践中的可行性和可应用性。

这一评估模式分为三个环节（司显柱，2007：191）。

首先，从形式、功能、情景三者互动的角度而言，在原文、译文语篇里的微观小句层面，自下而上地做及物性、语气、情态、评价和主位分析，揭示、描写译文与原文是否及在哪里产生了概念与人际意义的“偏离”。语篇功能是概念功能和人际功能的集中体现，它将说话者作为观察者的“意义潜势”，说话人的态度、情感以及社会和角色关系联结为一体。语篇意义体现在对概念和人际意义的组织上，是一种基于语言内部的意义（Halliday，1994：33－36），并不表示“内容”的意义（司显柱，2004）。所以译文质量只取决于译文语篇的概念意义/功能和人际意义/功能是否和原文对等（House，1977：37）。

其次，从宏观层面自上而下站在整个语篇的高度，同样从形式、功能、情景互动的角度，从反映翻译情景的目的语特征、社会文化环境、语篇类别、文本功能、译文读者、审美取向等方面，审视、梳理前述各“偏离”个案，排除未对译文质量造成影响的，以免陷入从文本到文本的封闭性机械模式。

最后，结合语篇类型，从梳理后的“偏离”个案出发判定译文在多大程度上和原文“对等”。引入语篇类型概念是因为不同语篇类型对翻译有着不同要求。“信息类（informative）文本”的翻译重心是“直接、完整地传递源语文本的概念内容”，“表情类（expressive）文本”传达“源语语篇内容概念的艺术形式”，“感染类（operative）文本”再造“语篇形式以直接达到预期的（接受者）反映”（Reiss，1989：109）。表情类和感染类文本（人际意义主导型语篇）的翻译，重点分别是“发送者”和“感染”对象——“接受者”，因此翻译更为关注形式、效果，对“内容”的重视程度相对低些；所以要根据语篇类型确定不同类型的意义偏离（概念或人际）对译文质量影响的权重。

这一翻译评估模式的环节和参数是基于集合意义的语篇、文本而设定的（司显柱，2007：205）；但多数文本都是以某一功能为主导的“复合文本”（Reiss，1989：105），其功能侧重面不同，同一大类之下的各文本都有着自己的个性；故这一模式各环节的必要性、参数的权重大小在实际运用中是不同的，需进行相应调整。上述实证研究中的语篇虽涵盖了 Reiss 所划分的“重内容（content-focused）语篇”“重形式（form-focused）语篇”和“重感染（appeal-focused）语篇”，即“信息类文本”“表情类文本”和“感染类文本”（朱志瑜，2004），但数量极其单薄，实证很不充分。

司显柱（2007：205）本人也指出了这一不足。基于此，本文应用该模式评估《故都的秋》的英译（张培基译）质量。《故都的秋》和《孔乙己》都是文学语篇，同属表情文本，但情景交融的“悲秋”散文和以 20 世纪初辛亥革命前后的中国社会为背景的白话小说相比，有着不同的情景语境因素。本文拟通过下一级类别的翻译语篇语料来细化、支持与说明具体语篇评估时的例外情形，丰富、补充这一模式的实证研究；进一步验证这一评价尺度，为建立更具针对性的次级语篇——散文的英译质量评估模式提供有益的探索。

二、《故都的秋》语篇解析

（一）语场

散文有抒情、叙事和议论散文之分。随着文体的发展，叙事散文和议论散文已经发展成独立的文体，从散文中分离了出来，各成一类；剩下的抒情散文是狭义上的散文。本研究中的散文特指抒情散文。

从语篇类型的角度看，散文是与诗歌、小说、剧本并列的一种文学体裁，常用真实的人、事、物、景为创作对象，从中发掘或注入情、理、趣、韵，构筑优美的意境，注重表现性灵、意气、智慧、情感之美，以此来表现作者对自然、社会、人生的认识、感情和理趣（郝原，2007）。散文的主要功能是人际意义层面的——彰显情感性和审美性；当然人际意义的表达建立在对外在与内心世界的叙述、描写和阐述的基础上，也即“概念意义”的基础上。如前所述，散文通常不以虚构为基本或主要手段，其语场多是“真实的人、事、物、景”，这些概念意义主要体现于小句及物性以及小句之间的依赖关系和逻辑语义关系。

《故都的秋》主要运用物质过程、关系过程和心理过程。开篇总起，点明北国之秋“清”“静”“悲凉”的特点；而后描绘故都秋景，体味北国之秋的深味；最后总括北国之秋色浓味永；期间穿插和江南之秋的对比。全文贯穿着一条感情线索，“清”“静”“悲凉”，以情驭景；通过庭院之秋、落蕊轻扫、秋蝉残鸣、雨后闲人、秋果等秋景图，以景显情。

（二）语旨

就语旨而言，《故都的秋》有两个交际主体，其一为“我”，也可能是作者本人；其二是“你”，第二人称的使用使这篇散文有了朝向读者的姿态，读者应邀进入特定情境中，感受无尽的秋意、秋情。同时，人称的普适性能引起读者共鸣，从而实现其人际意义。

人际意义/功能体现于语气、加重表达、相关的情态种类和其他评价性的手段（李战子，2002：75）。

就语气而言，原文多用陈述语气，但多处采用语气助词、某些重复结构和附加否定成分来表达各种语气。语气中限定成分的一个重要方面就是归一度，即肯定与否定的有效性。这篇散文运用南北对比的办法，以江南的秋为北国之秋作陪衬，因此存在多处厚此而薄彼的否定性价值评判。源语篇中还出现了"最""极"等程度副词，表现了作者情感的浓烈。

从人际意义的情态实现来看，汉语的能愿动词在语义上大致相当于英语的情态动词，也有高、中、低三级量值之分（马庆株，1992：49；彭宣维，2000：123）。例如源语篇有"想""愿""合适"等表愿望和估价意义的中量值动词；"能""能够"等表可能意义的低量值动词；情态表达的不肯定在认知和责任两方面可以准确表达说话者的态度。

词汇层面是评价系统一个极其重要的维度，评价系统中的态度系统分为情感、评判和鉴赏（Martin，2000），分别属于心理、伦理和美学范畴。《故都的秋》作为写景抒情语篇，有大量含情感或鉴赏意义的词汇，比如"清""静""悲凉""混混沌沌""落寞""破""衰弱""残""有味""像样""奇景"等。这些词汇的运用真实表达了作者的情感和对秋天的鉴赏，从而使语言的人际功能得到反映。

（三）语式

语式反映交际媒介，可分为口语和书面语。《故都的秋》显然属于书面语，运用一系列高雅的词汇把秋天写得颇有诗意，如"青天""驯鸽""秋槐""落蕊""细腻""落寞""遥想""清秋"等；但又不时穿插一些日常的俗语进去，如"茅房""耗子""稀饭""馍馍""黄犬""大蟹"等。既有古典诗文的典雅韵味，又有现代白话文之通俗，从而在一定程度上表现出作者把"大雅和大俗融为一体"的趣味（孙绍振，2006）。

总之，郁达夫凭借对及物性结构的选择以及评价、语气和情态的匠心独运而实现概念意义、人际意义。此外，还娴熟驾驭了体现语篇功能的主位和衔接手段等语法资源。

（1）像橄榄又像鸽蛋似的这枣子颗儿，在小椭圆形的细叶中间，显出淡绿微黄的颜色的时候，正是秋的全盛时期；等枣树叶落，枣子红完，西北风就要起来了，北方便是沙尘灰土的世界，只有这枣子、柿子、葡萄，成熟到八九分的七八月之交，是北国的清秋的佳日，是一年之中最好也没有的 Golden Days。

画线部分为句子主语。这段文字以时间状语作主语，清晰展现了枣子颗儿、枣树随时令生长变化的连贯过程，信息流动清楚，段落连贯。

原文还借助包括指示词、连接词、重复、省略等在内的衔接手段实现信息的有机组织。

三、《故都的秋》英译本质量评估

名篇总不乏佳译，《故都的秋》译文相关赏析文章多对原文词、句子结构、背景知识的理解和译文语言是否合乎逻辑及表达流畅等方面进行较为随意的实例点评，如张美平（2004）；或以译文部分文本为例探讨主题及主题倾向关联性语境融合对翻译实践的制约；未有见到全面、完整的译文质量评价。以下借鉴系统功能语言学为导向的翻译质量评估模式对译文质量进行完整评估。

（一）译文概念意义偏离

考察译文，发现与原文相比，过程变换经常出现，尚媛媛（2003）分析指出，翻译中小句过程变化存在扩大、缩小和改变三种情况。司显柱（2007：161）认为，语言间存在系统性差异，只要译文保持原文的概念意义不变，评估译文质量时不必对译文里的小句类型相对原文的转移或保持不变予以特别关注。

（2）①说到了牵牛花，②我以为③以蓝色或白色者为佳，④紫黑色次之，⑤淡红色最下。（①为言语过程，②为心理过程，③④⑤为关系过程）

As to morning glories, I like their blue or white flowers best, dark purple ones second best, and pink ones third best.

译文只有心理过程，虽然缩小并改变了原文句子过程，但表达的概念意义并无不同。

另有“忽而来一阵凉风”（物质过程）、“每年到了秋天”（物质过程）等在译文中处理成名词词组（A sudden gust of cool wind, the arrival of each autumn），这主要是汉英两种语言具有不同特征所致：汉语是动态语言，惯于使用动词，而英语是静态语言，介词和名词使用频率高；这种改变并未使译文和原文的概念意义表达存在差距。

按照“从下而上”的途径，分析出译文有8处概念意义偏离，试举一例说明。

(3) ①扫街的在树影下一阵扫后（物质过程），②灰土上留下来的一条条扫帚的丝纹，看起来既觉得细腻（心理过程），③又觉得清闲（心理过程），④潜意识下并且还觉得有点儿落寞（心理过程）。

①说明②③④小句的语义，与②③④在逻辑语义关系上是扩展增强，逻辑依赖关系属于从属型，故①处理成介词短语更简洁。②③为并列延伸关系，“觉得细腻”和“清闲”这两个心理活动的主体是“我”，张译成了关系过程，“细腻”和“清闲”成为“载体”——扫帚丝纹的“属性”，与原意不符；②③与④，从意识到潜意识，可看成从属延伸关系，④更为重要，但译文中“觉得有点儿落寞”反而降格成次要心理过程。

After a street cleaner has done the sweeping under the shade of the trees（物质过程），you will discover（心理过程）countless lines left by his broom in the dust，which look so fine and quiet（关系过程）that somehow a feeling of forlornness will begin to creep up on you（心理过程）.

试比较：The lines left on the dusty soil by scavengers in their round of sweeping under the shadows of trees give an impression of exquisiteness as well as serenity，and subconsciously you still feel a suggestion of loneliness.

对译文质量产生影响的偏离还有“一个人夹在苏州上海杭州，或厦门香港广州的市民中间，……秋的味，秋的色，秋的意境与姿态，总看不饱，尝不透，赏玩不到十足”“从槐树叶底，朝东细数……也能够感觉到十分的秋意”两句，“一层雨过……天又晴了”“下得奇，下得有味，下得更像样”以及“在北平即使不出门去吧”等3处的省译。

（二）译文人际意义偏离

一般说来，译文人际意义的建构不要求和原文完全对应，但必须符合原文语言所实现的人际功能。从人际意义的建构来看，张译在语气、加重表达、情态等的传译方面的缺陷是显而易见的，共有约17处偏离。

人称层面，译者的处理符合原文语言所实现的人际功能。

在语气方面，原文三处地方使用了语气词，分别是“啊”“哩”和“吧”，增强了作者情感，译文却是平实的陈述气，试举一例。

(4) 可是啊，北国的秋，却特别地来得清，来得静，来得悲凉。

In North China, however, it is particularly limpid, serene and melancholy.

原文有三处以反问形式表感叹，是语气隐喻，有一处张译发生了偏离：

(5) 秋之于人，何尝有国别，更何尝有人种阶级的区别呢？

“何尝”引起反问，表感叹，但译为陈述语气，过于平淡；

Autumn treats all humans alike, regardless of nationality, race or class.

试比较：In fact, with all human beings, what discrimination does autumn ever make as to their nationality, their race or class?

(6) 脚踏上去，声音也没有，气味也没有，只能感出一点点极微细极柔软的触觉。

Quiet and smelless, they feel tiny and soft underfoot.

秋槐落蕊夜里悄然降落。“声音也没有，气味也没有”，但敏感心细的“我”，还是感出一点点“极微细极柔软的触觉”。这两个“极”，把静寂的环境和恬静的心绪刻画得入木三分，与其说是一种触觉，不如说是作者对最细微的生命颤动的心灵感知。张译未将语气附加语“极”译出。

就加重表达形式而言，它体现了作者匠心，“特定的形式表达特定的意义，形式是意义的体现”（黄国文，1999：106～115），作者在其中“植入了特定的审美意图”，以“产生特定的美学功能”（王东风，2005），译者应尽量予以再现。如例句（4）的重复结构“来得”起到加强语气之效果，但译文未体现。

(7) 可是这秋的深味，尤其是中国的秋的深味，非要在北方，才感受得到底。

But, to know the real flavor of autumn, especially China's autumn, one has to visit the North.

原文中宾语放在句首以标记主语，郁达夫通过词序调动来强调信息重心；同时对“秋的深味”进行重复，情感浓烈。张译把原句宾语中心语处理成目的状语中心语，再现了原文的标记性主位结构，体现了原句的信息重心；但未照搬重复修辞，原文的深层意味和情感功能的表达有所欠缺，在抒情散文中，不能不视为缺憾。

试比较：But this profound taste of autumn, especially this profound taste of autumn in China, can be enjoyed fully nowhere else than in the North of China.

在情态系统层面，汉语中能愿动词在译文中基本得到了相应的表达，但“只能感到一点点清凉”“也是一种能使人联想起秋来的点缀”等句中表可能意义的低量值动词作者省译了。另外“大约也就在这些深沉的地方”“简直像是家家户户都养在家里的家虫”“总要想起陶然亭的芦花”等句中的情态意义没有译出，作者的态度表达准确性稍有欠缺。

原文表概率或频率的情态副词未能准确传译。

(8) ……中国的文人学士，尤其是诗人，①都带着很浓厚的颓废的色彩……各著名的大诗人的长篇田园诗或四季诗里，也②总以关于秋的部分，写得最出色而最有味；…… ③一定能感到一种不能自已的深情……④非要在北方，才感受得到底。

①②③④表明了作者肯定无疑的态度，这种说法其实并不客观，但正是这种没有证据的极端说法凸显了作者对秋的赞颂之情。张将①②情态副词均译为“mostly”，虽更符合实际情况，却有损人际意义的表达；③④高量值情态词所表示的情态意义未能译出。

诚如前面分析，《故都的秋》既有典雅精致的词汇，又有缺乏诗意的大俗语言。译文对大俗词汇的处理存在不到位的地方，如“耗子”译为更加口语化的“rat”更好，而不是“mouse”;“馍馍”译为“steamed buns”，失去了原文使用俗语所体现的俗趣；郁达夫雅趣、俗趣交融的意味未能得到充分体现。

（三）译文人际/概念意义偏离

源语篇中带有情感和鉴赏色彩的词汇在张译中有11处被误译或省译。

“明月”“秋湖”“凉雾”和“残荷”中的“明”“秋”“凉”和“残”四字写出了秋色，体现了秋情，译者省译。“都市闲人”在雨后的“斜桥影”里，和熟人“微叹着互答”，“斜桥影”表明雨后露出头来的是斜阳，秋雨过后话秋凉，夕阳斜照，树影、桥影西斜，给人些许清冷寥落之感。作者绝非随意选择意象，译文省译“斜桥影”有损作者心绪的传达。秋蝉“残声”误译为“sporadic（零星）”，与下文“无论在什么地方，都听得见它们的啼唱”相矛盾，也与全文总体的悲凉意境不符合。

译文尚有“驯鸽”“枣子颗儿”“秋草”“几根”“疏疏落落”等五处评价维度层面的类似误译或省译。

这些省译和误译在使概念意义与原文不符之余，作者内心感受、态度等人际意义的表达也受到影响，削弱了译文表现力。

（四）对译文质量的总体评价

依照步骤二重新审视上文的“偏离”个案，有部分并未对译文质量造成影响。

例如，译文中有三处省译。“在北平即使不出门去吧”的意思已经包含在“sit in your courtyard”，省译显得简洁。“这了字念得很高，拖得很长”“北方人念阵字，总老像是层字，平平仄仄起来，这念错的歧韵，倒来得正好”省译，这不仅未对译文质量造成负面影响，反而有积极作用。因为小句所承载的信息并非语篇重点；且因译文与原文文化环境间的差异，译文读者缺乏对汉字音韵的了解，这一信息是译文读者理解的难点；此外，人际意义主导型语篇不同于概念意义主导型语篇，其翻译更为注重形式而非“内容”。

抒情散文《故都的秋》作为人际意义主导型语篇，人际意义/功能偏离对译文语篇整体质量的影响权重大于概念意义/功能偏离。故考量偏离个案时，既对原文概念意义又对人际意义偏离的，宜计入人际意义偏离个案。

这样一来，偏离个案为：

概念意义层面：“一个人夹在苏州上海杭州，或厦门香港广州的市民中间，……秋的味，秋的色，秋的意境与姿态，总看不饱，尝不透，赏玩不到十足”“从槐树叶底，朝东细数……也能够感觉到十分的秋意”“扫街的在树影下一阵扫后……潜意识下并且还觉得有点儿落寞” “一层雨过……天又晴了”“下得奇，下得有味，下得更像样”共5处。

人际意义层面：张译在语气、加重表达、情态、词汇评价资源等的传译方面，欠缺是显而易见的，共有约 28 处偏离。

不难看出，张培基译文在人际意义上的偏离无论在量上还是质上都较概念意义更严重，对译文质量的负面影响更大。就总体质量而言，译文在传递原文的概念意义和人际意义时都有缺憾，但在人际意义方面，问题更严重。可见，即便是出自大家的译本也有未臻完美之处。

四、余论：功能语言学视角下散文英译质量评估反思

第一，《故都的秋》将“主观的生命情调与客观的自然景象交融互渗”，“表面上看上去是描述景物和事件，实则是表达自己的感情，或是对自己的内心情感进行解释和披露”。（杨秀媚，2005）可以说《故都的秋》的概念意义和人际意义交融互渗，由于抒情散文属于人际意义主导型语篇，因此部分可同时看作对原文概念意义和人际意义偏离的，主要是词汇评价资源方面的偏离，宜只计入人际意义偏离个案。故将功能语言视角的评估模式用于次级语篇如情景交融的抒情散文时，应在步骤一加入这一程序。

以下三点是笔者评估译文质量时遇到的问题，每一点都增大了该评估模式的主观性和/或操作难度。

第二，如何对及物系统的几个主要过程进行鉴别一直存在争议（Halliday，2000：106－143），虽指出每个过程都有一定的鉴别方法，有些过程可通过非标记性的体现方法来确定其归属，但他同时也指出一个过程如采用标记性的体现方式往往又会改变其过程属性；可见及物过程之间的界定并非泾渭分明，各种过程有时可交叉；这给语篇及物过程分析带来一定的困难。此外，汉语谓语构成成分比较复杂多样，有名词性词组、动词性词组、修饰语词组、主谓词组、联合词组、数量词、代词、形容词等，使源语篇过程类型分析较为复杂；同时，一个汉语小句很有可能会有几种对应的英文表达，因此考虑译文过程类型是否合适要和语境联系起来；为了符合译语习惯，小句也有可能进行合译、不译、降至次一级的单位（词组或短语）进行表达（李发根，2004）。另外小句复合体中小句间的逻辑依赖关系和逻辑语义关系需要深入分析。所有这些，都增大了考察译文语篇相对源语篇是否发生概念意义的偏离的难度。因此一定要细致，既要明了过程类型和意义的紧密联系（过程类型不同，意义就有可能不同），同时又不能过分拘泥于小句过程类型，应具体问题具体分析，在考虑语言系统差

异的基础上，确定译文是否选择了最贴近目标语的过程动词和其他成分，处理好这对矛盾统一体。

第三，不同语篇类型或同种语篇类型的不同下一级类别对概念和人际意义偏离对译文语篇整体质量的影响权重不同，但权重的精确数据根本不可能像自然科学一样给出。

第四，考察“偏离”个案是否对译文质量造成影响，不能脱离影响译文面貌的译语文化、审美需要、翻译动机、译文用途、读者等因素；而对这些难以穷尽的翻译介入因素的确定和考量，无不因评估者自身的语言、文化能力和素养等因素的差异而打上鲜明的主观烙印。因此，某个评估者对译文偏离个案连同译文质量的评判不一定能被所有人接受。

此外，《故都的秋》全文不到两千字，分析译文和原文人际意义和概念意义偏离时，笔者字斟句酌，颇费功夫。倘若是大部头译作，或某个译者的全部译作，要逐字逐句分析译文相对原文的偏离，似乎有点不切实际。目前，语料库的发展方兴未艾，能否将语料库语言学带来的客观、准确的解析工具纳入该翻译评估模式，使该评估模式能够利用语料库检索软件批量处理语言，从而使该评估模式能够应用于长篇译文质量评估，这一点尚有待进一步探索。

目前，译界对翻译评价研究大致有了这样的共识：一类评价过于抽象，如“信、达、雅”“忠实与通顺”“化境”“神似”等；另一类过于量化，如用信息理论抽词法、模糊数学或构建数学模型等来检验译文质量，有一定的科学性，但工作量太大。两类评价突出的问题是可操作性不强（李晓敏、杨自俭，2003）。在黄国文先生功能语言学路向的古诗词英译的分析和评价之后，基于系统功能语言学的翻译质量评估模式可评估不同语篇类型的英汉、汉英文本质量。该模式虽对次级语篇针对性不强、实证不充分，对译文，尤其是长篇译文的评估存在诸多难点，但就笔者看来，就对小文本的译文评估而言，该模式相对较为实用，操作性也较强；它为人们理解和欣赏原文语篇提供了一个新的维度；对译文语篇概念意义、人际意义的建构进行一些描述和解释，为翻译提供了一个描述而非规定的框架或参数；为翻译批评提供了一个解释和预测的参数；本文在应用该模式评估表情文本《故都的秋》的实证过程中，进一步丰富了对该模式的认识，对建立更具针对性的次级语篇——散文翻译质量评估模式做出了有益的探索。同时，本研究也进一步彰显了“功能语言学理论对翻译研究的启示”以及在“翻译研究中的可应用性和可操作性”。（黄国文，2009）

参考文献

［1］ Halliday, M. A. K. *An Introduction to Functional Grammar* （2nd ed.）［M］. London: Arnold, 1994.

［2］ Halliday, M. A. K. *An Introduction to Functional Grammar* （3rd ed.）［M］. London: Arnold, 2000.

［3］ House, J. *A Model for Translation Quality Assessment* ［M］. Tubigen: Gunter Narr Verlag, 1977.

［4］ Martin, J. R. Beyond Exchange: Appraisal Systems in English ［A］. In Hunston, S. & Thompson, G. *Evaluation in Text: Authorial Stance & the Construction of Discourse* ［C］. Oxford: Oxford University Press, 2000.

［5］ Reiss, K. *Translation Criticism, the Potentials & Limitations* ［M］. Manchester: St. Jerome Publishing Company Ltd., 1989.

［6］ 郝原．文学散文的审视与界定［J］．西南大学学报，2007（6）．

［7］ 黄国文．一个简单翻译过程模式的功能分析［J］．外语研究，2009（1）．

［8］ 黄国文．英语语言问题研究［M］．广州：中山大学出版社，1999．

［9］ 黄国文．翻译研究的语言学探索——古诗词英译本的语言学分析［M］．上海：上海外语教育出版社，2006．

［10］ 李晓敏，杨自俭．译文评价标准新探索［J］．上海科技翻译，2003（3）．

［11］ 李发根．小句经验功能与翻译［J］．外语与外语教学，2004（7）．

［12］ 李战子．话语的人际意义研究［M］．上海：上海外语教育出版社，2002．

［13］ 马庆株．汉语动词和动词性结构［M］．北京：北京语言学院出版社，1992．

［14］ 彭宣维．英汉语篇综合对比［M］．上海：上海外语教育出版社，2000．

［15］ 尚媛媛．A Holistic Theory of Context and Translation Studies［J］．翻译季刊，2003（28）．

［16］ 司显柱．论功能语言学视角的翻译质量评估模式研究［J］．外语教学，2004（4）．

［17］ 司显柱．功能语言学与翻译研究——翻译质量评估模式建构［M］．北京：北京大学出版社，2007．

［18］ 孙绍振．《故都的秋》：悲凉美、雅趣和俗趣［J］．福建论坛（人文社会科学版），2006（2）．

［19］ 王东风．再谈意义与翻译［J］．中国外语，2005（1）．

［20］ 杨秀媚．景语·情语——读郁达夫散文《故都的秋》［J］．名作欣赏，2005（2）．

［21］ 杨自俭．对比语言学与汉语典籍英译——《翻译研究的语言学探索》·序二［A］．黄国文．翻译研究的语言学探索——古诗词英译本的语言学分析［M］．上海：上海外语教育出版社，2006．

［22］ 张美平．名篇需佳译瑕疵共推敲——《故都的秋》三种译本译例比较［J］．

浙江教育学院学报，2004（1）.
［23］朱志瑜．类型与策略：功能主义的翻译类型学［J］．中国翻译，2004（3）.

（原载《外语研究》2010年第2期，略有改动）

作者简介

吕桂，南方医科大学外国语学院副教授，在读博士，研究方向为医学英语、语料库语言学。

略谈图式翻译模式在英汉翻译中的运用与实践

刘　昂

图式（schema）一词来源于希腊语，最早出现在古希腊哲学和心理学著作中。18 世纪康德曾论述过图式的哲学意义，他认为图式是连接概念和感知对象的纽带。20 世纪 30 年代，英国心理学家 F. G. Barlett（1932）把图式纳入了认知心理学的范畴，即每个人把过去所获得的知识、经验等认知，以一种有条不紊的知识结构（knowledge structure）在大脑中储存，人们在理解输入的信息时，需要对新输入的信息进行解码、编码，只有当新信息与大脑原有图式相匹配时才能完成信息处理的系列过程，即从信息的接受、解码、重组到储存。20 世纪 70 年代，图式理论在语言学、人类学、心理学和人工智能学领域得到广泛的发展和应用。许多学者从不同角度给图式进行分类：Carrell 把图式分为内容图式（关于世界的背景知识）和形式图式（关于修辞结构的背景知识），Cook 则将图式分为世界图式、文体图式和语言图式。刘明东认为翻译实为图式翻译，是译者通过正确理解源语中的各种图式并将其成功地在目的语中加以再编码，并根据图式翻译的内容将图式分类为语言图式、语境图式、文体图式和文化图式。

一、文化图式与翻译的关联

文化图式是指人的头脑中关于“文化”的“知识结构块”，是人脑通过先前的经验已经存在的关于“文化”的知识组织模式，可以调用来感知和理解人类社会的各种文化现象。在翻译理论中，由于语言自身的特性，有时会存在翻译的不可译性。

— When rain falls，does it ever get up again?

— In dew time.（in due time）

此处中“dew”（露水）与“due”（到期的）为同音异形词。充分地利用了同音异形词构成了幽默，这种情况使得语言具有不可译性。

但是，在文化图式的翻译中，我们可以通过对源语文化图式的正确解码将其恰当地在目的语中进行文化图式的重建，这种重建必须把翻译作为一个结合合适的文化图式填充新信息而使图式具体化的过程，翻译分为理解和表达两个阶段，理解即对源语信息的解码，译者应具备并激活大脑已有的与源语相关的图式，以确保对源语的正确解码；而表达实质上是用目的语对源语信息进行再编码，在这个过程中，译者对目的语图式的编码有利于激活译者已有的图式，同时有利于帮助他们建立更多新的图式以达到翻译的目的。整个转换过程是在文化图式指导下进行的，是激活或建构合适图式并填充新信息的过程。翻译不仅是语言转换活动，也是“文化移植”过程，翻译是语言的翻译更是文化的翻译，确切地说是文化图式的转换生成。

二、图式直译翻译模式

文化图式的重合是指在源语中存在的句子或短语可以在目的语中直接找到匹配的转换，即文化图式的重合。它是源语和目的语文化图式的基本对等，用目的语中的文化图式能正确全面解码相关源语文化图式承载的文化信息，文化载体拥有相同的文化图式，这种文化图式的重合使不同民族之间得以相互沟通，在这种文化图式完全重合的语境下，英汉翻译可以采取图式直译翻译模式，即直接解码转换生成一一对应关系的译文。

例如“Failure is the mother of success”“No pains，no gains”“To kill two birds with one stone”“Do as you would be done”“One good turn deserves another”“hang by a hair”“as sly as a fox ”“look before you leap”“The water that bears the boat is the same that swallows it up” “Lookers-on see more than players”等句子，我们可以在汉语中发现语言文化的一一对应关系：“失败乃成功之母”“不劳无获”“一石二鸟”“己所不欲，勿施于人”“好人有好报”“千钧一发”“狡猾如狐”“三思而后行”“水能载舟，亦能覆舟”和“旁观者清，当局者迷”等。

因此，在这种英汉翻译中，运用大脑中已有的与源语相关的图式，对新的信息进行解码，激活译者已有的图式后得到相同的图式，可以进行对等翻译，不会因为语言文化图式的不同或缺省，导致语言文化的误译或不可译的情况，我们就把这种翻译模式称为“图式直译翻译模式”，在文化图式相似的情况下（文化知识背景相似），译者对源语和目的语的文化概念进行理解和翻译转换并无极大困难。

三、图式意译翻译模式

英语与汉语属于两种截然不同的语系，在其各自发展演变的历史上被赋予了不同的文化内涵，任何一门语言都具有清晰的文化图式，在英汉翻译中，译者应当对英语语言文化中所特有的文化背景、语言特征等认知有清晰的了解，在语言文化特征图式缺省的情况下，译者应当通过图式意译翻译模式忠实地解码传输源语的真实意图。

例如“the black sheep of family”，如果我们翻译为“家中的黑山羊”，读者会觉得不知所云。因为在对该语言进行图式解码、重构的过程中，我们无法找到汉语中与之相对应的文化图式，导致了文化图式缺省的现象。为了准确表达源语的真实意思，译者应当采取图式意译翻译模式，用目的语替换源语中的图式结构。在本句中，我们可以用汉语中的“害群之马”来等同替换该源语中的文化图式。如果不了解中西方言语表达方式、风俗习惯、交际关系、思维方式等差异，就会引起信息差，造成言语表达及言语理解的信息不对等的现象。又如 Hamlet 是莎士比亚悲剧《哈姆雷特》中的主人公，现在用来喻指“优柔寡断，犹豫不决的人或行为”，如：“He is no Hamlet.”（译为他绝非优柔寡断）如果译者没有目的语的文化图式，则不可能真正理解这么具有民族文化特征的形象，就无法完成传达实质含义的翻译任务。再如英语中源自希腊神话的“Achilles’ heel（译为致命弱点）”“Pandora’s box（译为灾难之源）”，以及源自《圣经》的“bow down in the House of Rimmon（译为权宜之计）”“cut the Gordian knot（译为快刀斩乱麻）”“To carry coal to Newcastle（译为班门弄斧）”“Judas’ kiss（译为口蜜腹剑）”“meet one’s Waterloo（译成一败涂地）”。

这类翻译应以神似为主，力求归化翻译，因为译者在追求语言异化时往往导致文化信息的流失，无法准确地传递源语的原意。当源语中的图式在目的语读者头脑中不存在时，后者将无法激活或填补这个空缺。目的语读者甚至无法找到和源语读者相似的或与此相关的图式。因此，目的语读者要理解它将非常困难，甚至不可能理解，此时应当借鉴目的语的文化图式，通过两种文化图式的相互对接实现文化图式的激活。

四、图式校对翻译模式

翻译实质是两种文化的相互校对的过程。语言具有差异性，译者必须透彻地理解原文，一方面要深入了解外国文化；另一方面，译者还得深入了解本民族的文化，特别是在文化图式冲突（即一种文化范畴中的语言与另一种文化范畴中的语言意思不一致或相冲突）的情况下，深刻了解两种文化并合理地相互校对就显得更重要了。因为译者在两种文化中都可以找到相应的图式文化符号，但是应当明白两种形式上等同的图式符号的实质是不尽相同的。不进行两种文化图式的校对，译者就不能将原文中等值的信息量传递给读者，进而不能达到等值翻译。例如："The gathering in the grounds of Bourn Hall，Cambridgeshire，appeared to be just another English children's party. There was a green dragon，a ventriloquist，a rather sorrowful man balancing plates on a stick and a beer tent for the parents. "（在剑桥郡博恩厅举办的聚会看似是另一场英国儿童的派对。那儿有一株龙根天南星，一位口技艺人，一个表情相当忧郁的男人用一根木棍撑起盘子，还有一顶为了家长喝啤酒而搭建的帐篷。）中国读者一看见"dragon"就想到龙；一看到"green dragon"就联想到"苍龙"。而绝大多数中国读者不知道"green dragon"是一种观赏植物——龙根天南星。译者大脑中可能有与英语原文相关的图式，但他的图式却与原文作者的图式不符，因此会误解原文，造成误译。这种情况多是由于英汉两种语言的文化差异造成的。又如英美人说"sleep like a log"，因为他们觉得一根木头直挺挺的，最能形容熟睡；而中国人却说"睡得像死猪"，因为唯有死猪最能生动地表现沉睡的姿态，而木头却可以用来形容感觉不灵敏的人，所以汉语有"木然""麻木""木头人"等说法。再如，英语中"She is a cat"容易被很多读者译成"她很可爱"。这显然是由于中国人认为猫可爱机灵，充满了灵性的缘故，故中文图式中常用"馋猫"形容人嘴馋，也常有亲昵的成分在内；然而，在英文文化图式中，"cat"是魔鬼的化身，是中世纪巫婆的守护精灵，因而，本句正确译文应当是"她是一个包藏祸心的女人"。

对于这些图式间的差异，交际双方应该互相校对，顺应对方文化，吸收新信息，以建构新的图式来扩充已有的知识结构，这就是文化间的相互校对，需求源于与目的语的有效转换。

五、图式交互翻译模式

图式交互翻译模式，即源语文化图式和目的语文化图式相融合，在目的语中构建一种新的文化图式。该模式的运用与文化的开放性和频繁的交往有着密切的关联。如 cartoon（卡通）、tittup（踢踏舞）、Asprin（阿司匹林）、microphone（麦克风）、party（派对）、mini（迷你）、hotdog（热狗）、T-shirt（T 恤），marathon（马拉松）、motor（马达）、pudding（布丁）、pizza（比萨饼）、chocolate（巧克力）、salad（沙拉）、hamburger（汉堡包）、sandwich（三明治）。bus 的音译“巴士”不但被我们接受，并且衍生出“大巴”和“中巴”等词语。这种音、意兼顾的译法已成为源语文化融入译语文化的有效途径。

六、结语

毋庸置疑，不同的民族生活在不同的文化环境中，必然受到特定文化的影响，其语言特征必然带有自己民族的文化烙印。因此，在英汉翻译中，译者应当充分考虑不同文化源语在不同文化目的语转换中的文化图式问题。对同一事物或同一现象常常会形成不同的图式，有时甚至会出现文化图式的缺省甚至冲突。译者应相应地采用图式直译翻译模式、图式意译翻译模式、图式校对翻译模式等诸多翻译模式建立翻译的对等转译。文化翻译的目的之一就是使目的语读者接触并了解源语言文化异质，建立新的图式结构，进而促进语言文化的传播与交流。读者可利用原有的图式，能动地处理异质信息，在文化图式相同或冲突缺少的情况下，主动将这种图式翻译模式贯穿于信息加工的全过程，使读者在原有的图式基础上能动地接收新的图式信息，对原有的图式进行增添、调整、重构，最后形成新的图式，从而达到文化翻译的目的。

参考文献

[1] 陈定安. 英汉比较与翻译 [M]. 北京：中国对外翻译出版公司，1991.
[2] 彭保良. 从文化差异的角度看英汉翻译中词义的确立 [J]. 中国翻译，1998 (1).
[3] 刘明东. 图式翻译漫谈 [J]. 外语教学，2004 (4)
[4] 谢建平. 文化翻译与文化“传真”[J]. 中国翻译，2001 (5).

[5] 张新红. 社会用语英译中的语用失误：调查与分析 [J]. 外语教学，2000 (3).
[6] 赵艳芳. 认知语言学概论 [M]. 上海：上海外语教育出版社，2001.

（原载《湖南科技学院学报》2010 年第 2 期，略有改动）

作者简介

刘昂，南方医科大学外国语学院讲师，硕士，主要研究方向为西方文化与比较文学。

家庭背景和自我概念对大学生英语学习动机内在化的影响

许　瑾

一、研究背景和问题

经典的语言学习社会心理研究十分关注作为学习者特征的学习动机或取向（Gardner & Lambert，1972：193；Gardner，1985：166），认为学习动机或取向主要有两大类："工具型动机"，即用语言作工具以达到某个实际目的；"融入型动机"，即了解和融入目的语文化。动机取向与智力因素一起影响学习的结果。这一理论模式成为此后三四十年外语学习动机研究的主导模式和研究典范。另一较为经典的学习动机维度是"内在动机"和"外在动机"（Atkinson、McClelland、Clark & Lowell，1953：77）。内在动机是为了从语言学习活动本身获得愉快与满足，而外在动机则将外国语言学习作为一种达到某一目标的途径。这两种动机维度被认为是对应的，即融入型动机是内在动机，工具型动机是外在动机（Chambers，1999：52）。

20 世纪 90 年代，一些研究者试图把心理学的自我决定论（self-determination theory）引入二语学习动机研究（Williams，1997：124），以扩展经典的二语学习动机理论。自我决定论认为，内在动机是基于内在能力的需要，是完全由自我决定的；而外在动机也可以根据自我决定的程度自外向内分成四类外在动机成分：外在调节动机（external regulation）、投射调节动机（introjected regulation）、认同调节动机（identified regulation）和融合调节动机（integrated regulation）（见下图）。外在调节动机的动力来自外在压力，如奖励或威胁等；而投射调节动机的动力来自内在压力，但非个人选择；认同调节动机指看到科目的实用性而自愿投入时间和精力，而融合调节动机指某科目对发展自己的兴趣很重要，因而产生兴趣。自我决定论发展了传统的内在/外在动机学说，根据这一理论，外在动机是有层次的，它不再是内在动机的对立面，内在动机和外在动机实际上是一个对立连续的整体，二者都来自自我决定和内在化的程度（Deci & Ryan，1985：38）。据此，二语学习的外在动机和内在动机被认为是一个连续体对立的两端，二语学习动机的内在因素包括：对活动的内在兴趣、对活动价值的认识、能动作用感、掌握的欲望、自我概念、态度及其他情感（如信心、焦虑和恐惧等）、语言发展阶段和年龄、性别等。二语学习动机的外在因素有：其他重要的人（如父母、教育者、同学等）、和这些重要的人之间的交往、学习环境、社会环境（Williams，1997：121）。这一动机理论扩展框架既确认了动机的内在结构也确认了影响动机的外在因素（秦晓晴，2003：18）。

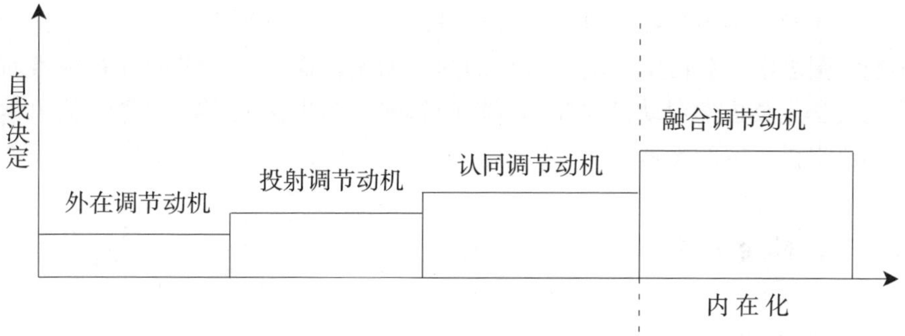

我国有关外语学习动机的研究，从20世纪80年代引入和介绍国外教学和语言学理论，逐步发展到基于我国外语教学背景的深层思考。其中，家庭和学校作为影响学习者的重要社会情境因素，对我国英语学习者学习动机和学习成效的影响备受研究者关注（黎丽，2004：52；孙月玲，2004：36～61；邹为诚等，2005：20；韩英杰，2006：37～41；张少林等，2006：53～56；李伟杰，2007：46～51）。但家庭背景因素对我国大学生英语学习动机内在化及英语学习成效的影响还有待探讨。

心理学认为，每个人都有6种自我：自己心目中的“我”、客观的“我”、别人眼中的“我”、我所发现的别人眼中的“我”、我希望变成的“我”以及我认为别人希望的“我”（Rice，1998：173）。自我概念关注的是个人自己心目中的“我”，是我们每个人在社会活动中通过观察、比较和分析而形成的关于自己的技巧、能力、性格和社会接受方面的自我知觉（Skehan，1989：147），具有多维度、多层次的结构特征（Marsh. & Shavelson，1985：123）。英语学习自我概念属于学业自我概念，与数学自我概念平行，是一个人对自己英语学习能力的评价和看法。在连续的英语学习体验过程中，学习者不断从英语学业成绩和老师、同学等人那里得到评价反馈，并按照某种标准与他人进行有意或无意的比较，逐渐形成关于自己英语学习能力的看法。一个英语学习自我概念不佳者，容易产生学习焦虑，不大可能有强烈的英语学习动机，采取积极的学习态度（王初明，2004：57）。我国关于英语自我概念的实证性研究主要探讨学习者英语自我概念的结构、发展及其对英语学习成效的影响（马冬梅，2003：54～63；孙晔，2004：77～79；李强，2006：32～33），英语自我概念水平对我国大学生英语学习动机的影响还有待实证性探讨。

本研究选取家庭背景因素（自述家庭经济条件和家庭居住地）作为影响我国大学生英语学习动机过程的外在因素，选取英语学习自我概念作为影响我国大学生英语学习动机过程的内在因素，探讨学习者内外在因素对我国大学生英语学习动机内在化过程的影响，为更深入广泛地探讨英语学习动机提供一定的参考。

二、研究方法

（一）抽样

本研究采用整群抽样的方法，抽取某普通高校二年级本科生作为受试群体，经过了一年多的时间，他们已基本适应了大学的学习与生活，有过参加大学英语四级统考的经验，对英语学习和考试已形成一定的学习惯和观念，能够反映大学生英语学习状况的常态。施测时实际发放问卷675份，回收有效问卷648份，有效率96%。样本中学生家庭背景的分布情况见表1：

表1　受试性别、家庭背景分布

		频数（n）	百分比（%）
性别	男	425	65.6
	女	223	34.4
家庭经济条件	很好，中上	116	17.9
	中等	443	68.4
	中下，很差	89	13.7
家庭居住地	农村	247	38.1
	中小城镇	72	11.1
	大城市	329	50.8

（二）测量工具

研究采用问卷法。所使用的问卷包括自编的一般情况问卷、英语学习动机问卷和英语学习自我概念问卷，一般情况问卷中包括自评家庭经济条件（很好、中上、中等、中下、很差）和自述家庭居住地（大城市、中小城镇、农村）两项家庭背景因素；英语学习动机问卷根据我国当前大学生英语学习的实际情况确定了5个问题，通过回答"是/否"，定性地反映受试的英语学习动机，这5种英语学习动机分别为：①找份好工作；②实现出国的愿望；③父母的愿望；④对英语感兴趣；⑤想了解其他国家。英语学习自我概念问卷选用了我国学者王初明等编制的《自我概念问卷》中的"英语学习自我概念"分量表，该分量表的内部一致性系数 α 为0.94。全国大学英语四级测试具有较高的信效度评价，因此我们采用受试接受调查后14天的一次大学英语四级考试成绩作为他们英语学习成效评价的依据。

三、研究结果

我们首先对自评家庭经济条件一栏中的数据进行重新赋值，具体为将选"很好""中上"者归为自评家庭经济条件好，选"中等"者为自评家庭经济条件中，选"中下"和"很差"者归为自评家庭经济条件差，然后采用卡方检验来测定不同自评家庭经济条件、自述家庭居住地对我国大学生英语学习动机的影响（结果见表2和表3）。

如表2所示，自评家庭经济条件对我国大学生5个英语学习动机的影响仅有“实现出国的愿望”和“父母的愿望”达到了显著效果，分别是$\chi^2=7.297$，$p<0.05$和$\chi^2=25.007$，$p<0.01$。自评家庭经济好的学生对“实现出国的愿望”选择“是”的百分比（52.59%）大于选择“否”的百分比（47.41%），而自评家庭经济中和差的学生选择“是”的百分比均小于选择“否”的百分比。在“父母的愿望”的选择上自评家庭经济好的学生和自评家庭经济中及差的学生也有明显的不同，前者选择“是”的百分比（62.07%）大于选择“否”的百分比（37.93%），而后者正好相反。这表明家庭经济条件优越的大学生在英语学习上依从父母、想出国的可能性更大。

表2　不同英语学习动机与自评家庭经济条件的卡方检验结果①

英语学习动机	评价	经济好		经济中		经济差		χ^2	P
		n	%	n	%	n	%		
找份好工作	是	98	84.48	365	82.58	71	79.78	0.776	0.678
	否	18	15.52	77	17.42	18	20.22		
实现出国的愿望	是	61	52.59	194	43.89	30	33.71	7.297*	0.026
	否	55	47.41	248	56.11	59	66.29		
父母的愿望	是	72	62.07	214	48.42	24	26.97	25.007**	
	否	44	37.93	228	51.58	65	73.03		
对英语感兴趣	是	78	67.24	263	59.50	55	61.80	2.333	0.311
	否	38	32.76	179	40.50	34	38.20		
想了解其他国家	是	59	50.86	237	53.62	50	55.18	0.584	0.747
	否	57	49.14	205	46.38	39	43.82		

注：* $=p<0.05$，** $=p<0.01$。

如表3所示，自述家庭居住地仅对我国大学生英语学习动机中的“实现出国的愿望”（$\chi^2=13.447$，$p<0.01$）和“父母的愿望”（$\chi^2=26.736$，$p<0.01$）存在显著影响。自述居住地在城市的学生对“实现出国的愿望”

① 对该问题的回答有一份问卷作废，共计647份。

选择"是"的百分比（50%）等于选择"否"的百分比（50%），而自述家庭在城镇和农村的学生选择"是"的百分比均小于选择"否"的百分比。在"父母的愿望"的选择上自述家在城市的学生和自述家在城镇及农村的学生也有明显的不同，前者选择"是"的百分比（56.71%）大于选择"否"的百分比（43.29%），而后者正好相反。这表明家住城市的大学生在英语学习上依从父母、想出国的可能性更大。

表3　不同英语学习动机与自述家庭居住地的卡方检验结果①

英语学习动机	评价	城市		城镇		农村		χ^2	P
		n	%	n	%	n	%		
找份好工作	是	267	81.40	61	85.92	205	83.00	1.377	0.502
	否	61	18.60	10	14.08	42	17.00		
实现出国的愿望	是	164	50.00	35	49.30	86	34.82	13.447**	0.001
	否	164	50.00	36	50.70	161	65.18		
父母的愿望	是	186	56.71	35	49.30	88	35.63	26.736**	
	否	142	43.29	36	50.70	159	64.37		
对英语感兴趣	是	213	64.94	39	54.93	144	58.30	2.340	0.310
	否	115	35.06	32	45.07	103	41.70		
想了解其他国家	是	184	56.10	36	50.70	126	51.01	0.852	0.653
	否	144	43.90	35	49.30	121	48.99		

注：* = $p<0.05$，** = $p<0.01$。

卡方检验结果表明自评家庭经济条件、自述家庭居住地两因素仅对我国大学生5项英语学习动机中的"父母的愿望"和"实现出国的愿望"两项有显著影响，具体而言自评家庭经济条件好和自述家住城市的大学生在英语学习上依从父母、想出国的可能性更大。

据此，我们按照"父母的愿望"和"实现出国的愿望"两项英语学习动机的回答情况，将受试分为四组并进行筛查，分别为组1：是"实现出国的愿望"，非"父母的愿望"；组2：是"父母的愿望"，是"实现出国

① 对该问题的回答有两份问卷作废，共计646份。

的愿望”；组3：“非实现出国的愿望”，是“父母的愿望”；组4：非“父母的愿望”，非“实现出国的愿望”。其中，组4的学习动机情况并不在本次研究范围之列，因此做筛除处理。我们将组1、2、3作为研究对象，探讨英语自我概念水平对英语学习动机的影响。首先将英语学习自我概念问卷中的反向计分条目进行重新赋值，计算出英语学习自我概念因子得分，然后采用单因素方差分析探讨英语学习自我概念水平的组间差异。为了更清楚地阐述英语学习自我概念与英语学习动机之间的关系，我们还将大学英语四级成绩作为评价学生英语学习成效的依据纳入本次研究，同样采用单因素方差分析计算各组间英语学习成效的差异，结果见表4。

如表4所示，三组间存在显著的英语学习自我概念水平（$F=20.218$，$p<0.01$）和英语学习成效（$F=12.230$，$p<0.01$）的组间差异。仅以“实现出国的愿望”为英语学习取向的学生英语学习自我概念水平（4.00±0.81）和英语四级成绩（62.86±11.81）最高，仅以“父母的愿望”为英语学习取向的学生英语学习自我概念水平（3.33±0.96）和英语四级成绩（54.64±12.57）最低，两项英语学习取向兼具者英语学习自我概念水平（3.81±0.84）和英语四级成绩（58.35±13.89）居中。这表明，与“实现出国的愿望”的英语学习动机相比，“父母的愿望”的英语学习动机对英语学习成效存在显著的耗损性影响；而英语学习自我概念水平与英语四级成绩的变化趋势一致。

表4　不同英语学习动机者的英语学习自我概念水平和英语学习成效的方差分析

组别	英语学习动机		人数（N）	英语学习自我概念水平（Mean ± Sd）	英语四级成绩（Mean ± Sd）
	实现出国的愿望	父母的愿望			
1	是	否	112	4.00±0.81	62.86±11.81
2	是	是	175	3.81±0.84	58.35±13.89
3	否	是	139	3.33±0.96	54.64±12.57

四、讨论

在影响我国大学生英语学习动机的社会情境因素中，家庭因素不容忽视。其中，出国动机与依从父母动机具有明显的家庭根源，与家庭经济状况和家庭居住地有着密切的关系，这一现象可能与父母在英语上的教育期望和教育行为差异有关。在我国一定的社会发展阶段，家住大城市、家庭经济好的学生父母往往不仅期望孩子获得高学历教育，还期望孩子能够通过出国镀金或移民来创造更好的生活条件，并因此关注和参与孩子的英语学习；但家住农村、家庭经济条件差的学生父母更多是期望孩子通过接受教育到城市就职来创造更好的生活条件，并因此而关注孩子的升学考试总体成绩，对单科的英语学习的关注和影响则较少。此外，家住大城市、家庭经济好的学生得到父母关心和严格管教的可能性更大（张文新，1997：49），这导致在英语学习方面依从父母意愿的可能性增加。

然而，通过本次研究我们看到，虽然出国动机和依从父母动机有着较为相似的家庭背景根源，但是这两项动机对我国大学生英语学习成效的影响是有着显著差异的，依从父母动机对英语学习成效具有明显的耗损性影响。表明家庭背景因素虽然对我国大学生英语学习动机存在一定影响作用，但这种影响作用并不一定是积极正向的，也不是决定性的。

研究表明，父母的期望和行为往往只有在被孩子理解并且能够被孩子接受的情况下才能影响孩子的发展。反映在英语学习上：即便孩子能够理解父母的良苦用心，愿意依从父母，不辜负父母对自己的期望，如果受学习能力所限或重要他人负面评价的影响，使得学生对自己的英语学习评价很低，认为自己在英语学习方面无能，导致低水平的英语学习自我概念，那么就容易导致学生学习动力不足，产生内在化程度很低的外在调节动机，认为自己的英语学习纯粹是为了依从父母的愿望，这其实是不利于英语学习成效的提高的。假如孩子一方面理解父母的良苦用心，愿意依从父母，不辜负父母对自己的期望；另一方面在多年的英语学习中不断体验着考试成功、同伴羡慕、老师表扬等正面的影响，使得学生对自己的英语学习做出高水平评价，导致高水平的英语学习自我概念，学生的英语学习动力会进一步强化，表现为内在化程度较高的投射调节动机或融合调节动机。本次研究结果表明，英语学习自我概念水平是决定我国大学生英语学习动机内在化的重要因素，英语学习动机受家庭背景因素影响，但其内在化是自我决定的。

五、结语

我国在城乡二元的体制下，在直辖市、省会城市、地级市、县城、乡镇和农村，教育资源条件逐层递减。家住大城市、家庭经济条件好意味着孩子能够更早更多地享有更好的外语教育资源，这对于外语学习是有益的。但父母过高的期望值，来自同伴、老师等重要他人的负面评价以及来自考试、竞赛等的挫败感都会降低大学生的英语学习自我概念水平，导致英语学习上动力不足，产生外在调节动机，对英语学习成效产生耗损性影响。因此，父母在家庭教育中应根据孩子学习的实际情况进行耐心积极的引导，避免对孩子寄予过高的期望。外语教育工作者应注重在学校和课堂环境中提高学习者个体对于英语学习的兴趣、自信心，以及对自身英语学习的正面评价，改善大学生对自身英语学习能力的自我认知，这样有助于他们英语学习动机的内在化，并提升他们的英语学习成效。

参考文献

[1] Atkinson J. W. , McClelland D. C, Clark R. A. & Lowell E. L. *The Achievement Motive* [M]. New York: Appleton Century Crofts, 1953.

[2] Deci, E. L. & Ryan R. M. *Intrinsic Motivation and Self-determination in Human Behavior* [M]. New York: Plenum Publishing Co. , 1985.

[3] Gardner, R. C. *Social Psychology and Second Language Learning: The Role of Attitudes and Motivation* [M]. London: Edward Arnold, 1985.

[4] Gardner, R. C. & Lambert, W. E. *Attitudes and Motivation in Second Language Learning* [M]. Rowley, Mass: Newbury House, 1972.

[5] Marsh & Shavelson. Self-concept: Its Multifaceted, Hierarchical Structure [J]. *Educational Psychologist*, 1985 (20).

[6] Rice, F. P. *The Adolescent: Development, Relationships and Culture* [M]. Boston: Allyn and Bacon, 1998.

[7] Skehan, P. *Individual Differences in Second Language Learning* [M]. London: Edward Arnold, 1989.

[8] Williams, M. & Burden R. *Psychology for Language Teachers* [M]. Cambridge: Cambridge University Press, 1997.

[9] 韩英杰. 教师亲近行为与学生英语内在学习动机的关系 [D]. 华东师范大学硕士学位论文，2006.

[10] 马冬梅. 中国英语专业大学生英语自我概念的结构和特点 [D]. 广东外语外贸大学硕士学位论文，2003.

[11] 黎丽. 家庭文化因素与英语作为外语学习者动机的相关实证研究 [D]. 湖南师范大学硕士学位论文，2004.

[12] 李强. 自我概念与英语学习的相关性研究 [D]. 大连理工大学硕士学位论文，2006.

［13］李伟杰．一项对大学生英语学习工具性动机向兴趣转化的研究［D］．重庆师范大学硕士学位论文，2007.

［14］石涛阳．家庭背景对上海市基础英语教育的影响［D］．华东师范大学硕士学位论文，2006.

［15］孙晔．中国青少年英语发音自我概念的发展性研究［D］．广东外语外贸大学硕士学位论文，2004.

［16］孙月玲．中国学生的家庭诸因素对其英语学习成果的影响［D］．安徽师范大学硕士学位论文，2004.

［17］王初明．自我概念与外语语音学习假设［J］．外语教学与研究，2004，36（1）．

［18］张少林等．家庭、学校、学生综合因素与基础英语教育效果关系的研究——上海市2 000名初三学生及家长的抽样调查［J］．上海教育科研，2006（1）．

［19］张文新．城乡青少年父母教育方式的比较研究［J］．心理发展与教育，1997（3）．

［20］邹为诚等．家庭背景对上海市义务教育阶段英语学习的影响［J］．国外外语教学杂志，2005（4）．

（原载《外语电化教学》2008年第3期，略有改动）

作者简介

许瑾，南方医科大学外国语学院副教授，在读博士，研究方向为医学用途英语、生物语言学。

中英文高影响因子生物医学刊物中研究论文的语篇体裁结构对比

许　瑾　林丽惜

一、研究背景

美国科学情报研究所将以其出版物《科学引文索引》上列出的全球自然科学方面较为重要的学术刊物作为编排索引的信息来源，并计算每种刊物论文的影响因子（IF），这些刊物上发表的论文称为SCI论文。2005年SCI共收录6 089种期刊，其中生物医学期刊占46.31%（周文，2007：65）。在平均IF最高的20个学科中，生物医学学科占到了90%（方永才、吴光豪、陈雷，2004：115）。SCI收录期刊中IF最高的前5种期刊全部为生物医学期刊（周文，2007：65）。生物医学研究领域由于其本身所具有的重要产业化市场前景和可能带来的重大理论突破正成为各国高度重视和研发的重点（周林，2003：54～56）。生物医学SCI论文成为各国生物医学科学家们展现科技实力，进行生物医学科技知识创新的重要竞争平台，是当今全球评价生物医学科技成果与人才的重要指标之一。

随着社会的发展，经济和科技的全球化和国际化浪潮日益高涨，我国学术期刊出版的国际化业已成为必然的趋势。科技期刊的国际化构成要素主要包括语种的英语化、作者的全球化、编委（审稿）的国际化等（吴伟根、章晓光、周莉花，2005：444）。其中语言作为人类最重要的交际工具和人类赖以思维的工具（陆俭明，2005：1～2），语种的英语化绝不仅仅是将中文照译成英语，而是学术论文从语篇结构、内容到修辞、文体的全面英语化。

在语言学界，Hyland将体裁定义为“文本的分类方式，表明作者应对反复出现的交际事件时所使用语言的典型方式”（Hyland，2008：543－562）。体裁概念将篇章语言表达形式与交际目的、使用场合相结合，以解释某一类特定语篇的结构及语言特征。体裁知识在帮助学习者理解和掌握具有特定交际目的的篇章，如研究论文、商业推销信、法律文件等方面的重要性也已得到了认可。Swales 采用语轮（move）和语步（step）概念构建出了英文研究论文引言部分的 CARS 体裁结构模式（表 1）。（Swales，1990：144；秦秀白，1997：8～15）。

表 1　科研论文引言部分的 CARS 模式语篇体裁结构

语轮	语步
确立研究领域	1. 提出中心议题
	2. 概括主题
	3. 回顾先前研究成果
确立适当的研究地位	1a. 反驳已有论点（和/或）
	1b. 指出研究差距或空白（和/或）
	1c. 提出问题（或）
	1d. 继承前期研究成果
占据研究地位	1a. 概述自身研究目的（和/或）
	1b. 通报本课题当前研究情况
	2. 通报主要研究发现
	3. 介绍论文结构

Swales 试图总结出各学科通用的研究论文体裁结构，然而由于各学科间巨大的学术文化差异，一套通用的论文体裁结构在指导学术规范和学术写作教学时尚缺乏有效的针对性。据此，Nwogu 进行了针对生物医学典型的 IMRD 格式研究论文的体裁结构分析，认为英文生物医学研究论文由 11 个语步构成（Nwogu，1997：119－138）（表 2）。然而，国内外尚无我国生物医学领域学者所发表的中文研究论文体裁结构研究及其与国外高影响力刊物论文体裁结构对比研究。这些问题的回答将对生物医学科技期刊学术规范的国际化和生物医学研究生的学术英语写作教学存在指导意义。

二、研究方法

参照 Li 的随机分层抽样方法（Li & Ge，2009：95，97），根据中文生物医学期刊的代表性、声望和可获得性，选取5种中文生物医学学术期刊。在每种刊物中随机抽取2000—2004年发表的研究论文25篇（每年5篇），共获得研究论文125篇。所有研究论文均为IMRD格式，论文作者为中国学者，作者所属机构在中国大陆。再按照每年每刊1篇的原则，随机抽取25篇论文作为本研究语料。

根据Swales和Nwogu的体裁结构分析框架，我们对这25篇论文进行了体裁结构分析，体裁结构分析由两名富有经验的体裁分析研究者进行，分析分歧通过小组讨论进行统一。统计每一语步出现的频次，频次达到50%以上为必需语步，50%以下为可选语步。我们对所有语步频次进行了卡方检验，以明确每一个语步使用的中英频次差异。数据统计采用统计分析软件SPSS 13.0进行。

三、研究结果

本研究发现，首先，中英文高影响因子生物医学刊物中研究论文的体裁结构存在较强的一致性，具体体现在第八语步均为可选语步（出现频次<50%），其他10个语步均为必需语步（出现频次>50%）。其次，英文研究论文的第六语步的使用频率略高于中文研究论文的使用频率。最后，第二语步和第九语步的使用频率存在中英间显著差异（$P<0.05$），英文论文“回顾相关研究”的频率显著高于中文论文，中文论文“强调总体研究结果”的频率显著高于英文论文（表2）。

表2　中文生物医学科技论文的语步频次及中英生物医学论文语步频次对比

	语步	Li的研究结果（$N=25$） 频次（%）	本研究结果（$N=25$） 频次（%）
引言部分	1. 展示背景信息	24（96）	23（92）
	2. 回顾相关研究	25（100）	17（68）*
	3. 展示新的研究	25（100）	25（100）
方法部分	4. 描述数据收集过程	25（100）	25（100）
	5. 描述实验步骤	25（100）	25（100）
	6. 描述数据分析步骤	24（96）	23（92）

（续上表）

	语步	Li 的研究结果（$N=25$）频次（%）	本研究结果（$N=25$）频次（%）
结果部分	7. 表述与前人研究一致的结果	25（100）	25（100）
	8. 表述与前人研究不一致的结果	4（16）	4（16）
讨论部分	9. 强调总体研究结果	11（44）	20（80）*
	10. 解释具体的研究结果	25（100）	25（100）
	11. 表述研究结论	25（100）	25（100）

注：*具有统计学差异（$P<0.05$）。

四、讨论

（一）第二语步：回顾相关研究

本研究发现，第二语步“回顾相关研究”存在显著的中英差异，英文学术论文100%采用了这一语步，为重要性极高的必需语步，通常占据较大的篇幅，其内容包括两个部分：已有研究和已有研究中尚待解决的问题。表明本项研究是在本学术社团的已有知识基础上发现研究问题，进而提出解决该问题的实验方法，再通过讨论实验发现得到问题答案的（Hyland，2009）。即所谓站在巨人的肩膀上创新知识，是国外研究论文中发现研究问题的必需途径。而中文研究论文中虽然这一语步也是必需语步，其使用频率达到了68%，但与英文研究论文相比，其使用频率显著低于英文研究论文（$P<0.05$），且所占篇幅偏小。这一现象也许源于中国与欧美国家哲学文化背景的差异。欧美国家的哲学背景是亚里士多德严密的形式逻辑，以及16—18世纪弥漫于欧洲的理性主义，理性主义注重形式论证，因此，西方人擅长理性逻辑思维，重视表达的确切性。而中国传统思维注重实践经验，借助于直觉体会，擅长感性直觉思维，通过知觉从总体上模糊而直接地把握认识对象的内在本质和规律（何南林，2008），这一差异需引起刊物编审界和学术写作教学界的重视。以下举例说明：

英文：The use of assisted reproductive technology is an important contributor to the rate of low birth weight in the United States because it is associated with a higher rate of multiple birth, which, in turn, is associated with low birth weight. By 1997, the use of assisted reproductive technology accounted for more than 40 percent of triplets born in the United States. In addition, studies have suggested that there is a higher rate of low birth weight among singleton infants conceived with assisted reproductive technology than among naturally conceived singleton infants or among all infants in the general population. However, these studies had methodologic limitations. (Schieve, A. L., Meikle, F. S., Ferre, C. et al. Low and Very Low Birth Weight in Infants Conceived with Use of Assisted Reproductive Technology [J]. *New England Journal of Medicine*, 2002, 346: 731 - 737)

中文：1995 年 Wijffels 提出引起房颤的第二因子学说，即早期电重构是容易逆转的电生理现象，而其他相关的因素即结构重构引起心房局部区域传导改变，导致了持续性房颤，最终演变为不易逆转的病理现象。[严卉，陈君柱，朱建华等. 缝隙连接蛋白在心房纤颤患者心房肌的表达及其信号转导途径 [J]. 中华医学杂志，2004，84（3）：209 ~213.]

（二）第六语步：描述数据分析步骤

第六语步描述数据分析步骤出现在定量分析的研究论文中，用以介绍研究所使用的统计工具和分析步骤，以便于实现科学实验的可重复性原则（Nwogu，1997：119 - 138）。本研究结果发现，国外研究论文对这一语步的使用略高于中文论文，差异未达到统计学意义（$P > 0.05$），表明中英文高影响因子生物医学期刊研究论文对这一语步的重视程度比较接近。但对具体描述文字的分析发现，英文论文的这一语步通常比较详细，更现实地表达了科学实验的可重复性原则。以下例证说明：

英文：For each topic, the level of group support for a topic hypothesis was indicated by the median and the level of agreement within the group by the mean absolute deviation from the median. Topics were ranked according to the medians. Medians of 7 - 9 were defined as strong support, 4 – 6.5 as moderate, and 1 – 3.5 as weak. The level of agreement was categorised according to thirds of the mean absolute deviation from the median (low > 1.41, moderate 1.08 – 1.41, high < 1.08). Any change between the first and the second round indicated the impact of the nominal group meeting in promoting consensus. The significance of any change in rank order was tested with Wilcoxon's signed ranks test, and any association between the level of support and the degree of consensus for topics was tested with the χ^2 test. (Vella, K., Goldfrad, C., Rowan, K., et al. Use of Consensus Development to Establish National Research Priorities in Critical Care [J]. *The British Medical Journal*, 2000, 320: 976 –980)

中文：数据由调查员输入统一的数据库中，经逻辑核对确认无误后，用 SPSS 10.0 软件进行分析。分析变量定义如下：吸烟者，连续或累计 3 个月至少每周吸 1 支烟者；现在吸烟者，符合吸烟者定义且过去 30 天内吸过烟者。[陈静，孙亮，钱海红等. 复旦大学大学生吸烟情况及影响因素调查 [J]. 复旦学报（医学版），2003，30（5）：487 ~490.]

（三）第八语步：表述与前人研究不一致的结果

Nwogu 将第八语步定义为"高弹性语步"（Nwogu，1997：119 –138），并认为这一语步的低使用频率是因为学者对其研究结果的解释存在不同程度的重视，学者仅会重视那些对其结论而言非常重要或必要的研究结果（Knorr-Cetina，1981）。本研究中中文研究论文的第八语步使用频率依然很低（<50%），为可选语步，与国外相关研究结果一致（Nwogu，1997：119 –138；Li & Ge，2009：95，97）。其原因也许正如 Li 所归结的那样，实证性的论文更容易为学术刊物所录用。而本研究发现，中国生物医学学者也不例外地回避使用这一语步。

（四）第九语步：强调总体研究结果

Nwogu 将第九语步"强调总体研究结果"定义为讨论部分的起始语步，并直接回答论文引言部分所提出的研究问题。Li 的研究发现，1985—1989 年的外文论文中，这一语步的使用频率为 92%；2000—2004 年的外文论文中，这一语步的使用频率为 44%。并将此历时性的语步频率变化归结为目前生物医学学者更倾向于在讨论部分的一开始就直接进入具体研究结果的讨论，他们更倾向于采用归纳性方式进行讨论部分的写作，而非演绎性方式（Li & Ge，2009：95，97）。本研究发现，中文期刊中第九语步"强调总体研究结果"的出现频率显著高于外文期刊（$P<0.05$），表明中国生物医学学者仍倾向于使用在20世纪80年代较为普遍的论文讨论部分写作模式，即在讨论部分的开篇即介绍研究的总体结果，逐渐演绎至具体的实验发现。这一语步的使用差异也应引起相关领域学者的高度重视。

五、结语

本研究通过创建2000—2004年中文生物医学论文语料库进行中文研究论文的语步使用频率分析，并与国内外学者相关研究结果进行比较。结果发现，中文生物医学论文的语步使用频率与国外著名生物医学刊物中研究论文的语步使用频率大体一致，表明我国生物医学刊物在语言规范的国际化方面做出了不少的努力和不小的贡献。但个别语步的使用频率还存在较大差异，需要学术期刊对论文语言进行进一步规范，高等院校也应重视对学术写作规范的研究及学术写作教学。

参考文献

[1] 周文．SCI收录世界生物学医学期刊分析——兼与PubMed比较［J］．中华医学图书情报杂志，2007，16（3）．

[2] 方永才，吴光豪，陈雷．SCI期刊的学科分布及不同学科论文评价的探讨［J］．浙江大学学报，2004，30（1）．

[3] 周林．生物医学研究热点及意义［J］．世界科技研究与发展，2003，25（3）．

[4] 吴伟根，章晓光，周莉花．中国科技期刊国际化研究［J］．中国科技期刊研究，2005，16（4）．

[5] 陆俭明．现代汉语语法研究教程（第三版）［M］．北京：北京大学出版社，2005．

[6] 秦秀白．"体裁分析"概说［J］．外国语（上海外国语大学学报），1997（6）．

[7] 何南林．汉英语言思维模式对比研究［M］．济南：齐鲁书社，2008．

[8] Hyland，K. Genre and Academic Writing in the Disciplines［J］．*Language Teaching*，2008，41（4）．

[9] Hyland，K. *Academic Discourse：English in a Global Context*［M］．London & New York：Continuum International Publishing Group，2009．

[10] Knorr-Cetina, K. D. *The Manufacture of Knowledge*: *An Essay on the Constructivist and Contextual Nature of Science* [M]. Oxford: Pergamon, 1981.

[11] Li, L. -J. & Ge, G. -C. Genre Analysis: Structural and Linguistic Revolution of the English-medium Medical Research Article (1985 – 2004) [J]. *English for Specific Purposes*, 2009, 28.

[12] Nwogu, N. K. The Medical Research Paper: Structure and Functions [J]. *English for Specific Purposes*, 1997, 16 (2).

[13] Swales, J. M. *Genre Analysis*: *English in Academic and Research Settings* [M]. Cambridge: Cambridge University Press, 1990.

（原载《科技与出版》2011 年第 9 期，略有改动）

作者简介

许瑾，南方医科大学外国语学院副教授，在读博士，研究方向为医学用途英语、生物语言学。

林丽惜，南方医科大学外国语学院 2007 级本科生，专业为医学英语。

体裁分析与研究生学术英语写作能力培养

许　瑾

一、引言

近年来随着我国科教兴国战略的深入实施，高等院校和科研机构越来越注重科研产出的质量，并因此将在国际权威期刊发表论文的篇数及其影响因子（impact factor，IF）的高低作为衡量科研成果大小的参考指标之一。有的理工科高等院校还依据自身的发展定位，把在国际权威期刊发表研究性论文作为博士研究生能否获得学位的一个判定依据。因此，用英语写作符合国际惯例的学术论文并得以在国际权威期刊上发表成为博士生们，尤其是那些注重自身科研发展的博士生们较为迫切的英语学习需求之一。然而，我国目前的非英语专业博士生英语教学在很大程度上还不能满足他们在这方面的英语学习需求，因此本文将在体裁分析理论基础上，探讨适合我国非英语专业研究生英语学术写作教学的实践模式。

二、体裁分析与体裁教学法

在应用语言学界不断地探索语言及其使用语境的关系并将相关研究成果应用于语言教学的双重驱动力作用下，体裁分析和体裁教学法在过去的二十几年间受到二语/外语写作教学研究者的广泛关注。

（一）体裁的定义

Martin 认为，体裁是“我们作为特定文化中的成员，所从事的一种阶段性的、有着既定目标的、有目的的活动”（Martin，1984：25）；Swales 对体裁的定义是“交际事件的分类，参与交际事件的成员享有一套共有的交际目的，这些目的为更大语篇社团的专业成员所认可”（Swales，1990：58）；Hyland 将体裁定义为“文本的分类方式，表明作者应对反复出现的交际事件时所使用语言的典型方式”（Hyland，2009：544）。体裁概念将篇章的语言表达形式与其交际目的及使用的社会场合结合起来，用以描述与解释某一类特定语篇的结构及语言特征。

（二）语篇社团概念

作为体裁分析的核心概念，语篇社团概念来自 Bakhtin 的对话主义，强调书面交际和口头交际受到先前口头和书面交际内容的影响，同时预计他人的实际和潜在回应。Swales 曾将语篇社团定义为：①具有一整套共同的公共目标；②具有成员间进行沟通的机制；③语篇社团的参与机制主要用于提供信息并获得反馈；④一个语篇社团往往拥有单一或多种交际体裁促进其目标的实现；⑤具有一定专门性词汇；⑥在知识水平和语篇能力方面设定门槛（Swales，1990：24－27）。语篇社团概念的意义在于将作者、读者和文本融入一个共同的修辞空间，强调个体用以组织经验并以言行事的概念框架，这个概念框架构成了交际的基础。缺少这一概念图式，我们将无法有效地解读他人的语篇。为了追求个人发展和专业发展，学者们试图在他们的话语和语篇内嵌入一个特定的社会团体，在这个社团中他们使用社团成员所预期的语篇模式进行思考，形成特定的语言表达。社团规范则成为培养社团信念、团结社团成员和进行社团管理的方式，并将业内人士与他人区分开来。在每一种学科文化中，学生和学者们逐渐掌握专门性的语篇能力，获得社团成员身份（Hyland，2009：47－48）。因此，由于科研方法和属性的不同，不同学科的学术论文存在较大的体裁差异。

（三）体裁分析的三大学派

尽管学界对体裁本质的认识基本一致，但由于体裁分析实践中对语境和文本分析的侧重点存在差异，体裁分析迄今存在三大学派（Hyon，1996；Hyland，2002）。

（1）新修辞学派（new rhetoric group）。

新修辞学派认为体裁是一种社会标准策略，蕴含于语篇的典型形式之中，并在回应反复出现的修辞情景中发展变化。这一研究取向决定了其研究侧重于文本类型与修辞情景间的动机和功能关系，并以学术文章为研究重点进行语言文化研究，致力于揭示体裁在语篇社团中所隐含并构建的态度、价值和信念等，相关的体裁教学研究较少。

（2）悉尼学派（Sydney school）。

又称系统功能学派，强调体裁的社会目的，致力于描述服务于这一社会目的的语篇修辞结构。这一学派的研究较为详细地分析语篇的语轮（moves），并详细描述每一语步中的词汇、语法和衔接特点。该学派以小学生和初中生所需要学习的各种体裁为研究重点，研究成果在移民英语教育领域影响广泛。其“课程体裁”教学模式主要通过范文分析、模仿写作逐步使学生过渡到独立写作。在具体实施过程中，教师和学生共同参与一系列教学活动，并引导帮助学生掌握语篇体裁的图式结构分析方法。

（3）特殊用途英语学派（ESP approach）。

为上述两个学派的融合，结合了新修辞学派的互文性（intertextuality）和对话性（dialogism）及悉尼学派的语篇结构性，以学术性文本为研究重点，以语轮（moves）和语步（steps）为语言研究单位进行语篇体裁分析（例如，Swales 的 CARS 模式对科研论文的前言部分的体裁分析，见表 1），重视研究语篇结构、内容和文体的选择。并以体裁分析为基础，系统地、有针对性地指导学术英语写作教学。

表 1　科研论文前言部分的体裁结构（CARS 模式）（Swales，1990：144）

move（语轮）	step（语步）
Establishing a territory 确立研究领域	1. Claiming centrality（and/or）
	2. Making topic generalization（and/or）
	3. Reviewing items of previous research
Establishing a niche 确立适当的研究地位	1a. Counter-claiming（or）
	1b. Indicating a gap（or）
	1c. Question-raising（or）
	1d. Continuing a tradition
Occupying the niche 占据研究地位	1a. Outlining purposes（or）
	1b. Announcing present research
	2. Announcing principal findings
	3. Indicating RA structure

三、ESP 学派的体裁教学

由于 ESP 学派的体裁分析实地性地解释和描述了在学术和专业语境下的语言使用，致力于解答“为什么专业人员在创作特定语篇的时候都倾向于这样而不是那样的遣词造句和谋篇布局”的问题，其研究成果对学术英语写作教学的指导意义最为显著。

（一）ESP 学派体裁教学模式

ESP 体裁分析学派的体裁教学模式融入了社会文化学派（sociocultural theory，SCT）的最近发展区理念（zone of proximal development，ZPD），认为最近发展区是学习者的一个潜能发展区，学习者在支架式（Scaffolding）的协助下能够获得这个潜能。支架式协助由专家与学习者之间的垂直构建（vertical construction）和同伴间交流中的横向构建组成。SCT 理论强调输入和互动的重要性，认为阅读的过程实际上综合了读者与作者间的人际互动（interpersonal interaction）和个体自身的内心互动（intrapersonal interaction），外语学习者通过这两方面的互动重构语言知识并提高语言技能（Saville-Troike，2006：112 – 114）。

融合了最近发展区概念的体裁教学法主要包括体裁分析（结合实例分析体裁的图式结构）、模仿分析（对给定语篇进行模仿分析）、小组讨论（将语篇的图式结构打乱，让学生通过讨论进行语篇复原）、独立分析（学生自主寻找语篇进行分析和评述）、深入分析（分析某一体裁的语言及其风格）和模仿写作。

（二）ESP 学派体裁教学范例介绍

尽管 ESP 学派的体裁教学模式的有效性在外语/二语学术写作教学领域，尤其是研究生阶段的学术写作领域得到了广泛的认同，但是在 ESP 学派体裁教学理论框架下所进行的学术英语写作教学的实验报道却不多见。在进行了大量的文献阅读和比较的基础上，本文以 Cheng（2008：52 – 54）所进行的学术英语写作教学为范例，对 ESP 学派的体裁教学模式做一个简要的介绍。

1. 课程概述

Cheng 的英语学术写作课程总共分为四大部分。第一部分：利用婚礼公告、讣告和好/坏消息通知等非学术体裁文本帮助学生理解体裁概念，教会他们基本的体裁分析方法（如语轮的识别方法、语轮中语言特点的分析方法等），引导学生认识文本中不同修辞参数（如作者、读者、写作目的等）在形成特定体裁中所起到的各种作用。第二部分：研究性论文（research article，RA）引言部分的体裁特征。第三部分：研究性论文方法部分、讨论部分和结论部分的体裁特征。第四部分：其他学术相关体裁，如求职信、论文投稿信等。每节课堂 75 分钟，每周连续两次，课程共持续 16 周。

2. 教材

在课程的第二部分开始之前，Cheng 安排学生在自己专业领域的知名期刊上选择 5 篇已发表的研究性论文，并建议学生在自己专业领域的教授或有经验的同伴指导下进行研究论文的选择，以保证所报道研究的质量以及学术写作本身的质量，学生在提交这 5 篇研究性论文样本的同时需要简短说明选择这 5 篇论文的理由。这 5 篇研究性论文样本主要用于 Cheng 的课堂体裁分析、课程第二和第三部分的课堂讨论以及体裁分析作业的布置。

3. 课堂讨论

课堂讨论为非结论性的启发式，集中对所选论文特定部分在语篇层面的特点进行讨论，包括某一特定部分的语轮、特定语轮中的语步以及特定语轮或语步的语言特点。除此之外，学生还可以讨论他们自己认为有用或有趣的修辞特点和语言特点。课堂讨论目的是提升学生的体裁意识，并使学生意识到具体学科语境下体裁的修辞性与思想性。教师往往在讨论过程中或讨论之后讲解自己在体裁分析领域所积累的理论知识，避免将某些体裁知识作为写作规则强加给学生。

4. 体裁分析练习与教师反馈

课外体裁分析作业要求学生在课外就所提交论文的某一特定部分独立进行体裁分析，体裁分析的方法和内容与课堂讨论一致。作业的完成充分利用了计算机信息技术，学生利用 Office 2000 版 Word 将研究性论文样本的某一部分剪切并粘贴，然后用黑体或斜体等来标示自己对体裁特点的分析。

教师对体裁分析作业的反馈包括三种：提供更多的体裁分析范例、指出学生未理解的要点以及基于作业的面谈。Cheng 在作业评价中不断提醒学生体裁分析的目的是积累体裁特点知识以备他们在将来的论文写作中进行使用，并不是学习一套写作规则。

（三）ESP 学派体裁教学的特点及其教学启示

1. *真实性原则*

真实性原则有助于加强学习者与目的语之间，以及学习者与目标学术社团之间的互动，提高英语学习的成效，推动他们获得目标学术社团的成员身份。在导师帮助下自行选择与本专业领域相关的高水平的已发表论文作为基本教学材料，一方面消除了专业隔阂对语言学习造成的障碍，加强了学习者在词汇、句法、篇章等层面与语言学习材料之间的互动；另一方面帮助他们营造了一个更真实的社团语境，推动他们学习专业语言表达，获得本专业学术社团的成员身份。此外，练习的设计等也都基于强化真实的教学材料与学习者之间的互动，起到了增强教学效果的作用。

2. *需求分析原则*

在 ESP 教学领域，“需求分析”包含两方面的内容：一是有关“目标需要”（target situation analysis，TSA）的分析，即分析学习者将来必然遇到的交际情景，包括社会文化环境、工作环境以及特定环境可能给学习者在未来工作中带来的特定心理状态等（Chambers，1980：29）；二是分析学习者的“学习需要”（learning needs），包括学习者缺乏哪些方面的技能和知识，哪些技能和知识应该先学，哪些应该后学，哪些是学习者喜欢或最易适应的学习方法等等。

在我国 EFL 语境下，非英语专业博士生的英语写作的交际情境包括职业交际情境和学术交际情境两大类：前者即工作业务中的一些应用文书写作，例如涉外医院的医生可能需要用英文撰写患者的病历；后者则指撰写中文学术论文的英文摘要以及在国际专业刊物上发表科研成果。“学习需求”的分析则需要教师对学习者的中介语与本族语者在国际学术刊物上发表的专业性论文进行深入系统的对比，使得教师在了解学习者学习需求的同时提高自身的科研实践能力。而将真实语篇作为教材的做法也有利于学生清楚地意识到自身的语言能力差距，促进他们的语言模仿与内化。

3. *以学习者为中心*

学术英语写作教学具有鲜明的目标。在 EFL 语境下，非英语专业博士生的学术英语学习目标即在国际学术刊物上发表研究成果，因此教学大纲和教材都应建立在这一学习需求基础上。在 ESP 体裁教学模式中，我们不难看出，无论是真实性学习文本，还是教师的教学活动，学习任务的设计和教师的教学反馈都紧紧围绕着学习者的学习目标展开。这在一定程度上有助于拉近学术社团成员与学习者之间的距离。

4. 教师的角色转变

ESP 教学强调“以学生为中心”，这实际上对教师提出了更高的要求。Dudley-Evans 和 St. John（1998）认为，合格的 ESP 教师应当充当五种角色：①他首先是个合格的英语教师（teacher）；②他必须是个合格的课程设计者，并能为学生提供实用可行的教学资料（course designer and materials provider）；③他既是专业教师的合作伙伴，也是学生的合作伙伴（collaborator）；④他必须是个合格的教学研究人员（researcher）；⑤他还应该精通 ESP 的测试与评估（evaluator），能根据教学需要对学生的学习情况进行适时的分析和总结。Hyland 最近提出（2009：182），学术英语写作教师的主要任务是分析目标学术社团文本的主要特征并明确地传递给学习者，目的是提升学习者的意识，鼓励学习者反思自身行为，提供对目标杂志的分析策略，指导学生进行论文提交和修改。ESP 学派的体裁教学模式要求教师储备全面的特定语篇体裁知识，这一要求一方面促使教师在体裁分析研究和体裁教学之间搭建起沟通的桥梁，完成科研成果向教学实践的转化；另一方面有利于教师在教学实践中发现研究问题，并向体裁分析研究者的角色转变。

参考文献

[1] 秦秀白．“体裁分析”概说［J］．外国语（上海外国语大学学报），1997（6）．

[2] Brown，G. & Yule，G. *Discourse Analysis* [M]. Cambridge：Cambridge University Press，1983.

[3] Chambers，F. A Re-evaluation of Needs Analysis [J]. *ESP Journal*，1980（1）.

[4] Cheng，A. Analyzing Genre Exemplars in Preparation for Writing：The Case of an L2 Graduate Student in the ESP Genre-based Instructional Framework of Academic Literacy [J]. *Applied Linguistics*，2008，29（1）.

[5] Dudley-Evans & St. John. *Developments in English for Specific Purposes* [M]. Cambridge：Cambridge University Press，1998.

[6] Hyland，K. Genre：Language，Context，and Literacy [J]. *Annual Review of Applied Linguistics*，2002，22.

[7] Hyland，K. *Genre and Second Language Writing* [M]. Michigan：The University of Michigan Press，2004.

[8] Hyland，K. Genre and Academic Writing in the Disciplines [J]. *Language Teach-*

ing, 2008, 41 (4).

[9] Hyland, K. *Academic Discourse: English in a Global Context* [M]. London & New York: Continuum International Publishing Group, 2009.

[10] Hyon, S. Genre in Three Traditions: Implication for ESL [J]. *TESOL Quarterly*, 1996, 30.

[11] Martin, J. R. Language, Register and Genre [A]. *Children Writing: Reader* [C]. F. Christie. Vic: Deakin University Press, 1984.

[12] Saville-Troike, M. *Introducing Second Language Acquisition* [M]. New York: Cambridge University Press, 2006.

[13] Swales, J. M. *Genre Analysis: English in Academic and Research Settings* [M]. Cambridge: Cambridge University Press, 1990.

（原载《外语电化教学》2011 年第 5 期，略有改动）

作者简介

许瑾，南方医科大学外国语学院副教授，在读博士，研究方向为医学用途英语、生物语言学。

Introduction Sections of Biomedical Research Papers: Integration of Research Variables into Social Functions

Xu Jin

It has long been recognized that learning to write in academic genres essentially means developing an understanding of the social practices of the discipline, being aware of the functions of texts and how these functions are conventionally accomplished. The conventions of their writing, therefore, are always embedded in deeper epistemological frameworks that are frequently discipline specific (Hyland, 2000). Specifically, the research paper remains the pre-eminent genre of the academy (Hyland, 2009). Its publication involves a long process of persuading editors, reviewers and peers to accept a claim as interesting or valid, drawing on approved and familiar discourses to do so (Hyland, 2009). And its writing presents challenges for non-native English scholars and novice scholars due to their unawareness of its social nature and conventions.

Biomedical research refers to studies of the medical issues and problems using biological methodologies, including basic medical research and clinical medical research, whose design is largely based on the combination of the 3 basic research elements, namely the independent variable (variable X), the subject (variable Z) and the dependent variable (variable Y) (Wei, 2006). The research paper remains the pre-eminent genre of the biomedical academy, which can be categorized into 3 types based on the research design: the hypothesis-testing paper (a research story about verifying a hypothesis), the descriptive paper (description of a newly discovered object, such as a structure) and the methods papers (description of a new or improved method, material, or apparatus) (Zeiger, 2000). The reasonable combination of the basic research elements is the key for the research design and the basis for the writing of the biomedical research papers (Wei, 2006). This paper attempts to integrate the research design elements into the micro-structure of the introduction section of biomedical research papers, intending to clarify the social functions underlying the foregrounded newness and importance of the research. Three examples of biomedical research papers are chosen for text analysis, including one hypothesis-testing paper, one descriptive paper and one methods paper.

1. **Hypothesis Testing Paper**

TITLE	KEY POINTS/VARIABLES
Effect of Long-Term and Short-Term Treatments with Pravastatin on Diabetes Mellitus and Pancreatic Fibrosis in the Otsuka-Long-Evans-Tokushima Fatty Rat ①	Independent Variable (X): Pravastatin. Dependent Variables (Y): Diabetes mellitus and pancreatic fibrosis. Subjects: Otsuka-Long-Evans-Tokushima Fatty rat (Z).
INTRODUCTION	**SOCIAL FUNCTION/ COMMUNICATIVE PURPOSE**
The Otsuka-Long-Evans-Tokushima Fatty (OLETF) rat is a diabetic strain established from the outbred colony of Long-Evans rat, and develops diabetes mellitus (DM) after 24 weeks of age (Kawano et al., 1992). During the progression of type 2—like DM, the OLETF rat eventually becomes hypoinsulinaemic and develops type 1—like DM after 70 weeks of age.	To justify the use of OLETF rats (Z) for the study of diabetes (Y) by stating the relationship between OLETF rats and diabetes.
Histologically, mild to moderate lymphocyte infiltration in the endocrine and exocrine pancreas is observed, and fibrosis becomes prominent especially around and in the islet at 6 – 20 weeks of age. After 70 weeks of age, the islets and exocrine glands are extremely atrophic and replaced by fatty and connective tissue (Kawano et al., 1992).	To justify the use of OLETF rats (Z) for the study of pancreatic fibrosis (Y) by stating the relationship between OLETF rats and pancreatic fibrosis.

(Continued)

① The source of the paper: *British Journal of Pharmacology*, 2010. p. 159.

INTRODUCTION	SOCIAL FUNCTION/ COMMUNICATIVE PURPOSE
Based on these histological alterations, OLETF rats are used as an animal model of pancreatic fibrosis as well as DM (Yoshikawa et al., 2002).	A summary of the above two steps justifying the use of OLETF rats (Z) for the study of diabetes and pancreatic fibrosis (Y).
Pancreatic fibrosis is progressive and irreversible; therefore, chronic pancreatitis is considered to be one of the intractable pancreatic diseases. Recently, an experimental study in vitro has demonstrated that lovastatin inhibits the activation of pancreatic stellate cells (Jaster et al., 2003), which play a central role in pancreatic fibrosis (Apte et al., 1998). These results suggest that statins exert beneficial effects on pancreatic fibrosis, and improve the clinical course of chronic pancreatitis.	To justify the use of statins (X) for the study of pancreatic fibrosis (Y) by stating the relationship between statins and pancreatic fibrosis.
Statins are widely used in the first line management of hyperlipidaemia due to their known efficacy in improving plasma lipid profiles (Endo et al., 1976). However, recent studies have demonstrated that statins exert pleiotropic effects such as anti-oxidative (Moriyama et al., 2001), anti-inflammatory (Solheim et al., 2001; Li et al., 2004) and antifibrotic actions (Moriyama et al., 2001; Liet al., 2004) beyond cholesterol reduction. In addition, statins have been shown to exert beneficial effects on the progression of DM, not only by lowering plasma lipid levels (Freeman et al., 2001), but also by improving insulin sensitivity, insulin secretion (Paniagua et al., 2002) and leptin resistance (Yu et al., 2004), although not all the results reported are in agreement with these findings (Satoh et al., 2005; Takano et al., 2006).	To justify the use of statins (X) for the study of diabetes (Y) by stating the relationship between statins and diabetes. The underlying mechanism of the effects of statins on diabetes and pancreatic fibrosis is stated to be controversial. Therefore, the newness and importance of the research are foregrounded.

(Continued)

Because oxidative stress participates in the development of DM (Kaneto et al., 1999) and pancreatic fibrosis (Matsumura et al., 2001), we hypothesized that treatment with statin may exert beneficial effects on the progressions of DM and pancreatic fibrosis in the OLETF rats.	Statement of the hypothesis.
In addition, we have previously demonstrated that the beneficial effects of acarbose on DM and pancreatic fibrosis persist for more than 40 weeks after its withdrawal in the OLETF rats (Yamamoto et al., 1999).	To justify the division of long-term and short-term treatments in the present study.
Based on our previous findings and hypothesis, we examined the effects of pravastatin on the onset and progression of DM and pancreatic fibrosis in the OLETF rat during and after cessation of the treatment.	A brief introduction of what we did in the present experiment.

2. **Descriptive Paper**

TITLE	KEY POINTS/VARIABLES
Neurologic and Developmental Disabilityat Six Years of Age after Extremely Preterm Birth①	Dependent Variable (Y): Neurologic and developmental. Disability Subjects (Z): Children aged 6 years that survived extremely preterm birth.

(Continued)

① The source of the paper: *The New England Journal of Medicine*, 2005. p. 352.

INTRODUCTION	SOCIAL FUNCTION/ COMMUNICATIVE PURPOSE
An increased prevalence of cognitive impairment and poorer educational achievement has been repeatedly observed among school-age children of extremely low birth weight, as compared with those born at full term. Such children were born before the wide introduction of antenatal treatment with corticosteroids and surfactants. These agents are important determinants of the increased survival of extremely preterm infants and might be expected to improve long-term outcomes.	MesSAGE publications 1: The school-age children of extremely low birth weight has been concerned, but since then, the antenatal treatment policy has been changed. The newness and importance of the study is foregrounded.
In a previous report in the Journal, we described the outcomes at 30 months of age (corrected for prematurity) of a cohort of infants born at 25 or fewer completed weeks of gestation in 1995 in the United Kingdom and Ireland (the EPI Cure Study). More than 60 percent of the children in the study cohort were exposed to antenatal treatment with steroids, and 84 percent received surfactant. At 30 months of age, 24 percent of the survivors had severe disabilities. The high prevalence of disability at 30 months of age made it important to assess this cohort further, at a later age, when the degree of disability can be more clearly defined and is more likely to be predictive of problems that will continue throughout childhood and into later life.	MesSAGE publications 2: We have studied the cohort, but it is still necessary to study the cohort at a later age. The newness and importance of the study is foregrounded again.
In this report, we describe the outcomes among this cohort at 6 years of age, when the children were involved in full-time education.	A brief introduction of what we have done in the present study.

3. Methods Paper

TITLE	KEY POINTS/VARIABLES
Detection of Advanced Oxidation Protein Products in Patients with Chronic Kidney Disease by a Novel Monoclonal Antibody①	Dependent Variable: detection of advanced oxidation protein products An Innovated Detecting Method: a novel monoclonal antibody. Subjects: patients with chronic kidney disease.
INTRODUCTION	**FUNCTION/PURPOSE**
The prevalence and incidence of chronic kidney disease (CKD) have progressively increased worldwide. An unfortunate aspect of chronic kidney disease will eventually progress to end-stage renal disease. The mechanisms underlying the progression of chronic kidney disease remain elusive.	A brief introduction of the dependent variable (Y) to foreground the importance of the study.
We and others have identified advanced oxidation protein products (AOPP) as emerging new pathological factors for the development of chronic kidney disease. AOPP are the dityrosine-containing and cross-linking protein products formed during oxidative stress by the reaction of serum protein with chlorinated oxidants, such as hypochlorous acid (HOCl). AOPP are also formed in vitro when serum albumin is exposed to HOCl. Initially, AOPP were considered a marker of oxidant-mediated protein damage in some diseases. Our previous studies found that chronic accumulation of AOPP promotes inflammation in diabetic, non-diabetic kidneys, worsens inflammation and oxidative stress in arteries in a hyperlipidemia model. These data suggest that the oxidized proteins, by themselves, may contribute to the progression of chronic kidney disease as well as its related complications. Therefore, monitoring accumulation of AOPP in serum, plasma or renal tissue represents a new strategy for the prediction of progression of chronic kidney disease as well as for evaluating other conditions related to oxidative stress such as metabolic syndrome.	A brief introduction of AOPP and the relationship between AOPP and chronic kidney disease to justify the importance of detecting AOPP for patients with chronic kidney disease.

(Continued)

① The source of the paper: *Free Radical Research*, 2011. p. 45.

INTRODUCTION	SOCIAL FUNCTION/ COMMUNICATIVE PURPOSE
Serum or plasma AOPP levels are commonly determined by spectrophotometry to measure the absorbance at 340 nm under acidic conditions and this assay is calibrated with chloramine—T equivalents. However, several factors such as high triglycerides, fibrinogen in serum and freeze/thaw cycles can interfere with sample turbidity, thereby affecting the accuracy of the measurement. Another limitation of this method is that it is not suitable for detecting or determining the localization of AOPP in tissues.	An introduction of the conventionally applied method to detect AOPP and its disadvantages to justify the necessity of improving the detecting method.
This study would be aimed to generate monoclonal antibody (mAb) against AOPP for potential clinical applications. Previous studies have shown that HOCl can readily modify amino group side chains of proteins, leading to protein cross-linking, aggregation and fragmentation. In our work, therefore, the special epitopes formed by HOCl-modified amino acids would be used to induce the production of antibodies against AOPP and the mAb would be characterized and applied primarily in detection of AOPP in serum and renal tissue.	A brief introduction about what we have done in the present study.

Generally, the social nature of the research paper is to persuade its peer readers. The introduction section of a biomedical research paper is to justify each element contained in the title to foreground the newness and importance of the research. An understanding of the social functions of the introduction section would definitely facilitate its writing as what the peer readers expect.

References

[1] Hyland, K. *Disciplinary Discourses: Social Interactions in Academic Writing* [M]. Harlow: Pearson Education Limited, 2000.

[2] Hyland, K. *Academic Discourse: English in a Global Context* [M]. London & New

York: Continuum International Publishing Group, 2009.

[3] Wei, E. Q. *Writing Biomedical Research Papers in English* [M]. Beijing: Science Press, 2006.

[4] Zeiger, M. *Essentials of Writing Biomedical Research Papers* [M]. San Francisco: McGraw-Hill, 2000.

（原载 *J-horac Dis*，2013，Vol. 5，No. 6，略有改动）

作者简介

许瑾，南方医科大学外国语学院副教授，在读博士，研究方向为医学用途英语、生物语言学。

医学与叙事的互补

——完善当代医学的重要课题

杨晓霖

叙事无处不在，且与医学实践关联密切。Luria 和 Sacks 等受纪元前医学叙事传统的召唤，遵循 19 世纪的“临床轶事”叙说风格，提倡将现代医学中“去主体性”的、术语堆砌的病例还原成充满生命力的故事（杨晓霖，2011：65），继而在国外医学教育和实践中发生了所谓的“医学叙事革命”。叙事与医学结合的交叉领域被称作文学与医学，文学与科学，或医学人文和叙事医学。近十年来，著述丰富，有医学学者 Montgomery 所著的《医生该如何思考》，哲学家 Tod Chambers 撰写的《生命伦理的虚构》、社会学家 Arthur Frank 的《受伤的说故事者》，美学家 Morris 出版的《后现代时期的疾病与文化》以及 Rimmon-Kenan 最近关于疾病叙事的论著等。

现代医学未能重视作为主体的病人及病人的体验，导致医学缺乏情感交流，医患之间出现视差位移，而叙事能力有助于补充这一点。国外保健和医学从业者逐渐认识到叙事和叙事能力的重要性，因而纷纷主张将叙事学理论与方法应用于医学社会学、医学人文学领域，并结合自传理论、心理分析、创伤研究、美学原理等各学科知识，产生一个潜力巨大的交叉学科。然而鉴于该研究的跨学科性，要求科研人员必须兼具深厚的叙事理论基础、丰富的疾病文学阅读和教学经验以及临床实践背景三方面的素质，因而，国内目前只有四篇文章对国外叙事医学理念进行引进介绍（其中三篇就由笔者撰写），更不用说将叙事医学理念用于临床和医学教育实践中。

一、医学与叙事

医学对身体、疾病、生死的思考已经深深嵌入我们的文化之中，跟法律、宗教一样，不断生产和交流。换言之，医学和医疗科技本身就是一种文化，生产出我们用来理解世界、组织经验和意义的框架。医学诊疗和解释，病患的病史及痛苦表达都是叙事文类的一种。国外各种研究证明，在后现代世界中，建立在文学批评理论、解构主义以及后现代主义理论基础上的叙事学能有效地应用到医学实践中，为医学人文提供新方法和新思路。

Susan Brison 认为，人有三个自我："肉身自我""叙事自我"以及"自主自我"。在"叙事自我"中，人是一个连续不断的故事，过去经验加上当前环境使人产生对未来的期盼（Brison，2002：102）。但疾病中断了人原有的生活情节，必须通过叙事重建自己的历史。这样的叙事不仅是关于（about）疾病的故事，更是透过（through）创伤后的身体重新发声（voice）。这种声音不是由技术获得的硬事实（hard fact），而是属于自身的一种沟通欲望。（Charon，2006：85－106）

叙事在临床中的作用不容忽视。当医生和患者初次见面或初次接触时，语言通常是叩开交流之门的敲门砖，医生在给病人听诊，开出立普妥作为缓解处方，或建议病人进行髋关节置换手术之前，不可避免地总要进行交谈。然而，尽管谈论相同主题，但表达出来的言语却总让人感觉话不投机，甚至南辕北辙。这让我们慢慢意识到专家和外行人之间的说话方式和知识预设是截然不同的，或者说医生的"医学声音"（voice of medicine）与病人的"生活世界声音"（voice of lifeworld）之间存在冲突（Mishler，1998：108）。怎样消除医患之间的交流冲突，达成真正意义上的人际沟通，成为一个备受关注的社会问题。在这种情况下，一些学者提出叙事与医学知识有共通之处，都具有创作与治疗功能，因此可以彼此导入。

二、叙事能力与医患视域融合

现代医学理念错误地引导医生将疾病当作车间里亟待维修的零件，身上零件出了问题的病人只是自己维修和管理的对象，医学专业训练反而使他们丧失了理解和关心病人的能力。医学话语和日常叙事言语的距离使医生和病人在凝视疾病这一观察客体时存在位置差异，这直接导致了视差现象的发生。造成视差的不单纯是误解或知识缺乏——病人缺乏医学知识，而医生缺乏关于病人的生活体验，而且还涉及叙事能力的缺乏。

在重病缠身、危惙之际，病人却得不到最需要的语言上的慰藉，即使一个人有病在身，不管身体发生多么戏剧性的变化，病人永远都不是"一个只会喘气的瘤子"，病人的自我仍然需要讲述，需要交谈，需要被认可。

一位有名的文学评论家及散文家 Anatole Broyard 曾在一篇题为“医生，请与我谈话”（“Doctor，Talk to Me”）的文章里生动地描绘出当医生眼里只有他的病而非他的人时，他所感到的莫大羞辱。他因前列腺癌去看泌尿科名医后，说了一句发人深省的话：“就像医生为我的身体安排了血常规检查以及 X 光检查一样，我也希望医生能够扫描我，能够触碰我的精神。”例行公事的医学检查、询问、用药和诊治等只能给患者带来恐惧、难堪和羞辱，甚至造成患者拒绝遵守医嘱或反抗医生提出的治疗方案。如果病人的治疗感受、患病的痛苦和体验，医生全然不知也全然不顾，那么医生看到的只是病人的“瘤子”，而非病人。横亘在医生与患者之间的裂痕——健康与病痛、还原与统整、医技人员与饱受病痛折磨的人——实在难以逾越。可悲的是，正是这种叙事能力的缺乏导致医生无法用语言缓解病人的痛苦，因而难以达成真正意义上的人际沟通，破坏病人对医生的信任感，不但降低了疾病治疗的效果，而且病人可能从此放弃对医生的求助。

医生在病人正常生活叙事思路被疾病甚至是威胁生命的疾病打断时进入他们的生活，这种严重断裂可能使病人无法说出自己的境况。就像在创伤事件中幸存下来的人，尽管他们难以对创伤事件进行讲述，但只有通过讲述才能达到治疗效果一样，危重病人如果想让康复成为可能，也必须讲出他们对疾病的初始感觉。

有效的医疗实务需要叙事能力。叙事能力可以定义为“叙事知识—叙事经验—叙事判断力和医疗决策行为”。叙事知识是能力的基础，叙事经验则帮助叙事知识应用在临床判断上，而判断力则是医疗决策行为的依据。

叙事医学理念认为医患是主体间关系。这种提法乍一听来与“医疗实务是一种科学性和技术性事业”的主流设想相悖。然而，只有认识到每一位叙事参与者的特殊性，我们才能拉近彼此之间的距离，缓和双方的焦虑感，带来一种惺惺相惜的感觉。正如创伤幸存者对我们的启发，这些发出来的声音可能特别需要引导者能在整个讲述的过程中，全心全意地陪伴和保护患者（Laub，1992）。

医生和病人两个主体在共同凝视疾病这一客体时，具备叙事能力的医生可以通过病人“自我讲述的身体”（self-telling body）了解和掌握病人有形的肉体和器质情况，更重要的是，它也能让医生深入观察到生病状态的病人的个性自我的深层状况。正如卡蓉所言，当医生在对一名年逾古稀的老妪例行足部检查时，被医生检查的不仅仅是糖尿病足溃疡的症状，还有医生握在自己手上的病人立足于世、安身立命的生存状态和风风雨雨几十年的生活历程。只有把医生自己的身体和病人的身体放在同样的位置上，用叙事学框架对生理参照系统进行强化和加固，才能让医生更有效地接收病人吐露出来的信息。具备叙事能力的医生主体能与患者主体共同观察和见证疾病故事，在主体间激活无数故事，深入观察到暴露在疾病或生病状态的病人的个性自我的深层状况。医生要进入这些复杂的叙事情境，除了必须对病人的处境进行想象之外，还需要一种流畅阅读、聆听和接收他们讲述的故事的精湛技能。这个跨学科的生命文化模式可以实现医生和病人间的视域融合以及深层次上的动态认可，增强医生的交流能力，培养其创造力并有效提高临床治疗效率。

三、医学叙事能力培养方案

在临床医学中，叙事提供意义的建构不只是一种简单的言语表达，更是一种复杂的意义建构过程，既是人认识和理解生活的一种方式，也是了解他人认知与人格的途径。利用叙事学基础知识对以医学为主题的文学文化语篇进行阅读可以增强医学叙事能力，亦即用心聆听（listen）或洞悉人心（read people）的能力。构建“医学叙事学”，参照国外的成功经验以及中国国情设置医学叙事能力培养课程是医患双方达成交流和共识的唯一路径。

在伦理批评领域开展研究的人，如韦恩·布斯（Wayne Booth）、亚当·桑查瑞·牛顿（Adam Zachary Newton）、詹姆斯·费伦（James Phelan）、希利斯·米勒（J. Hillis Miller）、马歇尔·格雷戈里（Marshall Gregory）的理论和著作都已阐明故事产生的影响和效果。医学叙事能力培养课程应当在以国外医学人类学疾病叙事和苦痛体验为核心的阅读和书写方式的基础上，重视“主体性”（subjectivity）和“叙事性”（narrativity），结合叙事学基础知识，将文学疾病与医学疾病叙事阅读和创作纳入医学课程设计中，集中讨论与疾病、疼痛、衰老、心理健康、死亡等相关的作品，培养医学生的医学叙事能力。医学叙事能力的提升让医患双方以恭逊谦卑、和善忍让、互勉互谅的态度实现自我与他人深层次的动态认可。换一句话说，该课程的教学内容应包含以下几个模块：①叙事学基础知识。②叙事学理论引导下的疾病叙事文本阅读分析。这一部分主要包括：文学疾病叙事作品，如索尔仁尼琴的《癌症楼》等；文学作品中关于医生负面形象的叙事，如 Posen 的《文学中的医生》（*The Doctor in Literature*）系列著作等；医生作家关于行医治病的散文小说，如 Richard Reynolds 和 John Stone 主编的《论行医之道》（*On Doctoring*）；病人关于疾苦以及重建被疾病摧毁的身份的叙事，如 Price 的《重生——打败脊椎里的恶魔》等；医生归纳、传递医疗知识的疾病叙事，如 Lightman 的《诊断》（*The Diagnosis*）等。③叙事治疗知识。④叙事伦理基本理论，内容包括叙事伦理导论、伦理情境的叙事特质分析，可采用角色扮演以及对话分析等方式开展。⑤叙事能力实践。

目前，本课题组教师已在 20 名临床医学生和 20 名临床医生中开展了上述医学叙事能力培养的教学实践活动，用训练文科学生的方法教会参与者表述观点和讲述故事并把技巧用于医生问诊中。一方面，通过阅读以上提及的各种医学叙事或生命文学作品（bio-literature），课程改革参与者从中学会如何站在病人的立场上看待生老病死，因而他们与病人两个主体间的视差距离明显缩短，能尽量以与病人重合一致的眼光看待折磨病人的疾病这一客体，增加与病人的语言和身体交流，耐心聆听病人的讲述，帮助医患双方进入存在的、诗性的、超越话语的意义层面；另一方面，让参与者尽量用充满人文关怀的笔触记录被医学话语所排斥的病人个性化生活叙事，作为与格式化和数据化的医疗病历的有益补充，这种由参与者与病人共同编写、探索的文学疾病叙事病历模式能进一步启发参与者设身处地地为病人着想，创造更平等的主体间关系；此外，鼓励和引导参与者模仿 Sacks 和 Luria 等医生，撰写医学批评自传（medical autocritography），以个人回忆和叙事为固着点，将自己的医疗经验以自我反思和自我批评的方式展现出来，包括对成功或失败的叙事交流的反思、对错误诊断给病人带来伤害的思考、对人对事的细腻观察以及对伤残和生老病死的种种经验等等。医生和其他有心理问题的病人一样，由于自身职业的压力，往往也是需要进行心理叙事治疗的重要群体。尤其是在医疗过程中犯过错，引起过医疗事故的医生，如果得不到及时的疏导，也会产生严重的后果，经由参与者的“医学忏悔叙事”（medical confession narrative），他们最终可以克服可怕的心理阴影，从而吸取教训，改过（restitution）并寻求谅解（resolution）（Milligan，2010：1－2）。通过我们的课程训练，参与者普遍认为自己的医学叙事能力得到了提高，相比没有这方面知识的医学生或医生而言，具有良好叙事能力的医生能够在病患进行讲述时，适时引导病患发现新的角度，产生新的态度，从而引出对诊断完整有用的新信息，最终达成共识。

叙事医学视野下的医学叙事能力的养成与传统医学人文课程相比特征

鲜明，体现了后现代思潮的革命精神，超越了哲学和方法论的形式化层面。医学实践和叙事性实践的彼此导入与有机融合能在医患主体间激活无数故事，这个跨学科的生命文化模式可以实现医生和病人间的视域融合以及深层次上的动态认可，增强医生的交流能力，培养其创造力并有效提高临床治疗效率，比其他人文课程更具实践性和操作性。这一理念和课程设置能为医生聆听、分析和诠释患者生活和疾病故事提供有益的指导，为开展适合中国国情的医学人文教育教学改革提供一条有效实用的途径。

参考文献

[1] 杨晓霖．医学和医学教育的叙事革命：后现代“生命文化”视角［J］．医学与哲学（人文社会医学版），2011，32（9）．

[2] Anderson，H. The Heart and Spirit of Collaborative Therapy [A]. In Anderson H. & Gerhart，D. *Collaborative Therapy* [M]. New York：Routledge，2007.

[3] Brison，S J. *Aftermath*：*Violence and the Remaking of a Self* [M]. Princeton：Princeton University Press，2002.

[4] Charon，R. The Novelization of the Body，or How Medicine and Stories Need One Another [J]. *Narrative*，2011，19（1）.

[5] Charon，R. *Narrative Medicine*：*Honoring the Stories of Illness* [M]. New York：Oxford University Press，2006.

[6] Laub，D. Bearing Witness，or the Vicissitudes of Listening [A]. In Felman，S. & Laub，D. *Testimony*：*Crises of Witnessing in Literature*，*Psychoanalysis*，*and History* [M]. New York：Routledge，1992.

[7] Milligan，E. & Woodley，E. *Confessions*：*Confounding Narrative and Ethics* [M]. Newcastle upon Tyne：Cambridge Scholars Publishing，2010.

[8] Mishler，E.. *The Discourse of Medicine*：*Dialectics of Medical Interviews* [M]. Norwood，N. J.：Ablex，198.

[9] Scheurich，N. Hysteria and the Medical Literature [J]. *Perspectives in Biology and Medicine*，2000，43（4）.

（原载《医学与哲学》（人文社会医学版）2012年第6期，略有改动）

作者简介

杨晓霖，南方医科大学外国语学院副教授，在读博士，研究方向为叙事理论、叙事医学。

文学理论关键词

——自传式批评

杨晓霖

一、略说

“自传式批评”已成为文学及文化领域内的中心话题（Eakin，2004；Miller，1991）。20世纪七八十年代以德曼（Paul de Man）或詹明信（Fredric Jameson）为典范的高深理论或理论发展高峰期时的（high theory）模式，也就是艰涩难懂、术语堆砌、曲高和寡、去人性化的话语基调逐渐被一部分理论家所摒弃。这一部分理论家被称为“后理论一代”（post-theory generation），一方面，他们宣称“宏大理论”已经死亡（the death of grand theory）；另一方面，他们更乐于倾向采用更加平易近人、充满经验之谈和文学笔触的主体性和个性化叙事来阐释自己的学术观点。如果说詹明信这一代批评家的座右铭是“总要理论化”（“Always theorize!”，戏仿詹明信的“Always historicize!”）的话，那么后理论一代批评家信奉的则是“总要个人化”（“Always personalize!”）。在这一背景下，以个人化叙事和文学化话语为主要特征的自传式批评概念应运而生。它是对传统学院式学术批评理论的颠覆，也是文学理论的个人化转向和社会科学的文学叙事转向过程中产生的一种研究范式。作为高深理论代表人物之一，德曼的批评活动被讥讽为关于“批评的批评的批评”（criticism of criticism of criticism），如果对这一修辞进行戏仿的话，高深理论可看作“理论的理论的理论”（theory of theory of theory）。克鲁斯（Frederick Crews）“为理论而理论”（theory for theory's sake）的纯学术口号遭到后理论一代的唾弃，去个人化（depersonalized）的疏离文本（distanced text）以自传式批评为实践活动的模式被热情洋溢（personalized）的亲密文本（intimate text）所取代，积极倡导“为审美而批评”（theory for aesthetics or belletrism's sake）。可以说，自传式批评是对西方学界自20世纪80年代就已经出现，直至目前仍然延续的“理论反思”思潮的一种强力助推，实现了理论重心从宏大叙事到微小叙事的范式转移，英国学者马可仕（Laura Marcus）称之为文学理论，尤其是哲学和科学理论的自传转向。可以说，自传式批评在各种理论话语中的全面渗透实际上是一种对传统理论规范压迫的反叛。

2010 年，西方文学理论学者戴从容博士曾在《文艺理论研究》上发表《学术批评的新模式？——个人化批评带来的启示》一文。文章主要对自传式批评的雏形阶段——女性主义个人化批评进行梳理和评介，主要关注流行于少数群体的批评话语之中的个人化批评趋势，但对于这一新模式的第二阶段发展——自传式批评在其他文学理论批评中的辐射和第三阶段推进——自传式批评在哲社科理论著作中的全面渗透还没有阐述。因而，本文将全面评介自传式批评的三个主要发展阶段：以颠覆传统殖民主义中殖民者和男性作为权力主体、被殖民者和女性作为客体这一权力关系为目的的女性主义倡导阶段，以解构生活化叙事与理论论述、主体与客体等二元对立为目的的自传式批评在其他文学理论批评中的辐射阶段，以及以消解公共/私人领域、主/客观性以及以自我/他者等二元对立为特征的学术研究的叙事化和个人化深化阶段。

二、综述

“自传式批评”（autocritography）一词最早被跨文化主义者和文学批评家盖茨（Henry L. Gates）使用，是一种将自传写作与社会批评合为一体的跨体裁性话语实践（interdiscursivity），意为“一个批评概念的自传”。1999 年，非裔美国文学和女性主义研究专家阿克沃德（Michael Awkward）在他的著作《教导之景》（*Scenes of Instruction：A Memoir*）的引言《别像你的父亲》（“*Don't Be Like Your Father*”）中将该书的体裁界定为“自传式批评”（autocritography）。他把这种体裁定义为“一个自我反思、自我意识的学术行为”（a self-reflective，self-conscious academic act），通过阐释个人、社会和体制上的现状将自己塑造成一位学者（Awkward，1999：7）。对于非裔文学批评家本斯顿（Kimberly W. Benston）来说，这是一种将个人经历融入对非裔美国文学和文化的公共表现行为的阐释当中的体裁，在这些黑人作家的批评文本中出现的自传式反思组成了主体性构建过程中那些能使记忆、阅读和翻译的作用戏剧化的行为实践（Young，2007：170）。此外，加拿大文学批评家巴斯（Helen Buss）将“自传式批评”这一术语用于描述一种自我意识的写作形式，批评家们在理论阐释过程中适时地融入关于他们如何形成自己的学术和职业兴趣的自传信息；翁达杰（Michael Ondaatje）、崔维新（Wayson Choy）、马拉特（Daphne Marlatt）、克拉克（Austin Clarke）等都可以归类于她的自传式批评模式之下（Buss，2002：1）。一些有成就的作家为自我写作和个人批评设定了几种不同的体裁，自我旅游传（Greenblatt）、科学写作（Berude）、后殖民结构（Spivak）、文化马克思主义（Robbins）、非美文学历史主义（Andrews）、马克思主义女性主义中的口述历史（Newton）、表演式教育学（Tompkins）。（Lemons，2009：x）许多文学理论家或学术批评家都将自己的著作称作“自传式批评”，如贝鲁贝（Michael Bérubé）的《我所知道的人生》（*Life As We Know It*，2002）、杨的《种族、读写能力和男性气概的展示》（*Performing Race*，*Literacy and Masculinity*，2007）等。这些改用自传作为批评修辞手段的作家大多从高深理论阵营中脱离出来，托戈夫尼克（Mariana Torgovnick）所在的杜克大学似乎代表了这一趋势的机构转向，该大学的学术团队已经成为个人批评的主要据点。

贝鲁贝（Michael Bérubé）认为这一术语与自传批评（autobiographical criticism）、告白批评（confessional criticism）等说法基本同义（Bérubé，2005：185）。实际上，20 世纪 90 年代以来，与“自传式批评”这一概念相关的术语远不下十个，其中包括美国女性主义学者米勒（Nancy Miller，1991）的“个人化批评”（personal criticism）或“自我文档”（egodocument），威廉姆斯（Jeffrey Williams，1999）、史蒂芬森（Denise Stephenson，1994）和海丝（Douglas Hesse，1992）的“新纯文学批评”（the new belletrism），托戈夫尼克等人的创作式批评或作者式批评（creative criticism or writerly criticism）（Williams，2004：47），哈桑（Ihab Hassan，1985）的“超批评”（paracriticism），辛普通（Ashlee Simpton，2005）的元批评自传（metacritic antobiography），杨（Vershawn Young，2007）的“表现式写作”（performative writing）和海伦娜（Helena Miguélez-Carballeira，2007）的内省式元批评（introspective meta-criticism）等。由于这一策略或模式同时打破了文学与理论、虚构和真实之间的界限，也有理论家，尤其是加拿大学者使用“生命文本”（biotext）（Bowering，1988）、“虚构分析”（fictionanalysis）（Marlatt，1990）、“戏剧转型”（theatrical transformation）（Griffiths & Campbell，1989；Stephenson，2012）以及“隐秘虚构”（cripto-fiction）（Herk，1995）等术语来描述这一越界话语（Egan & Helms，2002：14 -

15）。笔者认为，以上加拿大文学理论中的多样化表述可用自传式虚构批评（autobiografiction criticism 或 autocriografiction）来概括。虽然对于这一趋势的术语令人眼花缭乱，但本文采用自传式批评（autocritography）这一术语，而非“个人化批评”或其他术语，主要原因在于这一批评的自传话语模式既包括“个人化”话语形式（autoautographic criticism），又涵盖群体自传话语形式（autophylographic criticism）；既表现在文学批评中，又显见于历史文化哲学和自然科学当中；既具有叙事性，又具有表现性，并且模糊了虚构与现实、诗化语言和科学语言之间的界限。相比而言，自传式批评这一说法似乎更具包容性，更能概括这一模式的诸多特点。

布朗在《批评的拟人化》（*Critical Personifications*）一文中对忏悔或自我剖析式批评冲动的根源做出了最好的诊断。他认为对人文学科中的立场性的迷狂状态激发了个人忏悔批评模式的冲动（positionality in the humanities）。后理论一代个人经历和体验加入理论著作的观点建构之中，并试图用个人性与群体性来区分新旧个人主义写作形式。拉普珀特（Herman Rapaport）就曾以威瑟（H. Aram Veeser）的《批评家们的忏悔》为文本，讨论了新旧形式的个人主义的异同，旧式的个人写作强调个人面对独特的情境所展现出的独特人格，而更新的个人写作形式则关注作为典型或群体化主体的自我，这些自我都是平淡无奇的日常生活中的真实人物。笔者认为传统的个人批评主要展示理论写作者异自传层面（idio-autobiographical）事件，而新个人主义批评主要通过马尔多纳多（Maldonado，1995：19）所谓的元自传层面（meta-autobiographical）对读者或理论阐释者产生影响，这就是自传式批评与传统形式的个人化批评迥异的地方。后现代性是一种对真理/推论和客观性等传统经典理念持质疑态度的一种思维方式，因而也以颠覆真理、去反总体化和去神秘化为主要特征。批评家或理论家首先是一个有血有肉的作家，他的评判或理论都是写给有血有肉的读者看的。理论或批评写作必须通过借助叙事策略，创造出具有说服力的故事，弥合读者的经验和作者试图表达的经验之间的距离。传统观念中，理论批评家、叙事批评家与自传作家这三个身份概念总是被严格区分，但自传式批评叙事却揭示了三者之间相互交织的互语境性（intercontextuality）关系，开创了一个自传作家、批评家和理论家合而为一的多面空间。

三、自传式批评的雏形：女性自传批评

这一阶段的自传式批评可以更准确地被称作女性自传批评（autogynographical criticism 或者 autogynocritography）。

女性主义批评学者汤普金斯（Jane Tompkins）1987 年发表的文章《我和我的影子》（*Me and My Shadow*）被公认为标志着个评（“Per. Crit.”）或忏评（“Con. Crit.”）模式的诞生。这篇文章谴责了包括她自己在内一直奉行的受哲学律法机制束缚的理论驱动式批评。作为压轴之作收录在威瑟主编的《批评家们的忏悔》（*Confessions of the Critics*，1996）一书中的《让我们迷失》（“Let’s get lost”）一文确立了汤普金斯作为这一体裁的开山鼻祖的地位。但明确提出这一体裁概念的当属米勒。她在 1991 年的著作《个人化》（*Getting Personal*）中明确了“个人化批评”这一概念。米勒引用法国诗人瓦莱里的“所有理论都是某个小心保存的自传的片段”这一论断，提出“在批评行为中公开加入自传性的表演”这一新的理论模式。米勒认为这一形式的“自我文档”应该具有“告解式、在地性、学术性、政治性、叙事性、趣轶性和生命主体性”等特征（Miller，1991：2 -3）。作者从个人叙述的阅读角度向读者打开了了解其“原生态”生活的窗口。美国表演艺术学者费伦（Peggy Phelan）的《悼念性别》（*Mourning Sex*，1997）就是一部将自传、文本批评、案例分析和理论反思几种修辞模式糅合在一起的典范，一时间成了许多理论家争相模仿的风向之作。与传统的自传批评不同的是，这一模式并非把自传作为批评的研究资料，而是要在学术批评中直接放入个人的声音、经历、思考，甚至情感（戴从容，2010：110）。南希认为这一模式很大程度上植根于20 世纪七八十年代的女性主义批评实践中，如女性主义诗人里奇（Adrienne Rich）的《重看写作》（*Writing as Revisions*，1980）。诗人兼批评家迪普莱西（Rachel Blau DuPlessis）在她 1980 年的创作《为了伊特鲁里亚人》（*For the Etruscans*）中蒙太奇式地剪辑插入，包括自传在内的各种话语形式，以及强调“要把自己写进文本”的法国第三代女性主义者西苏（Hélène Cixous）的《美杜莎的笑声》中荡气回肠的“个人化乐调”（concert of personalizations）等都预示着女性自传批评时代的到来。这一趋势在 20 世纪 90 年代和 21 世纪的女性主义理论著作中得以延续。

女性主义自传批评学者史密斯（Sidonie Smith）和沃森（Julia Watson）

认为“女性自传已成为在女性主义、后殖民主义和后现代批评理论的十字交叉路口思考写作这个议题的特定和优先的地点（Smith & Watson，1998）。他们反对启蒙认识论传统提倡的普遍主义“宏大叙述”，主张建立在支离破碎的主体身份以及他们所创造的政治之间的一致性基础上的多元认识论，才能为女性主义提供一种偏见更少的话语说明。只有让女性无论在小说还是在理论中同时成为叙事主体和叙事中心，让女性的发声挣脱被叙述的境地，摧毁男性写作的霸权，才能颠覆传统殖民主义中殖民者和男性作为权力主体、被殖民者和女性作为客体这一权力关系。历经后现代洗礼、解构论辩之后，女性主义论述和运动打破了单一的、以白人为中心的取向，发展出黑人、移民和第三世界等弱势群体的女性运动，激荡出第三波后殖民女性主义，在这一过程当中，少数族裔的个人化叙事批评，如林玉玲的《月白的脸》（*Among the White Moon Faces*，1996）和莱蒙（Gary L. Lemons）的著作《黑人男性局外人：一本回忆录》（*Black Male Outsider: A Memoir*，2008）和《妇女主义先辈》（*Womanist Forefathers*，2009）起到了推波助澜的作用。

四、自传式批评的渗透：文学理论的自传转向

王尔德在《道连·格雷的画像》自序中强调“批评的最高形式和最低形式是自传式批评”（The highest as the lowest form of criticism is a mode of autobiography）（Finkelstein，2001：xi）。文学评论者事实上也是“躲在衣柜里不愿现身的自传撰写人”（Olney，1972：5）。当代文学批评图景中最具代表性的批评家当属侯兰德（Norman Holland）。由于他的著作《批评的“我”》论述了“一些文学理论实践者对于‘我’，这个主体在文学读者与作者之间的交流中所起的作用”，因而，他将自己的书描述为“当前批评、批评实践和理论的一个‘我’的批判进行时”。

在《岩石城》的序言里，克罗斯特曼（Chuck Klosterman）写道：“我的理论总是认为批评本身就是蒙着面纱的自传，遮遮掩掩的自传，无论什么时候只要有人在创造艺术作品，他们就在写自己。”克罗斯特曼之言很容易让人联想到王尔德的说辞：文学批评家就是将他印象中的美丽事物用另一种方式翻译出来或转变成一种新的面貌的人。也就是说批评家就是将他作为经历的结果而获得的效果、感觉或意象用另一种语言或方式表达出来的人。克罗斯特曼将这种个人经验称作“自传”，无论是王尔德的个人

经历还是克罗斯特曼的“自传”都毫无疑问是融会贯通在一个批评家或者作家的写作之中的。也许克罗斯特曼想告诉我们的是，每个作家实际上在一部接着一部地写着自己的自传。如果更进一步说，或许我们可以说所有写出来的东西，虚构作品、非虚构作品和批评都是自传性的。

伯恩斯坦（Bernstein，1992：120）研究发现“第一人称语态近年在批评话语中的爆发既不局限于女性主义，也不局限于文学批评”。美国文学，乃至整个美国思想界的大潮是批判和拒绝“宏大叙事”，流行对启蒙思想的怀疑和解构，文学将目光转向精英之外，寻求普通人、下层人、非主流人群的眼光，展现他们眼中的世界，发出他们的声音；亦即约翰逊（Jill Johnston，1993）所谓的“平民自传”（plebeian autobiography）声音。谢林汉姆（Michael Sheringham）认为自传是后殖民写作中一种硕果累累的文类，自传作家在写作中不仅必然谈及自我，并且必然谈及不同形式的他者，所以提出自传形式的异质性和混杂性的问题。（Kelly，2005：11）自传论及自我和他者的观点提升了这一文类的革命性特点。“在殖民与后殖民的语境下，自传也被称作一种‘思维去殖民化’（decolonising the mind）的工具”（Kelly，2005：12）。哈桑（Ihab Hassan）的批评著作虽然兼具理论深度和学术高度，却倾向于利用融入自传元素的个人口吻来陈述观点，充满自我指涉，逾越边界，打破体裁之间的壁垒，涉及文化、文学、科学等。《格格不入》（*Out of Place*，1999）和《等待哈瓦那的雪》（*Waiting for Snow in Havana*，2003）这两部流浪他乡者的学术自传经典的作者都是美国著名大学的知名教授：哈佛大学的萨义德和耶鲁大学的爱拉。上述三位作者就是不断把他们对故土的记忆和乡愁翻译成新的内容，形成个人身份的组成部分，构成自传写作的叙事策略和最终价值观与责任感的象征。

南希的倡导在一系列著名学者的论文集中得到了迅速的呼应和推崇，如《亲密批评：自传式文学评论》（*Intimate Critique*：*Autobiographical Literary Criticism*，Freedman et al.，1993），《野兰花和托洛茨基》（*Wild Orchids and Trotsky*，Edmundson，1993）以及《批评家们的忏悔》（*Confessions of the Critics*，Veeser，1996）等。除论文集之外，一系列学术自传的出版，如费伦（James Phelan）的《终身教职之外》（*Beyond the Tenure Track*，1991），胡克思（bell hooks）的《热情之伤：写作的一生》（*Wounds of Passion*：*A Writing Life*，1997）以及塞吉威克（Sedgwick）的《爱的对话》（*A Dialogue on Love*，1999）等都让理论的自传化或个人叙事化更加昭然若揭。洛佩特（Phillip Lopate）已成为当代个人散文的代名词，他曾声称

"我所写的所有东西的十分之九都是自传性的"。2004 年，他出版的与米勒同名的文集《个人化》，就是一部典型的自传式批评著作。

五、自传式批评的渗透：科学知识话语的自传叙事转向

女性主义自传式批判已经揭开了西方主流科学实践的神秘外衣，暴露了其隐藏在"客观性"表象之下的意识形态控制，逾越边界，打破壁垒，摆脱了"绝对真理"与"客观现实"之类传统观念的束缚。在强调理论之重要性的今天，这种由于理论典范的转移（paradigm shift）而引发的美学观点及评判标准的改变，或可以视之为将自传书写转化成为文学理论服役的一种方式。尼采（Nietzsche）在《超越善与恶》（*Beyond Good and Evil*）一书中提到，所有哲学都是"某一哲学思想创立者的忏悔，也是一种不自觉和无意识的自传"。而自传理论家奥尔尼将自传之网撒得更宽广，在他看来，康德主义者（而所有人或多或少是一个康德主义者）都坚称所有神学、哲学、物理学和艺术都是自传，正如瓦莱里（Paul Valery）所断言："没有一种理论不是某种精心准备的自传的某个片断。"（勒热纳，2001：12）自传是一套关于自我的隐喻，是关于自我的科学话语与诗意化的文学话语的完美结合："在自传里生命科学家与诗人、自然科学家与神学家，关注科学的西方甚至与注重精神的东方和谐共存。"（勒热纳，2001：21）

20 世纪 90 年代被称为"身份构建的十年"（identitarian decade），而人类都有讲述自己的经历，并把它演变成故事的渴望（autobiographical imperative），因此书写自己的人生，寻求身份的建构是一种强有力的人性需求。就像如果女性自传式批评挑战第三人称叙事权威是为了建立性别身份理论，而自传式族裔批评（antoethnocritography）是为了追寻种族身份的话，那么自然哲学理论的自传叙事批评转向则是为了构建各个学科的理论学者的学术身份（professional identities）。他们主张科学知识的合理性在于"本地化的实践"（localized practices）中，在社会和历史特殊情境的运用里。如果说历史叙事主义哲学始于 20 世纪 70 年代的话，那么西方理论中到目前为止最主要的理论形态仍然是以个人文学化叙事为主要特征的自传式批评模式，它已成为多元且内涵丰富的学术范畴。对个人化叙事过程的学术兴趣和热情近年在除文学理论之外的不同学科，如哲学、心理学、人类学、生态学和语言学等领域已经明显高涨。（Lamarque，2004：406）

弗里曼（2007）认为诗意的科学（poetic science）连接艺术与科学，

不仅符合日益增长的人类理解的认识论需要，而且符合构建读者与理论者之间的同情和同理的伦理需要。自传式批评正是这样一种诗意的科学模式，它以理论的故事讲述（story-telling）特性取代理论的真理诉求（truth-claim），这种文本应该被更科学地界定为一种自我表达的文学策略，而非体裁范畴。哈拉威（Donna Haraway）试图引导我们抛弃关于科学、真理、客观性的主流话语和成见，将科学的神圣性解构成为一种“叙述策略”（narrative strategies）和意识形态斗争。另外，哈拉威认为，灵长学故事考察了生物学和人类学领域中事实与价值的关联，它可以同时作为自然科学、政治理论和科幻小说发挥作用。科学是负载故事的（story-laden），就是说科学是通过复杂的、历史上特定的故事叙述实践构成的。“事实负载着理论，理论负载着价值，价值负载着故事。因此事实在故事中才有意义”（吴小英，2000：131），而摩丝（Pamela Moss）则更进一步提出地理学、人类学和其他科学领域的理论都负载着理论家个人的生活叙事，理论只有在有意义的生命故事中才能得到最本质的阐发（Moss，2001：7－8）。鉴于此，科学是现有社会和文化图式所决定的故事叙述，不同图式所建构的故事并非同样好，科学的主要任务正是建构好的故事。个人的生命故事拥有本体论的地位，自传是批评是作为自传作家的理论家自我的展演性行为。数学家哈尔莫斯（Paul R. Halmos）的《我想成为数学家：一部自传》以及文化和符号阐释人类学家格尔兹（Clifford Geertz）的《事实之后：两个国家、四十年、一个人类学家》就是很好的例子。

科学知识话语的自传叙事转向与历史学、社会学和人类学理论、哲学等学术领域对主体性和叙事性的重视密切相关。对于个人化批评或自传式批评概念是否适合于自然科学知识话语这一问题，传统学者一直心存疑虑，因为客观性、内在逻辑性、普遍理性等长期以来被看作考察科学和科学知识的最基本的信条，但随着历史学、人类学、社会哲学话语的个人化叙事转向，人们认识到所谓日常语言与科学语言之间的冲突并没有假设的那么清晰和明显，恰恰相反，它们之间存在着某种内在的相似性和关联，也就是说隐喻在科学描述和理解中起重要作用，科学的语言描述和观念叙述都根植于隐喻。这些隐喻提供了观察自然的不同框架，并导致研究领域的观念更新。因此，科学并非价值中立的“自然之镜”（Keller，1999：234）。在社会学领域，弗雷德曼（Norman L. Friedman）提出的“自传社会学”（autobiographical sociology）是社会学自传式批评的雏形，他认为社会学家至少必须意识到这样一个趋势，就是社会学家必然将自己的个人经历讲述与理论阐释融合在一起，且在自传式的回顾叙事中带有虚构文学特点，如自我想象（“self-invention”；Eakin，1985），甚至捏造（“fabrication”；Leibowitz，1989），这一趋势可以体现在伯托克斯（Daniel Bertaux）和邓金（Norman K. Denzin）的社会学著作里（Friedman，1990：62－65）。弗雷德曼之后，肖斯塔克（Arthur B. Shostak，1996）使用了私人社会学（private sociology）这一理论表达了类似的观点。在伦理批评领域开展研究的人，如布斯（Wayne Booth）、牛顿（Adam Zachary Newton）、费伦（James Phelan）、米勒（J. Hillis Miller）、格雷戈里（Marshall Gregory）的理论和著作都已阐明个人叙事产生的影响和效果（Charon，2011：48；杨晓霖，2012：13）。此外，利科（Paul Ricoeur）的叙事主体性（narrative subjectivity）和叙事身份认同（narrative identity）也消解了个人和公共领域的边界，对学术著作的范式转移做出了贡献，“如果‘我们是谁’的意识产生于叙事交互中的想象力充裕的空间，一个形成于我们与他人之间的叙事空间，那么主体意识与集体意识都对诗意的再想象开放”（Venn，2000：99）。

在生物伦理学领域，“疾病自述”的有用性已被蒙哥马利（Kathryn Montgomery Hunter）、夏蓉（Rita Charon）、弗兰克（Arthur Frank）、莫里斯（David Morris）等学者完全接受。萨克斯（Sacks）和卢瑞亚（Luria）等医生提倡将现代医学中“去主体性”的、术语堆砌的病例还原成充满生命力的故事，重视“主体性”（subjectivity）和“叙事性”（narrativity），撰写医学批评自传（medical autocritography），以个人回忆和叙事为固着点，将自己的医疗经验以自我反思和自我批评的方式展现出来，用充满人文关怀的笔触记录被医学话语所排斥的个性化生活叙事，包括对成功或失败的叙事交流的反思、对错误诊断给病人带来伤害的思考、对人对事的细腻观察以及对伤残和生老病死的种种经验等等（杨晓霖，2012：14）。

地理学家、人本地理学的创始人段义孚先生的自传《我是谁？一部情绪、思维和精神的自传》（*Who Am I? An Autobiography of Emotion, Mind, and Spirit*，1999）横跨了段先生的少年和老年，也引出了他的十本人本地理学著作，从审美、情感和精神的（aesthetic，emotional，spiritual）角度切入，把空间和地方等关键的地理要素纳入这一过程，坚持认为人的意识、情感、价值观等与地理环境交互作用，变佶屈聱牙的学术语言为引人入胜的文学语言，形成了本质意义的理论话语。巴斯（Rick Bass）的获奖自传《我为什么西行》（*Why I Came West*，2008）也是自传式生态批评（autoecography）的范例。

六、叙事化、表演性、文学形式和读者交流：自传式批评的后现代性阐释

自传式批评在20世纪八九十年代受到女性主义、后殖民主义和其他文学理论家的追捧，并在21世纪保持强劲势头，在很大程度上为西方自传理论“从边缘进入主流”，成为富有开放性、前沿性和持久生命力的学术领域做出了贡献。但自传式批评并非后现代新现象，19世纪中叶前并不乏自传轶事风格的传世之作。20世纪初的《房龙地理》等都延续了这种纪元前风格，只是在理论的大地图上覆盖全局的仍然是纯理论式的学术著作。以女性主义的个人批评为契机，这一自传理论模式才蔓延式地朝更大范围的文学理论和其他学科理论辐射渗透。因而，自传式批评的发展不是直线型和绝对阶段式的过程，自传式批评是后现代性范式转移的大地图中的一个组成部分，是个人精神和学术叙事话语转向的自然结果，是对绝对和高深的科学话语矫枉过正的复位革命（科学话语长期以来背离19世纪上半叶之前的叙事传统，脱离了本该关注的现实生活经验和原貌）。可以说个人化叙事取向的理论话语是一种回归原始的冲动，是原始与先锋的复合体。

理论话语中的自传批评与一般的自传和回忆录叙事的分水岭在于前者是以讲述学术故事或理论问题为目的的。它们是专家学者撰写的关于他个人的学术经历和理论成长的著作，既是自我职业化修炼过程的展演，也是传播理论或科学知识，与读者互动的空间。自传式批评包括三个方面的特征：一是个人叙事化，二是文学审美化，三是对话性。

自传理论家依金（Paul Eakin）认为“自我”不仅不是一种本质存在，而且只能通过个人化叙事才能体验。理论家的自我也是一样，自传式批评既具有“叙事性”，又具有“表演性”（performativity）。叙事既是认知/表达模式，也是生活/行为模式，普遍存在于生活原貌之中。叙事化本身具有对主客体二元对立的颠覆性。因为“叙事化”（narrativization）所指的是一种改变，把原来不在叙事的变成叙事。从这点出发，能够“变成叙事”的，其本身必是一些尚未被察觉和表达出来的东西，所以，叙事化需要一种对认知世界的重新认识和发掘。叙事化的另一含义是“去琐碎化”。在诠释的过程中，被弃之不提的往往被认为是琐碎的，又或是理所当然而无须明言的事物。它们视为过于琐碎，无助于表达，故被摒除于理论之外。自传式批评模式有意识地把这些原被视为琐碎的东西表达出来，使其成为

理论的一部分。自传式批评巧妙运用“叙事化”手法，从叙事层面否定主客体的二元对立关系，将原来的叙事主体客体化，并突出叙事权力主客体之间的辩证性，揭示权力关系中权力主体内部的复杂纠葛。这种透过主客体融合进而颠覆的书写策略，极富后殖民色彩，有助于破除各种学术藩篱，包括专业领域的隔膜、学者间的疏离和怀疑，甚至利于剔除学术研究中的偏误，是运用特殊方式从记忆中的经历、感觉和情感里拣出素材进行组合或编织而成的。自传式批评话语中充满利奥塔（Jean-Fran Cois Lyotard）所推崇的后现代质疑权威的小叙述（small narratives），充分演绎“微小”（minor）的形式与概念，表现语言中的细微与断裂，将理论置于当下情境（here and now），具有很强的感染力。

后理论一代借助文学形式充实理论话语可以消除难以超越前人理论的焦虑，同时也是对千篇一律的规范和抽象的理论的反叛（Campbell & Harbord，2002：6－8），借由文学的特殊性可以超越理论的单一性。美国后现代理论家辛普森（David Simpson）认为，当詹明信等学者声称理论正远离文学成分时，当今理论界实际上却出现了“后现代文学性统治”（pervasiveness of the literary）趋势。文学模式已经获得胜利：在人文学术和社会科学中，文学性已经无处不在（Culler，2000：289）。美国文学文化批评家富兰克林（Cynthia G. Franklin）对贝鲁贝、大卫森（Cathy N. Davidson）、盖洛普（Jane Gallop）等理论家的自传和回忆录进行研究之后，也发现学术性自传或回忆录在揭开科学理论和学术著作的神秘面纱方面起到了无与伦比的作用（Franklin，2009：1－6）。在学术大众化的语境下，那种诉诸个人的自传、忏悔、逸事具有广泛的吸引力。也就是说，这种诉诸个体和审美感性的东西已经逐渐在学术当中泛化开来，这就是学术后现代（王岳川，2004：11）。自传式批评的产生首先来自解构主义对本质主义的否定，同时也来自对个人和情感的强调。自传批评模式传递给读者的真实的精神感召力所产生的审美体验是枯燥晦涩的学术话语难以企及的。在新批评强调文学研究的客观性和科学性，结构主义完全离开个体，解构主义把一切都归入语言之后，个人化批评或许正出于对越来越非人性化的西方学术研究的厌倦（戴从容，2010：112），千篇一律向多样化，语言的程式化向语言的个性化转变。在创作或论述理论以寻求“真理”的过程中，自传式批评所具有的文学话语的精神指向性、超越性和审美的当下性特征凸显了它的建构性，强调了真理的相对和暂时性（provisionality）。自传空间是一种对现有的公共和私人空间领地进行解构后的新型科学话语空间，因而科学话语中的自传式批评是一种跨界的修辞空间。它能让科学重新找回生命感觉，重塑科学话语的想象空间，甚至重拾被学究的科学话语无偿抹去的自我。

考斯（Caws，1990：2）也提出，个人化批评的一个重要目的就是邀请读者，甚至潜在读者参与正在进行的对话（戴从容，2010：113）。自传式批评与读者反应论对读者反应的关注和法国理论家对体裁跨界以及自传、虚构和理论的交叉混合模式的偏好紧密相连，挑战和消解了传统观念对主客体、自我与他者的二分界限。自传式批评试图重建理论与读者的交流，同时又传达出种种后现代思想。自传式批评从读者理解和参与的角度来说，更接近诗性，而非其自传性或虚构性。自传式批评通过个人叙事化元素，给予理论家和批评家的生活细节以最大化的关注，并寻求一种方式将这些生活细节跃然纸上，这种模式更迎合和贴近读者对人类内心深处共鸣的探究兴趣（Freeman，2011：141）。

七、结语：自传式批评的接受与趋势

后现代理论倡导多元混杂，肯定读者的参与与主动性，而自传论述与后现代、后殖民等理论结合，打破了封闭的文类界限，从边缘突围，让弱势和少数群体发声，自传式批评就在这种理论环境中显示出十足的活力。作为将个人故事公共化的文类，自传式理论批评的繁荣是公共和私人领域的划分理论导致文化范式从公共领域向私人领域转移和个人化批评话语趋势的结果（Miller，1991：1）。

学术研究的叙事化和个人化转向激起了强烈反响。一些学者不认同这一模式，比如，20世纪最重要的剧场大师布鲁克斯（Peter Brooks）认为它是一种“名人的个人崇拜”（cult of personality），美国女性主义批评家帕蒂（Daphne Patai）就将其贬抑为“新唯我主义”（nouveau solipsism）和自我迷恋的牢骚抱怨（1994：52）。针对负面评论，汤普金斯认为在理论中融入个人的鲜活经验与以个人为中心是两种截然不同的理念，自传式批评并不是倡导以人为中心的自恋式写作。威廉姆斯（Jeffrey Williams）则进一步阐释自传式批评模式并非畸形反常或自我迷恋的理论形式，而是迎合了当时理论，诉诸更贴近文学化形式这一大的趋势，是一种创造性的、实验性的、交叉学科式的以及公共化的理论形式。这一转变标志着理论的读者不再局限于少数专门理论的专家和学者，而是扩展到不同学科之间的学者，甚至扩展到普通民众。在这一写作模式的影响下，不同学科之间的学者可以实现多元文化和多学科理论之间的交流，理论不再是高深莫测，让普通人望而生畏的极少数人的学问；以前的社会科学理论模式转变成了熟悉的文学欣赏形式。这不仅是对专业和学术基本原理的修复式反拨，而且对教学基本原理也起到了全面的革新作用（Williams，1999：415－423）。爱荷华大学写作工作室的首位女主任和第一位亚裔作家张岚出版的《一切皆已淡忘，什么也不曾遗失》（*All is Forgotten，Nothing is Lost*，2010）和南佛罗里达大学客座教授莱蒙斯的《一个黑人男孩局外人的回忆录》（*Memoir of a Black Boy Outsider：Teaching as a Pro-Feminist Man*，2008）将日常教学感悟和经历融入著作中就是最好的例证。

总之，自传式模式转向使理论摆脱了条条框框的束缚，摒弃了枯燥乏味的陈词滥调，从它的陈窠昔臼中解放了出来，颠覆了以高深理论为代表的情感压制的“紧箍咒”（用汤普金斯的话来说，就是“紧身衣”）。就像理论在自由修辞中曾经超越了标准和规范实践的限制一样，自传式批评声称解放了批评家并跨越了理论的制约。肖瓦尔特（Elaine Showalter）将自传式批评看作学术知识界的“重生”。21 世纪也是学术和教育博客日志飞速发展的时代，学术网络化不仅以学者更快捷地发声为目的，而且以阅读者的普泛化以及学者与读者的即时交流为追求，为吸引更多网络民众的关注，自传式批评模式的魅力和优势在这类博客更加凸显了出来。

参考文献

[1] Bernstein，S. Confessing Feminist Theory：What's “I” Got to Do with It？［J］. *Hypatia*，1992，7（2）.

[2] Boynton，V. & Malin，Jo. *Encyclopedia of Women's Autobiography.*［M］. Westport，C. T.：Greenwood，2005.

[3] Buss，Helen，M. *Repossessing the World：Reading Memoirs by Contemporary Women*［M］. Toronto：Wilfrid Laurier University Press，2002.

[4] Campbell，J. & Harbord，J. *Temporalities，Autobiography，and Everyday Life*［M］. New York：Manchester University Press，2002.

[5] Caws，M. A. *Women of Bloomsbury：Virginia，Vanessa & Carrington*［M］. London & New York：Routledge，1990.

[6] Charon，R. The Novelization of the Body，or，How Medicine and Stories Need One Another［J］. *Narrative*，2011，19（1）.

[7] Culler，J. The Literary of Theory［A］. In Butler，J. *What's Left of Theory*［M］.

London: Routledge, 2000.

[8] Egan, S. & Helms, G. Autobiography? Yes. But Canadian? [J]. *Canadian Literature*, 2002, 172.

[9] Finkelstein, N. *Not One of Them in Place* [M]. Albany: State University of New York Press, 2001.

[10] Franklin, C. G. *Academic Lives: Memoir, Cultural Theory, and the University Today* [M]. Athens: University of Georgia Press, 2009.

[11] Freeman, Mark. Autobiographical Understanding and Narrative Inquiry [A]. In Clandinin, D. J. *Handbook of Narrative Inquiry* [M]. Thousand Oaks: SAGE publications, 2006.

[12] Freeman, M. Toward Poetic Science [J]. *Integr Psychol Behav Sci.*, 2011, 45 (4).

[13] Friedman, N. Autobiographical Sociology [J]. *The American Sociologist*, 1990 (27).

[14] Gates, H. & Gates, L. *Colored People: A Memoir* [M]. New York: Knopf, 1994.

[15] Keller, E. F. The Gender/Science System [A]. In Biagioli, M. *The Science Studies Reader* [M]. New York: Routledge, 1999.

[16] Kelly, D. *Autobiography and Independence* [M]. Liverpool: Liverpool University Press, 2005.

[17] Lamarque, P. On Not Expecting Too Much from Narrative [J]. *Mind & Language*, 2004 (19).

[18] Lemons, G, L. *Womanist Forefathers* [M]. New York: State University of New York Press, 2009.

[19] Maldonado, R. Reading Malinche Reading Ruth: Toward a Hermeneutics of Betrayal [J]. *Semeia*, 1995 (72).

[20] Miguélez-Carballeira, H. Throwing Stones at Our Own Roof: Approaching Metacritical Concern in Anglo-American Hispanism [J]. *Bulletin of Hispanic Studies*, 2007, 84 (2).

[21] Miller, N. K. *Getting Personal: Feminist Occasions and Other Autobiographical Acts* [M]. New York: Routledge, 1991.

[22] Frost, L. But Enough About Me: Why We Read Other People's Lives [J]. *Signs*, 2005, 30 (4).

[23] Moss, P. *Placing Autobiography in Geography* [M]. Syracuse: Syracuse University Press, 2001.

[24] Olney, J. *Metaphors of Self: The Meaning of Autobiography* [M]. Princeton: Princeton University Press, 1972.

[25] Patai, D. Sick and Tired of Scholars' Nouveau Solipsism [J]. *The Chronicle of Higher Education*, 1994 (2).

[26] Rapaport, H. The New Personalism [J]. *Biography*, 1998 (2).

[27] Simpson, D. *The Academic Postmodern and the Rule of Literature* [M]. Chicago: University of Chicago Press, 1995.

[28] Smith, S. & Watson, J. *Women, Autobiography, Theory: A Reader* [M]. Madison: University of Wisconsin Press, 1998.

[29] Tierney, W. G. Academic Freedom and Tenure: Between Fiction and Reality [J]. *Journal of Higher Education*, 2004 (75).

[30] Tompkins, J. *A Life in School: What the Teacher Learned* [M]. New York: Addison-Wesley, 1996.

[31] Torgovnick, M. Experimental Critical Writing [J]. *Profession*, 1990 (90).

[32] Veeser, H. A. *Confessions of the Critics: North American Critics' Autobiographical Moves* [M]. New York: Routledge, 1996.

[33] Venn, C. *Occidentalism: Modernity and Subjectivity* [M]. London: SAGE publications, 2000.

[34] Williams, J. *Critics at Work: Interviews* 1993 - 2003 [M]. New York: New York University Press, 2004.

[35] Young, V. *Your Average Nigga: Performing Race, Literacy, and Masculinity* [M]. Detroit: Wayne State Unversity Press, 2007.

[36] 戴从容. 学术批评的新模式? ——个人化批评带来的启示 [J]. 文艺理论研究, 2010 (1).

[37] [法] 勒热纳. 自传契约 [M]. 杨国政译. 北京: 生活·读书·新知三联书店, 2001 (1).

[38] 王岳川. 质疑“后现代文学性统治”[J]. 文学自由谈, 2004 (2).

[39] 吴小英. 科学、文化与性别 [M]. 北京: 中国社会科学出版社, 2000.

[40] 杨晓霖. 医学与叙事的互补: 完善当代医学的重要课题 [J]. 医学与哲学 (人文社会医学版), 2012 (6).

(原载《外国文学》2014 年第 6 期，略有改动)

作者简介

杨晓霖，南方医科大学外国语学院副教授，在读博士，研究方向为叙事理论、叙事医学。

Neo-Victorian Maid Narrative and Post-Marxist Feminism

Yang Xiaolin

0. **Introduction**

Over a century after the death of Queen Victoria, contemporary literature remains fascinated with the Victorians, contributing to the flourishing of neo-Victorian fiction. According to Mark Lewellyn, the term Neo-Victorian fiction refers to works that are consciously set in the Victorian period, but introduce representations of marginalised voices, new histories of sexuality, post-colonial viewpoints and other generally " different " versions of the Victorian era (Lewellyn, 2008: 165). The Victorian maids were voicelessly marginalised in traditional novels. However, in Neo-Victorian Maid Narrative, one of the subgenre of Neo-Victorian literature, maidservants are given voices. Neo-Victorian Maid Narrative is defined as modern fictional works consciously set in Victorian Britain with a maid character being the first-person narrator or third-person internal focalizer by contemporary authors substantially concerned with the depiction of the maid-mistress/master relationship and the class hierarchy. Neo-Victorian Maid Narrative can be also regarded as a subcategory of "Neo-Servant Narrative" since novels centering primarily on servants are neither confined to Victorian setting nor to female servants. Rebecca Barnhouse's *The Book of the Maidservant* (2009), Michele Roberts' *The Looking Glass* (2000) and Monique Truong's *The Book of Salt* (2003), for instance, share the characteristics of Neo-Maid Narrative, although they are respectively set in early 15th century on a pilgrimage from England to Rome, in early 20th century France and in Paris during the late 1920s and early 1930s.

"Servant in literature" is an important research topic. Proliferated existing literature mainly falls into two categories: the studies on the servant's role in literary works during a certain historical period and the studies on the master/mistress vs. maid/servant in certain canonical writers' works. The former includes such monographs/essays as *The Servant's Hand: English Fiction from Below* (1986) by Bruce Robbins, *Masters and Servants in Renaissance Drama and Culture* (1997) by Mark Thornton Burnett, *Literate and Literary Servants in Eighteenth-century Fact and Fiction* (1996) by Bridget Hill which includes Sherrie Inness' *Loyal Saints or Devious Rascals: Domestic Servants in Edith Wharton's Stories* "The Lady's Maid's Bell" and "All Souls" (1999), Linda Anderson's *A Place in the Story: Servants and Service in Shakespeare's Plays* (2005), Julie Nash's *Servants and Paternalism in the Works of Maria Edgeworth and Elizabeth Gaskell* (2007) and Graeme Tytler's *Masters and Servants in Wuthering Heights*, etc. Most of the literature reviewed are androcentric studies.

However, the present essay intends to focus on the narrative of female servants in service for households of the gentry or upper middle class in Victorian era, a key figure at the nexus of gender, class an race studies. It is argued that all relationships could be distilled into the stark essence of master/mistress and servant in Victorian era. Due to her class, gender and ethnicity, the underprivileged maid's voice was marginalized or excluded from Victorian fictions. However, recent decades witness a tendency in novelistic creation using maids' perspectives, especially those of Victorian maids. Although novels choosing Victorian maids as narrators before 1990 were not rare, most of them were sensational fiction, which were considered to be lowbrow literature and the life and work of maids went largely unacknowledged in highbrow literature. One may mention *Wuthering Heights* as an exception. However, although Emily Brontë chooses Nelly Dean, the female servant as its narrator, the focus of the novel is neither the life of the underling class nor the relation between upstairs and downstairs and Nelly's role as narrator only functions rhetorically just because she could ground Emily Brontë's superb storytelling, and help make the hard-to-believe events in it seem believable. Apart from this, Nelly is not a narrator with critical consciousness of class exploitation or the ability to perceive social, political, and economic oppression and to take action against the oppressive elements of society. Thus, it belongs to traditional maid narrative rather than Neo-Maid Narrative.

Although novels with maids as narrators or focalizers gaining great critical acclaim and wide readership in recent years, few literatary contribute to the study of specific literary texts of Neo-Victorian Maid Narrative, let alone construct it theoretically as a genre. As a pilot study to a more ambitious project aiming at theorizing the Neo-Victorian subgenre, this essay attempts to analyse three novels, respectively representing three descriptive modes belonging to the genre of Neo-Victorian Maid Narrative to justify the literary theory of Post-Marxist Feminism as the suitable framework for textual criticism of this particular genre.

1. Neo-Victorian Maid Narrative

As mentioned above, Neo-Victorian Maid Narrative authors are thematically concerned with maid-employer relationship, the nature of servitude and the class-cum-gender-cum-race hierarchy. It emphasizes the dialogical relationship between both sides that has been ignored in the traditional maidservant narrative. By this argument, This essay purports that in the monological world created by traditional maid narrative, the contradictory accents are reduced to one single voice by the centralising imposition of the monological world of the masters or the maidservants and for most of the case reduced to the single voice of the privileged and the masters. Just like the notion of "master-signifier" in Lacanian theory and "arborescence" in Deleuzian thought, maids in traditional novels have value only in relation to the dominant perspective of the masters. Unheard and unrecognised, maidservants are thus reduced to the status of non-being "objects" as well as "others", leading to a kind of discursive "death". Therefore, Neo-Maid Narrative dedicates to recover the maid as a subjective being. Maids don't exist "in themselves", but only in their relations. Thus, Neo-Maid fiction is in essence a piece of heteroglossically imaginative work uttered by both masters and the maids. Maids are not born as maids in Victorian era. Generally, a newly employed maid is young in age and she has to gradually realize her position and recognize her identity, or reach an epiphany, via subjective interaction with her superiors. Thus, Neo-Maid Narrative is to some extent, the maid bildungsroman.

Domestic servants come into daily contact with their masters, but they experience two distinctively different lifestyles under the same roof. Maidservants are at the lowest Level of servants and are widely recognised as prime "others" and "strangers on the inside" (Walter, 2009: 279) to the middle-class and upper-class households in Victorian age. The juxtaposition of maidservant characters with their idle master's/mistress "gentlemanly and ladylike caste" in the Neo-Victorian Maid Narrative re-examines Victorian society in the context of such interrelated issues as dominance and subordination, superiority and inferiority, highlighting its political agenda. Or, in other words, Neo-Maid Narrative depicts a compelling portrait of how rich and poor in Victorian era were locked into a queer and pernicious symbiosis.

Maids' relations with their master/mistress are even more significant than their relations with their families as they live and work in the employers' house with little chance to contact with their families. Long days of physically demanding work at the beck and call of their mistress/master make them just slave over their employers. The most rewarding aspects of Neo-Maid Narrative is its exploration of the exact relationship between the server and the served. Naturally, Neo-Victorian Maid Narrative is often practiced by those who are in the minority, such as feminists, ethnic minority or working-class novelists and it often narrates the maids' class/race/gender consciousness and their own self-worth.

Writing is the best avenue toward self-worth and self-knowledge. However, prior to 1870 there was no compulsory education in Britain, thus maidservants, especially maids of lower ranks in Victorian era are generally uneducated. It's challenging for novelists to put forth an accomplished balancing act of making a most probably not-so-literate maid to narrate stories with a voice as original as possible and simultaneously with a meaningful and readable narrative structure with serious literary invention to achieve a kind of high art. In order to fulfil this seemingly paradoxical mission, Neo-Victorian Maid Novelists have to design a chance for barely illiterate narrators to be given access to "literalization". That is to say, despite the starkness of their origins, the maids can read and write by luck and chance. For instance, the maid narrator in *Mary Reilly* (1996), quite coincidentally, learned to read and write at a school funded by the philanthropic Dr. Jekyll. As such a design may sound somewhat unrealistic or coincidental, novelists show a propensity for making a maid serving for and imperceptibly influenced by a famed Victorian literati as narrators, which makes her gaining of literacy and narrative skills more natural. Therefore, maids in Neo-Victorian fiction are not domestic machines any more, but scintillating storytellers once when they are "voicened". They are not just a sad tale of a Victorian maid with a tragic story to tell, they are not as confined in taste and sensibility as their literary contemporaries since Neo-Victorian novelists invest them with contemporary vision and reflection of post-colonialism, materialist feminism and queer theory.

There seems to be mainly two sub-types of Neo-Victorian Maid Narrative, either narrating the maid/servant vs. master/mistress relationship with both of them being supposedly non-referential, purely-invented characters, or retelling the maid/servant vs. master/mistress relationship with at least one of them being biographically referential or fictionally referential. The former type displays an informed postmodern self-consciousness and contemporary cultural themes by retreating into the Victorian past, or resuscitating the Victorian discursive strategies. Thus, works of this type can be called "Neo-Victorian Matrix Narrative" with the purpose of distinguishing them from the latter type.

By "biographically referential", I mean either the maid or the master/mistress in a novel (although for most of the cases, it is the master/mistress who) is a notable historical figures with scholarly biographies. Such novel falls squarely into the category of "Neo-historical biofiction" (Boehm-Schnitker, 2012: 225) or more specifically speaking, "neo-Victorian biofiction" (Kaplan, 2007: 65) in the research context of the present study. Whereas, by "fictionally referential", I mean that the characters, settings and plots in a novel are appropriated from story world of the canonical fictional works. As only maid narratives that are created by well-established professional writers rather than fans of that work will be discussed in this essay, in order to distinguish them from fan fiction, I argue that they fit best in the genre of "parallel narrative" (Yang, 2015: 513), or more exactly, "Neo-Victorian parallel narrative".

Unlike the matrix Neo-Victorian Maid Narrative, in which heteroglossia can be traced explicitly within itself, dialogism is always established intertextually for the fictionally or biographically referential Neo-Victorian Maid Narrative. Often the referenced fictional works or biographies are complementary in perspectives with the Neo-Maid Narrative. The act of placing the maid at the centre in such intertextually referential novels thus "becomes an act of historical reparation and an attempt at subverting the political bias of the original text" (Bryk, 2004: 204).

In view of the above, altogether three categories of Neo-Victorian Maid Narrative, namely, "Neo-Victorian Matrix Narrative" "Neo-Victorian Biofictional Narrative" and "Neo-Victorian Parallel Narrative" will be discussed in details as follows.

2. Neo-Victorian Maid Narrative: Three Subgenres

2.1 Neo-Victorian Matrix Narrative: Jane Harris' *The Observations* (2006)

John Fowles, Sarah Waters, Michel Faber, just name a few, are the most critically acclaimed writers devoting themselves to the creation of "Neo-Victorian Matrix Narrative". Scholars such as Jill Paton Walsh have proposed to use the term "costume novels" (Walsh, 1972: 17-19) to describe the works in which the writer plunks fictional characters in a historical setting and simply chooses a place and time from the past as stage props. Here I abandon this term, as on one hand "costume" seems to imply a kind of negative sense, on the other hand, the term presupposes a loose connectedness or even a disjunctiveness between the historical setting and narrative progression of the work, although such work "may be a very good book", it does not gain its generic inclusion into "a historical novel" (Walsh, 1972: 18). Thus, "Neo-Victorian Costume Narrative" would sound paradoxical. Therefore, instead of "costume", "matrix" means "a surrounding substance within which something else originates and develops" and "Neo-Victorian Matrix Narrative" can refer to the works whose fictional plots and invented characters are closely interconnected to the social and cultural contexts of Victorian era though with a contemporary agenda and whose narrative strategies parodize that of Victorian fictions. Jane Harris' debut novel, *The Observations*, which shortlisted for the Orange Prize for Fiction in 2007, is a brilliant Matrix Narrative about a maid servant in Victorian era.

Subtle biographical parallels can be found in Harris' maid protagonist. Just like fictional heroine, Harris was born in Northern Ireland, and spent her childhood years in Glasgow, and later worked variously as a kitchen maid, maid-of-all-work, a chambermaid. Set somewhere dank and dour in Victorian-era Scotland in 1863, *The Observations* revolves around Bessy Buckley's relationship with Missus Arabella, the mistress who takes her on as a scullery maid. Bessy, the narrator and our only entry into the world of the novel, who had fled her murky past in Glasgow only to arrive in an even more troubling present—she is subjected to odd requests and compelled to collect her most intimate thoughts, experiences as well as daily goings-on in a journal for Arabella's scrutiny. Bessy's discovery of Arabella's treatise on the domestic class, *The Observations*, which is writing about servants she's had. Bessy gradually knows that the tragic fate of a previous Irish maid, Nora, who has a special relation with Arabella and dies in mysterious circumstances. Pricked by feelings of jealousy and betrayal, Bessy determines to piece together the mystery of Nora by tricking her mistress into believing that Nora is haunting the house. In the process she sets off a chain of events that plunge the residents of Castle Haivers into a world of secrets and suspicions and also a disclosure of her own past of prostitution that her permanently drunk ("in a state of elevation") (Harris, 2006: 127) and spectacularly ruthless mother forced her into at the age of 10. Subjected to nightmarish torture as an underage prostitute, she escaped from Glasgow at 14, and went into another kind of service.

Scullery maids are lowest-ranked in the household hierarchy and often uncouth and illiterate. However, by a plot device before she became the maid, Bessy was given access to "literalization" —the man whom she was sold off to by her mother took it upon himself to literate her while debauching her. In an interview by Judith Kinghorn (2007), Harris confesses that the characterisation of Bessy is greatly indebted to Hannah Cullwick, a well-known diarist and maid from the 19th century. As the novel *The Observations* is a story framing Bessy's and Arabella's, with Bessy's journal being her story about herself as well as people around her, her mistress in particular, from her monological and dominant perspective whereas the notebook "observations", filled up with discourses on the best way to train maids to domesticity and obedience, being Arabella's monological views on maids, especially Irish maids, the two are just like a kind of contrapuntal texts integrated into one narrative, complementing each other perfectly in voices and perspectives and involving the distribution of utterly incompatible elements within dialogical perspectives of equal value. The section on Bessy in her employer's "Observations" is subtitled "Bessy: The Most Particular Case of a Low Prostitute". Arabella is eager to see herself in Bessy's diary and her notebook helps Bessy know the present self as a maid. Bessy's diaries not only give access to her present self but a past self that conceals in her innermost. Bessy's recollections of her personal past give rise to a sense of continuity an identity (Sarbin, 1986: 152). Additionally, through the dialogical narratives, the maids' ethnic identity of being Irish gains its salience throughout the novel.

Some of the novel's distinct characteristics like the originality of its narrative voice of an Irish maid with a cross-class deceit, a sniff of repressed Victorian lesbianism a la Sarah Waters (Topham, 2007), a Wilkie Collins-influenced layering plot twists, its intentionally flirting with the Victorian sensationalism, all showcase the novel's Neo-Victorian matrixness. Thus, Neo-Victorian Matrix Narrative about maids like *The Observations* perfectly combines the best qualities of historical representation with page-turning accessibility.

2.2 Neo-Victorian Biofictional Narrative: Margaret Forster's *Lady's Maid* (1990)

As mentioned earlier, Neo-Victorian novelists incline to choose a maid in service for famed Victorian literati as narrators. That's why maids such as Nellie Titterington (Thomas Hardy's Maxgate Parlour maid), Sally Naldrett (Lady Duff Gordon's maid), Elizabeth Wilson (Elizabeth Barrett's maid in Italy), Margaret Maher (Emily Dickinson's Irish maid), Kaydia (Elizabeth Barrett's Creole Maid at her family estate in Jamaica) rise from marginality and muteness (Robbins, 1986: 113) to centrality and voicedness. Those works stand on the threshold of combining elements of meticulous biographical research with imaginative work of the novelists, which are referred to as Neo-Victorian Biofictional Narrative about maids. Biofictional narrative about maids is the best arena to translate the private life of a Victorian celebrity into the public.

Biofiction was coined by French scholar Alain Buisine in 1991 in the academic journal *Revue des Sciences Humaines*: *Le Biographique* and this very word has been regularly employed in the English literary critic context since it was used by Martin Middeke in 1999. However, biofiction as a specialized genre remains curiously under-theorised (Kohlke, 2013: 4) for most of the scholars, such as Bethany Layne (2013) and Julia Novak (2012). They still use biofiction and biographical fiction interchangeably and few researchers contribute to its theoretical construction about its generic definition and features.

As a sub-type of life writing, biofictional narrative is a textual product as well as an upgraded form of biographical fiction in the context of postmodernism. The number of biofictional works has expanded exponentially in recent decades. It does not intend to replace biography or biographical fiction, but complements them. Writers of excellent biofictions recreate the life of a historical personae with an immediacy neither scholarly biography nor pure fiction can achieve alone, offering a different kind of interpretation of real lives by disclosing the lesser known aspects to their life from a minor person's perspective. As biofiction always adopts a perspective of a minor figure whose documentary evidence is extremely exiguous, it's inevitably a piece of writing with fact augmented with imaginative speculation.

Neo-Victorian Biofictional Narrative with a maid narrator or focalizer refers to a piece of literature which reimagines the life of historically prominent figures from "downstairs" perspective by pastiching while fictionalizing their biographical texts. As mentioned above, practitioners of this genre tend to create the life story of a maid working for writers. *Max Gate* (2013) by Damien Wilkins, *The Mistress of Nothing* (2009) by Kate Pullinger and *Lady's Maid* (1991) by Margaret Forster are the most exemplary works about real writers from the perspective of their respective maidservant. They simultaneously participates in the two subgenres of Neo-Victorian biofiction (Kohlke, 2013: 4), namely, "celebrity biofiction" and "biofiction of marginalised subjects" (Kohlke, 2013: 9 – 11) as these literary texts emphasize the "maid vs. poet/novelist as master/mistress" relationship, thus integrating the mission of envoicing "voiceless" lives of the marginalised maids/servants and "re-visioning" the famed and well-researched literary precursor's life from the alternative perspectives of understrata. The web of domestic relationships that sustain the household for Hardy, Lucie Duff Gordon and Browning makes great contributions to their master/mistress' achievements. However, as servants in Victorian fictions were expected to see but not to be heard, such contributions were barely noticed and rarely remarked on. Thus, Neo-Victorian Maid Narrative undertakes the mission of the revelation.

Different from biofiction about other historical figures, the bio-memes appropriated by biofiction about writers can be divided into three levels, the biofictional subject's own epistolary and autobiographical writings (primary bio-meme), biographical writings about the biofictional subject (secondary bio-meme) and his/her fictional writings (tertiary bio-meme). Tertiary bio-meme is proper to literary writers only. Generally, a writer's epistolary and autobiographical writings are more beautifully written than the other historical figures. These three kinds of bio-memes are often pastiched inextricably in the bio-fictional works. They form a kind of dialogism with the new text.

After writing a distinguished biography of *Elizabeth Barrett Browning* in 1988, Forster decided to follow a different agenda due to the hauntingness of the maid Lyly Wilson who played so crucial a role in the life of the poetess. Lyly Wilson was a typical specimen of "the inscrutable, the all-but-silent, the all-but-invisible servant maids of history" (Woolf, 1977: 160) "... who cried aloud for the services of a biographer" (Woolf, 1977: 154). Responding to Woolf's call, Forster created her biofiction *Lady's Maid* in 1991 through the perspective of previously marginalised maid on the attic of the famous house on Wimpole Street, which exposed the hidden domestic work that enabled lives of the mind such as Barrett's. Her previous biography about Browning provided the skeleton of the biofiction. The abigail's name is Elizabeth Wilson, but she is given a name "Lily", shortened from the pet name "Lilabet" by her mistress, which ironically indicates the maid's position in the household, although lady's maid or abigail, a position similar to a gentleman's valet, is at the upper orders of the domestic servants.

Barrett is used to fully exploiting her abigail's devotion. While the Brownings are perusing books in their study, ... breakfasting in their bed, composing letters or writing poems, Wilson is scrubbing floors, polishing silver, dusting, cleaning and ironing. Being a private servant for the lady assisting her with dressing, caring for their clothes and being a general companion, Lily writes to her family, revealing her situation of being torn between devotion for her mistress and indignation at her selfish disregard for the economic and personal difficulties of her "inferior" maid (Novak & Mayer, 2014: 27). These letters together with Barrett's form a contrapuntal and complementary effect as they stand for different class status. The utterly selfish Barrett is affectionate towards Lily only when the maid is needed, while if Lily asks her a favour or goes against her wishes, she becomes petulant, tetchy and sometimes downright cruel. Thus, this biofiction can be seen as a saga of Victorian maids and their relationship to those who profess to be friends but continue to be callous masters, exposing Barrett's hypocrisy as a mistress to the domestic working class, and the hypocrisy of the Victorian era as a whole.

Therefore, the biofictional work is "coloured by a distinct Marxist perspective", striving to recover Lily's story, "through which Elizabeth Barrett emerges as an egotistical employer whose lack of empathy" starkly contrasts with the liberal values projected in her poems (Novak & Mayer, 2014: 44). The contrast is so stark and Lily's story is so convincible that Mrs. Browning's previous positive image has been blatantly and ruthlessly subverted. As the novel centers on the chasm between the moral values conveyed through the Browning's poetry and her private conduct, Novak & Mayer (2014) terms it as "the work vs. life topos" (Novek & Mayer, 2014: 25). "The work vs. life topos" in contemporary biofiction often takes advantage of the aura of the iconic personae to create interest in its marginalised subject only to turn venomously on the personae who possesses that aura.

Similar to the author of *The Observations* discussed above, Forster based the biofictional recreation on her own life experience as she was brought up in a working-class household. This made Forster an adamant spokesman for working class women. Through this biofictional novel, Forster emphasizes that even such an iconic public advocate for human rights as Elizabeth Browning can't live up to her own standards hinging not only on her "professed disregard for class hierarchies, but on her astute awareness of gender inequalities, as evidenced in much of her poetry" (Novak & Mayer, 2014: 35), let alone the ordinary upper- class and middle-class people.

Simultaneously, Forster stresses that without all the domestic care and hard work provided by Lily, Barrett wouldn't have had the leisure to engage herself in writing, and there would have been the poet and her poetry. It is the job of Barrett, the sickly but charismatic mistress of the house to order Wilson, the housemaid around. Barrett enormously depends on her maid on account of her terrible health. However, Barrett behaves with inexcusable cruelty and callousness toward Wilson. Wilson is not only consistently underpaid, but is ruthlessly refused to allow her first-born child to live with the family in Italy. Similarly, Sally Naldrett is also a lady's maid specially employed to Lady Lucie Duff Gordon, the writer who is best known for *Letters from Egypt*, both in reality and in the bio-fictional narrative, *The Mistress of Nothing*. It depicts a harsh image of the demanding lady who treats her loyal maid despitefully with strong class and gender discrimination. Forster's Wilson and Pullinger's Naldrett remind us readers of the hard material circumstances that deprived working-class people of their own conjugal happiness and intellectual pursuits.

2.3 Neo-Victorian Parallel Narrative: Valerie Martin's *Mary Reilly* (1996)

Broadly speaking, parallel fiction or Narrative is a piece of new fictional work written within and derived from the framework of another work of fiction by another author (Patrick, 2007) through maintaining basic story-line and the cast of characters while changing the narrative perspective/voice, time/space frame or extending its story-line by writing a prequel or sequel (Yang, 2015: 513). It may also borrow a character from literary classics and fill in his/her story or blend the characters of one novel with those of another engaging in Rich's act of "revision—the act of looking back, of seeing with fresh eyes, of entering an old text from a new critical direction" (Rich, 1979: 35). The old text can be called "ur-text" whereas the parallel works can be referred to as "par-text". These "writing back" and "re-visionist" (Widdowson, 2006: 491) patterns have formed a burgeoning genre in postmodern literature as it is the most potential and powerful genre to fulfil social-political agenda of post-marxism, postcolonial, postfeminist and post-racism.

Neo-Victorian Parallel Narrative with a maid narrator refers to a par-text derived from the Victorian ur-text by changing its original voice and perspective into a maid's with the purpose of recreating the ur-text in a way that attempts to subvert the treatment of the maid as inactive objects. Actually, most of the novels of this mode can be seen as a kind of literary takeover of an upper-class and middle-class male-written and male-oriented classic. Michèle Roberts, Valerie Martin and Jo Baker who are undoubtedly class conscious can be seen as the most famed practitioners of this creative mode. One short story anthologized in Roberts's Mud: *Stories of Sex and Love* (2010) invites us to imagine ourselves as a maid in the house of Jane Eyre's Mr Rochester, taking care of young Adele and watching Adele make friends with the mad woman in the attic. As the nursemaid is of almost ghostly presence in the ur-text, Roberts has to imagine her life almost out of pure speculation, although the main plotline of the par-text is drawn faithfully on details from the ur-text. *Jo Baker's Longbourn* (2013) is a fresh take on Jane Austen's *Pride and Prejudice* rewritten from Sarah and other servants' perspectives. Sarah's critical consciousness endowed by Baker makes a kind of rebellion crop up and expanded upon, in the ur-text, leading Sarah to reflect that "no one should have to deal with another person's dirty linen". Neo-Victorian Parallel Narrative with a maid narrator creates possibility to stress the scarcity of working class representation, which lacks in the whole of Victorian society. Such narratives both "acknowledge the continuing force of the novelistic past in the present and investigate the capacity of novels to intervene in that present" (Connor, 1996: 167).

Mary Reilly: The Untold Story of Dr. Jekyll and Mr. Hyde is an award-winning parallel novel by Valerie Martin. Its ur-text *The Strange Case of Dr. Jekyll and Mr. Hyde* (1886) is a male-driven novel peopled with "successful middle-aged professional men" (Lang, 1981: 56) where women are almost completely and conspicuously absent. The par-text gives the tale a totally different slant by centering on Jekyll/Hyde's housemaid, Mary Reilly, the only woman mentioned in the ur-text with the obvious structural parallelisms in the time-line and the use of the same characters. She is the nameless and voiceless maid appearing in a key scene in the ur-text when Hyde's body is discovered— "Blank silence followed, no one protesting; only the maid lifted up her voice and now wept loudly" . (Stevenson, 1992: 41) Not only female servants, but "the whole of the servants, men and women" who are seen "huddled together like a flock of sheep" (Stevenson, 1992: 33) are ghostly presences lurking in the background in the ur-text. However, written entirely in the voice of Mary Reilly, the housemaid whom Martin gives a name, and filled with a full troupe of her fellow servant characters (Poole, Kent, Bradshaw, Annie...), the par-text defines Stevenson's exclusion of females and the lower classes at one fell swoop with the emphasis shifted from Jekyll/Hyde to Mary Reilly, from man to woman of course, but also from master to servants.

Servants in Victorian era are closer and more in touch with their masters than their masters' class-equivalent friends and colleagues. Mary as the closest observer to Dr. Jekyll who relies on her to keep secrets she does not wish to know. Martin's strategy of revision in the par-text by changing the ur-text narrator, Mr. Utterson, a lawyer, into Mary, an Irish downstairs maid through her uncomprehending eyes, gives the reader an closer inside look and "a much more intimate picture of both sides of the man" (Leach, 2010: 85). The two perspectives are complementary and dialogical as readers read Mr. Utterson's story about Dr. Jeckyll from afar whereas reading Mary's story about her master from inside out. Dr. Jekyll's transformation from his "easy way" (Martin, 2003: 217) to becoming "weary to the bones" (Martin, 2003: 227) is conveyed in details through the maid's personal interactions with the master. Actually, through her observations and records of her master and her master's "gentlemanly caste" (Rago, 2006: 275) and the ungentlemanly Hyde, which reflects in her diary, the novel revolves around Mary's own struggle toward selfhood and her own awareness of sexuality. Through the diary form, she is given a terrible life history—abuse of the most hallowing kind by her alcoholic father and her gradual epiphany of her lower class status as female Irish maid. According to the "editor" of Mary's diary entries, "It's interesting to note that she always failed to capitalize the word 'i' and never failed to capitalize the word 'Master'" (Martin, 2003: 243). Thus, her master ranks above and empowers over her own self. And when the master was told that Mary learned to read and write through his charity, he expresses his pleasure; in reply, Mary says nothing, merely reflecting that "considering how rough the school was, it was a wonder I could read... I (...) stood looking at Master across the dirt feeling all the world was standing between us and we'd no way ever to cross it, but also that somehow we was also two sides of the same coin, doing our different work in the same house and as close, without speaking, as a dog and his shadow" (Martin, 2003: 30).

What's more, with the working class perspective and the form of a maid's diary, Martin's novel blatantly exposes the less explicitly addressed or unaddressed aspects of the ur-text, namely, homoeroticism, class exploitation, gender discrimination, hypocrisy of Stevenson and the whole Victorian society, and thus it not only fulfils the Marxism agenda for representing class disparity, but also functions as a kind of ficto-criticism both to the ur-text and its author.

3. Characteristics Shared by Neo-Victorian Maid Narrative

3.1 Epistolarity in Neo-Victorian Maid Narrative

The epistolary narrative is a narrative in the form of letters, journals and other personal documents, telling a story from the perspective of the characters that write down their thoughts. Using "letters, diaries, etc. as authentic clues to arrive at the climax of the narrative" is a Victorian textual convention (Chaudhuri, 2015: 165). Epistolary narrative is increasingly taken up by Neo-Victorian novelists to represent marginalized female characters who are often silenced or unable to tell their stories. For Neo-Victorian Maid Narrative, epistles function mainly in two ways. On one hand, epistles are used as strategies to give directly a voice to the maid. On the other hand, epistles from the maid and the master/mistress can device as dialogical and intersubjective storytelling.

Using the mode of epistolary narrative Neo-maid novelists give voice to historically anonymous characters, who, in any other genre or narrative mode, could not have been so central to her own life-story. The above-mentioned three novels exclusively utilize epistolary devices. Repetitive lists of chores fill their letters and diaries, defining the menial and monotonous as well as humdrum and humble lives of domestic maids. Bessy is requested to write journals detailing her most trivial actions and innermost thoughts. Mary Reilly purports to be a novel fragmented with the diaries of Dr. Jekyll's housemaid. And by use of letters written by Wilson to various people, we see her personal viewpoint. Actually, through the voice given in their epistles, they have trespassed the forbidden limits for female servants by writing down their master/mistress as well as their own stories.

If a piece of work emphasizes too much on the single consciousness of the servants, it will again fall into the other extremity of a monological story world, which cannot be regarded as Neo-Victorian Maid Narrative in its true sense. As mentioned above, Neo-Victorian Maid Narrative makes the co-beings and their inter-relationship prominent. Therefore, epistles from the oppositional perspectives within the narrative just like two mirrors reflecting each other, creating a sense of dialogicality, contextuality and relationality. Through writings by both the maid and the mistress, the counterpoint of upper and underclass is emphasized.

By comparing *The Observations* and *The Mary Reilly*, we can find that both maids are requested by their employers to keep diary. The differences lie in that Bessy is compelled to reveal her present-self and in the process she finds access to her past self whereas Mary is encouraged to write her past trauma and in the process she gets to know her present-self. Through Bessy and Mary's respective diary entries, the readers get the chance to know and both the maid narrators themselves get the possibility to meditate about their social and psychological background. Unlike the other superiors, Arabella is profoundly interested in the acting and thinking of her inferiors. Actually, the superiors in all the three novels selected for analysis in this essay, namely, Arabella, Dr. Jeckyll and Mrs. Browning are more inclined to know their maids than ordinary employers, which makes it possible to establish dialogism between the two. Arabella's notebook entitled "Observations on the Habits and Nature of the Domestic Class in My Time" is her own epistolary writing as a mistress, which is of equal value to the whole novel as the journal kept by Bessy.

The beginning of *Mary Reilly* is a diary entry about Mary's sadistic father abusing her when he was drunk. This is "the account I wrote for my master... at his request" after he had "first remarked the scars on my hands" (Martin, 2003: 7). From then on, she records in her diaries her daily conversations with her gentle master and the intricacies of the household. She describes his obsession with his "scientific investigations" and his decision to take on a brutal young man of questionable origins and intentions, Mr. Hyde, as his assistant. Mary's diary that recorded Jekyll's gradual transformation "echoes Mary's own process of puzzlement as her master's psychoanalytical endeavors reawaken" her traumatic memories (Miquel-Baldellou, 2010: 127) and her own narrative of implicit double-sidedness in perception of Jekyll's apparent doubleness. The diary form of intimacy and desire brings a fresh psychoanalytical perspective and ultimately fulfils the agenda of a maid's knowing and embracing herself enough to present that self to another.

For the case of *Lady's Maid*, Forster uses the semi-epistolary style through correspondence between Wilson and her family in Newcastle to tell her servicing story. This allows the author to present the relations between Wilson and the Brownings, with great inwardness and in a remarkably fresh and intimate light while allows the reader "just as involved with her life as it develops during her employment as with the various well-documented events in the life of her employer" (Banerjee, 2015).

After meticulous comparison, we can find that the discourses complementary in perspectives are explicitly juxtaposed or contrasted within the Neo-Victorian Matrix Narrative about maids like *The Observation*, whereas the dialogical story world of the mistress or master is always referenced extratextually in the biofictional narrative about maids. For example, *Lady's Maid* and *The Mistress of Nothing* are seemingly dominated by monological story world about Wilson and Naldrett; their contrapuntal texts can be found in the biofictional celebrities' primary bio-memes. Elizabeth Browning's epistolary and autobiographical writings pastiched in Margaret Forster's biography and well-documented letters pieced in Katherine Frank's biography about Lucie Duff Gordon respectively. This magnifies the space of a single novel into an interactive reading of at least two genre-invented epistles and documented epistles, or fiction and auto/biography, thus creating a sense of genre hybridity.

These three novels help to recognise "affinities between thematic concerns of class and sexuality and letter exchange" (Brindle, 2013: 14). Epistles make it possible for the journal keeper or letter writer to narrate her own lifestory in the past. By this device, a maid becomes a complete human being who has a past, a present and is worth a future. With the letter-writing protagonists coming to consciousness about their "unconventional" identity, these epistolary narratives highlight the value of reading through the multiple layers of reflection that impact plurality of Victorian maids' identity.

3.2 Plurality of identity in Neo-Victorian Maid Narrative

With the maid being a narrator, she gains a voice, which is a kind of action against the oppression of domestic female working class in Victorian society. However, Neo-Victorian maid novels not only give the maid a voice, but a complete identity. Traditional narratives with maid characters are mostly made up of monological story world and monoglossical dominance integrated through a single consciousness of upper and middle class characters. However, Neo-Victorian maid narrative reclaims their identity by giving them voices and narrative of self-knowledge about their gender, language, race and sexuality. Identity is relational. Maid and master/mistress are always "co-being". It is therefore impossible to conceive a finite maid being with a complete identity outside the dynamics of the relations linking it to opposition and difference. In other words, giving maids an identity means creating a narrative capable of amply demonstrating the inter-subjectivity between the co-beings. Therefore, double-voice in contrast is needed in neo-maid narrative in order to recognise the multiplicity of perspectives and voices.

To take *The Observations* for example, its dominant perspective is that of Bessy, the maid, but the dominant discourse is often interrupted by Arabella's voice through her book commenting all her maids from her perspective as the mistress, thus creating a sense of heteroglossia. Bessy finally learns to situate herself socially by relating her own perspective to Arabella, the other's.

In the narrative progression of *Lady's Maid*, the dialogical balance relies on the combination of the third person narration with faux news reports and amount of the poets' own epistolary pastiche and Wilson's first-person diary. As the two contrasting strands are subtly interwoven, Wilson's experiences become as important and enlightening to the reader as the two famous poets', if not more so. The letters, which is the fulcrum of the novel, are also a means of reflecting Wilson's growing awareness of the discrepancy between her and her mistress in class status and chances in intellectual pursuits.

As in the case of *Mary Reilly*, by writing the novel from the housemaid's perspective, in first person, and in diary form as well as naming the entire novel after this maid, Martin gives the maidservant voices, identities and importance. For Mary, diary keeping is not only an avenue toward a better self-knowledge, but also an access to deeper perception of her master and interrelations in order to find her own niche in the household and society.

Neo-Victorian Maid Narrative tends to adopt the perspective of a maid who relates to hybrid identities. For Neo-Victorian Maid Narrative, the maid character generally has at least two distinct identities in terms of both gender and class. Unlike the traditional maid narrative that emphasizes the dominance of the male employer over the female employee, the majority of the Neo-Victorian Maid Narrative tends to explore the theme of "feminine intra-oppression" or "Pink Transgression", which is argued by Lucienne Nicholson as the most selectively invisible transgression (Nicholson, 2014: 100). In reality, both the mistress and maid since Victorian period like Barrett and Wilson, Gordon and Naldrett are victims of the familiar model of male hegemonic oppressions—both are members of the woman-class whose gender implies a lower social status next to men. The difference lies in that Barrett is above Lily and Gordon above Naldrett in the intra-feminine strata. However, the Thus, Marxism and feminism are the two basic theoretical rationales to this topic.

However, maids since Victorian age are inflicted with multiplicity of subjugations besides gender and class. For instance, Bessy in *The Observations* is an Irish girl who had a prostituted past at a very young age. Mary Reilly is also a maid with an Irish origin surviving a childhood of abuse by her sadistic father, which has left her almost catatonic. *Kaydia in Strange Music* (2009), another biofiction about Elizabeth Barrett is a Creole maidservant on the Barrett estate in Jamaica. They are female domestic working class of minor ethnicity so that they can be called "the other (gender) of the other (class) of the other (ethnicity)".

Servants and their employers are the most special class-exploiting relation in western society as the exploitation occurs in the innermost private life of the individual household, which is different from industrial workshops. And according to Ernesto Laclau, individual household is just one of the fragmentized and diversified loci (Howarth, 2014: 63). Thus, maid-employer relationship forms a kind of social hierarchy inside the domestic Victorian household, which has often been neglected by critics as they tend to comment on the issue of gender and ethnicity with feminist theory rather than a multidisciplinary approach considering the complexity of the Victorian maid's identity.

The study of Victorian maid thus need to theorize at the nexus of gender, class, race, ethnicity and sexuality. Naturally this essay argues that post-marxist feminism is a suitable approach to address female domestic working class with multiplicity of identities. Neo-Victorian Maid Narrative helps us find out a new hybrid approach to address their critical issues, constituting another significant strand of post-Marxist feminism.

4. **Conclusion**

In recent years, an exotic fictional growth has begun to overrun the landscape of Neo-Victorian Maid Narrative, which adopts a politically intriguing female-underclass point of view. However, as a distinctive genre it remains under-theorised. Responding to this situation, this essay undertakes the initiatory task of constructing theoretically the Neo-Victorian Maid Narrative as a genre mainly by categorizing three representative novels respectively into three descriptive modes, namely "Neo-Victorian Matrix Narrative" "Neo-Victorian Biofictional Narrative" and "Neo-Victorian Parallel Narrative" and analyzing their shared narrative strategies and aimed socio-political agenda. These novels not only introduce perspectives of female servants with multiple identities as a post-Marxist feminist response to the traditional maid narrative but also include many allusions to the cult of domesticity as a legacy of the Victorian literature. What's more, Neo-Victorian Maid Narrative fulfils Llewellyn's main aims of Neo-Victorian literature, namely as "critical fiction", Which is a term he coins to define the feature of blending criticism and creativity, thus , it including the critical apparatus of gender, class, ethnicity and sexuality within a fictional framework.

References

[1] Banerjee, Jacqueline. Neo-Victorianism: An Introduction [EB/OL]. http://

www. victorianweb. org/neovictorian/introduction. html, 2015 – 07 – 04.

[2] Boehm-Schnitker, Nadine. The Canon, the Fan, and the Academic: Review of Sabine Vanacker and Catherine Wynne. Sherlock Holmes and Conan Doyle: Multi-Media Afterlives [J]. *Neo-Victorian Studies*, 2012, 5.

[3] Brindle, Kym. *Epistolary Encounters in Neo-Victorian Fiction* [M]. New York: Palgrave Macmillan, 2013.

[4] Bryk, Marta. The Maidservant in the Attic: Rewriting Stevenson's Strange Case of Dr. Jekyll and Mr. Hyde in Valerie Martin's Mary Reilly [J]. *Women: A Cultural Review*, 2004 (15).

[5] Chaudhuri, Sneha Kar. Epistles to the (Neo-) Victorian Past: Review of Kym Brindle, Epistolary Encounters in Neo-Victorian Fiction: Diaries and Letters [J]. *Neo-Victorian Studies*, 2015 (8).

[6] Connor, Steven. *The English Novel in History* 1950 – 1995. London: Routledge, 1996.

[7] Howarth, David. *Ernesto Laclau: Post-Marxism, Populism and Critique* [M]. London: Routledge, 2014.

[8] Lang, Andrew. Saturday Review (9 January 1886) [A]. In Paul Maixner. *Robert Louis Stevenson: The Critical Heritage* [M]. London: Routledge, 1981.

[9] Kohlke, Marie-Luise. Neo-Victorian Biofiction and the Special/Spectral Case of Barbara [J]. *Australasian Journal of Victorian Studies*, 2013.

[10] Leach, Laurie. A Fuller Statement of the Case: Mary Reilly and the Strange Case of Dr. Jekyll and Mr. Hyde [A]. In Phyllis Frus & Christy Williams. *Beyond Adaptation: Essays on Radical Transformations of Original Works* [C]. Jefferson: McFarland, 2010.

[11] Llewellyn, Mark. What Is Neo-Victorian Studies? [J]. *Neo-Victorian Studies*, 2008, 1 (Autumn).

[12] Martin, Valerie. *Mary Reilly* [M]. London: Abacus, 2003.

[13] Miquel-Baldellou, Marta. Mary Reilly as Jekyll or Hyde: Neo-Victorian (Re) Creations of Femininity and Feminism [J]. *Journal of English Studies*, 2010, 8.

[14] Nicholson, Lucienne. Pink Transgressions [J]. *Dissenting Voices*, 2014, 3.

[15] Patrick, Bethanne. Neither Prequel, nor Sequel, It's Parallel Novel [J]. *Washington Post*, 2007 (12).

[16] Rich, Adrienne. When We Dead Awaken: Writing as Revision [A]. In Adrienne Rich. *On Lies, Secrets, and Silence: Selected Prose* 1966 – 1978 [M]. New York: Norton, 1979.

[17] Rago, Jane. Dr. Jekyll and Mr. Hyde: A "Men's Narrative" of Hysteria and Containment [A]. In Richard Ambrosini & Richard Dury. *Robert Louis Stevenson, Writer of*

Boundaries [M]. Madison: University of Wisconsin Press, 2006.

[18] Crites, Stephen. Storytime: Recollecting the Past and Projecting the Future [A]. In Sarbin, Theodore. *Narrative Psychology*: *The Storied Nature of Human Conduct* [M]. Westport: Praeger Publishers/Greenwood Publishing Group, 1986.

[19] Steere, Elizabeth. *The Female Servant and Sensation Fiction* [M]. London: Palgrave Macmillan, 2013.

[20] Stevenson, Robert Louis. *Dr. Jekyll and Mr. Hyde and Other Stories* [M]. London: Everyman's Library, 1992.

[21] Topham, James. The Observations—Orange Prize 2007 Shortlisted [EB/OL]. http://www.culturewars.org.uk/index.php/site/article/the_observations_shortlisted/, 2015-04-05.

[22] Widdowson, Peter. "Writing back": Contemporary Re-visionary Fiction [J]. *Textual Practice* , 2006, 20.

[23] Walter, Bronwe. Strangers on the Inside: Irish Women Servants in England, 1881 [J]. *Immigrants and Minorities* , 2009, 27.

[24] Woolf, Virginia. *Flush*: *A Biography* [M]. London: Penguin, 1977.

[25] Xiaolin, Yang. Application of P & RBL Model to English Literature Course: Using Teaching Framework Based on Three Key Concepts [J]. *Theory and Practice in Language Studies*, 2015, 3.

作者简介

杨晓霖，南方医科大学外国语学院副教授，在读博士，研究方向为叙事理论、英美文学评论。

后现代视野下的空间自传叙事与自传叙事空间

杨晓霖

空间是人类生活的基本坐标，要叙述人生，必先叙述空间。近年来，自传批评转向对“地方和空间”在自传主体定位中的诸多意义这一方面（Larry，2008：221）。在这一转向的带动下，不同自传学者按各自的表述需要强调不同甚至充满张力的空间面向。在此众声喧哗之际，“空间自传”和“自传空间”这两个重要概念却没有得到系统的阐释和构建，这与空间在自传研究中的重要性日益凸显这一趋势难以匹配。当某些学者在宣称“空间”已经泛滥得不再具任何含义的时候，在自传领域，对空间的系统认识才刚刚开始。

第三波自传研究热的先行者勒热纳（Philippe Lejeune）虽然在其著作中提到过“自传空间”（autobiographical space），但自传理论家对“自传契约”的重视和兴趣，使“自传空间”长期以来备受忽视。勒热纳在研究纪德时发现，纪德的作品总是并置着多组相对概念，如光明与阴影、开放空间与封闭空间、公共领域与私人领域、记忆与实验、自恋情结与自我批判、揭露与掩饰等。勒热纳在意识到纪德在自我和虚构之间迂回的写作策略之后，受其启发，提出了“自传空间”概念。但自勒热纳提出这一概念以来，除邓伯格（Jacinta van den Berg，2010）用此概念分析了卡斯特罗（Brian Castro）的自传与小说作品之间的关系，展示卡斯特罗如何巧妙地打消读者寻觅真实的卡斯特罗的念头，规避自传的真实性这一敏感话题之外，极少学者将“自传空间”作为一个理论框架应用于文本分析。实际上，勒热纳借用视觉空间原理，让虚构作品与自传“（相互参照）构成双重视角……同属一个写作空间，该空间不能被简单地说成其中任何一个类别……通过这种方法获得的立体效果，就是为读者创造一个自传空间”（Lejeune，1989：27）。勒热纳自传立体空间的设立旨在将自传的语境扩大到自传作家更大的作品范畴里，让读者在自传语境里去阅读这位作者包括虚构作品在内的所有作品，继而对照自传中的“我/作者”，建立一个“自传空间”（Lejeune，1989：41－42）。

同样遭受冷遇的还有“空间自传”这一概念。杜克（Michael S. Duke）在其编著的《现代中国女作家评论》中用“空间自传”（spatial autobiography）描述汤亭亭的《女勇士》。该回忆录的叙事时段虽然从青涩的小女孩一直跨越到成熟的中年妇女，但相互并置却又互不连贯的五个部分营造出了一种强烈的共时感。叙事者通过他者性和相似性模式确定自我的身份，作为外部观察者和内部参与者两个对立面存在于自传里，并利用并置、断裂和片段化等空间化叙事策略充分探寻两个自我之间的关系。有鉴于此，杜克将《女勇士》解读为空间自传。

对自传理论和作品进行深入研读之后，我们发现勒热纳的“自传空间”实际上谈论的是自传空间性的一个方面——自传与小说相互参照的虚实空间；而杜克使用的“空间自传”这一概念并非是区分其他类型自传的类别概念，其目的在于阐释自传空间性的另一个方面——后现代自传叙事具有大量使用空间化策略的特点。也就是说，两位学者虽先后使用不同术语，却共同指向自传的空间性。如果研究者不加甄别地将两个术语用于理论阐释和文本分析，必然造成不必要的错误认识和表述混乱。此外，更重要的是，自传叙事的空间性除两位学者论及的两个方面之外，仍有其他方面亟待挖掘。不仅自传的空间性研究仍待进一步深挖，作为自传次文类的空间型自传也可谓枝叶扶疏，一本众干，亟待学者建立类属体系。

为对不同自传类型进行系统科学的划分，并充分挖掘自传空间性的方方面面，笔者认为有必要厘清和构建与“自传”和“空间”相关的理论。为避免概念的模糊性，本文采用“空间自传叙事”（spatial autobiographical narrative）作为一个次文类概念，由此“一本”纵向分叉理出“众干”——地形自传、旅游自传、生态自传、漫游自传和离散自传等；使用“自传叙事空间”（autobiographical narrative space）这一表述来深入分析自传的空间性。前者的中心词是“叙事”，因而是相对于其他类型的自传叙事而言的一种分类，主要关注物理空间如何为自传作者所诠释与利用，产生与物理空间位置紧密相连的自我认知（self-cognition）和自我认同（self-identity）。后者的中心词是“空间”或“空间性”（spatiality），主要涉及文本的内部空间和自传主的心理空间，因而侧重于阐释各种自传叙事中的“空间性”和空间策略。

无论从具体的物理空间方面，还是抽象的空间性方面考虑，离散自传都是最典型的后现代空间自传叙事，也最能阐明自传叙事的空间性。因而，本文在厘清空间自传叙事和自传叙事空间这两个重要概念的基础上，以离散自传叙事这一最显著的空间自传形式为例，利用自传叙事空间性的理论建构，分析离散自传叙事是如何利用空间叙事策略和假想现实主义手法来建构出不确定、不一致并不连续的种种后现代空间的。

一、作为一种类型的空间自传叙事

笔者对近百年的自传研究文献进行梳理，总结出近百个与"autobiography"联系紧密的概念和术语。它们大多由自传作家或理论家在创作实践或研究思辨中根据希腊词根造出，其中阿菲杰库（Tony E. Afejuku，1993）的 autotravography、宫泽勒（Jennifer A. Gonzales，1995）和巴尔（Mieke Bal，2002）的 autotopography、佩雷腾（Peter Perreten，2003）的 ecoautobiography，史密斯（Richard Smyth，2010）的 autocartography 以及托马斯（Calcvin Thomas，1989）的 autobiocartography 等自传概念都与地理、场域和空间密切相关。这些术语的爆棚与自传叙事的空间转向不无关系。

自传作为一种独特的叙事实践活动，必然和空间相互关涉。本节在深入阅读和整理以上概念的基础上，将空间自传叙事定义为一种在空间的移动、交叉、重叠或变化中寻求或定位自我与空间之间的关系的自传次文类。在这类自传中，自传主探索地理、空间或场域变化与自我个性的成长和发展之间的内在关系、模式和意义，"我在哪里成为怎样的人"与"我是谁"同等重要。这类自传与"多重空间""离散""跨国""旅行"等跨越疆域的概念紧密联系，包括地形自传（autotopography）、旅游自传（autotravography）、生态自传（ecoautobiography）、漫游自传（self flaneur narrative）和离散自传（diasporic autobiography）等次文类。其中的地形自传是对作为社会个体的人类的最基本生存空间（建筑和家乡的地景风物）与自我生命建构关系的叙事，因而，被首要论述。在这一安身立命的空间的基础上，人类开始渴望短暂离开熟悉的空间，通过旅游等空间"移动"的方式来激发潜在的自我，或通过与大自然的亲密接触，思考作为生态一部分的自我，因而，就有了旅游自传叙事和生态自传叙事。继而，在城市化进程的推动下，生活在城市里的个体流连于"非场所"间，通过都市空间反观人的精神空间，漫游自传叙事应运而生；在全球化进程的催化下，处于离散状态的人越来越多，而离散个体除了对新的地形的认知之外，回忆中或想象中曾经熟悉的地形记忆也交织其中，错置的阈界空间与错置的居间自我营造了离散自传叙事类型。

地形上的家或家乡是人生命的联结中枢，人类一生就是一个以地形为中心的现实存在（topocentric reality）（Karjalainen，2003：88）。地形自传是对自我的空间、方位和安身立命的境况的写作。探讨地理和生命叙事这两个学科间的关系的学者主要有荷东（Deirdre E. Heddon）、摩斯（Pamela Moss）、瑞加德（Frédéric Regard）和里弗斯（Gerri Reaves）等。地形自传可以分为两种，一种以建筑物中的个人物品为空间记忆线索展开自传叙事，另一种以地景风物与主体的情感性和意义性之间的互涵共生关系为空间进程推动自传叙事。代表前者的有宫泽勒，代表后者的有荷东。

宫泽勒式的地形自传用人造物件自传（artifactual autobiography）描述更为准确。在这类自传中，被称为“自传性物件”的个人物品可被看作在主体身份空间再现中形成物质标记的连续存储空间序列。“自传性物件”不仅包括小的生活物件，还包括物品存在的建筑和其在具体空间中的摆放位置。它们可以是服务性的（serviceable），如服饰家具，也可以是思维的物质延伸，如照片、传家宝、纪念品等。这些物件引导主体进行自传回溯，它们在记忆空间中的排列再现构成了“记忆、历史和信仰的物质地图”（Gonzalez，1995：133－134）。因而地形自传强调的是地方的物质空间特性与主体性间的互构，它通过自传写作变成字形，一种写作元素，或者说是无形的欲望、身份和社会关系的残留迹象。这种写作以各种生活物件或建筑的并置为形式，实际上将被阅读为一种空间的、修辞性的论辩，邀请读者参与到对物体跟意象之间的隐喻和转喻关系的阐释中来。印度作家萨加尔（Nayantara Sahgal）的《监狱》（*Prison*）和《惧》（*Fear*）给人的第一感觉是在写建筑、建筑空间和空间里的物品，但细读之后，读者可以发现叙事者在定位和寻找自我，因而都可以解读为宫泽勒式的地形自传（Joseph，2008：60－66）。此外，布拉兹（Mario Praz）的《家居生活》（*The House of Life*）将个人如何完全影响自己的房子的布局和装饰，也就是个人如何将赋予空间以内在性写进自传。宫泽勒式的地形自传强调自传主在建筑空间里的具现，一是“物”的集结（gathering），二是“物”在安置（place）过程中所形成的气氛或特性。

荷东式的地形自传沿用宫泽勒的术语，但赋予了它不同的定义。他采用这一术语更加明确地表示个体在具体空间中的定位，这种在地性（locatedness）是主体和地方在这种空间自传叙事中的交织。这类自传往往通过在标题中凸显某个地方，强调这个地方对于身份认同的重要性，如巴伯（Phyllis Barber）的《我如何得到培养：阿内华达回忆录》（*How I Got Cul-*

tured：*A Nevada Memoir*，1992）等。此类地形自传承载这样一种意义：对一个人来说地球上的某个地方更适合表达真实自我；就像美国著名画家欧姬芙（Georgia O' Keeffe）的画笔向世人展现脱俗的美与新墨西哥风景无法分开一样，某些地方让人感到更舒适安全（Hidalgo & Hernάndez，2001：273－281）且更具创造力。这些自传作家对特定地区具有深厚的情感联系（bond），认为只有找到属于自己的地方才能找到自己的声音，如在《火山：夏威夷回忆录》（*Volcano*：*A Memoir of Hawaii*，1995）中，本乡（Garrett Hongo）回到出生地夏威夷，寻找自己的过去，既为夏威夷绘图，又为自我定位（Schröder，2006：148）。佩尔森（Mike Pearson）的《咕咚泉》（*Bubbling Tom*，2000）也是一个典型的例子。当佩尔森回到母亲仍生活的地方，他不仅在阅读曾生活过的空间，同时也在书写和刻画这个空间，让自我重新与世界建立关系，"为了重新将这片土地留给我的心理痕迹具现出来：重新定位自我，我开始寻找自己在这块土地上留下的痕迹"（Pearson，2000：175）。此外，荷东式的地形自传还可以作为一种屏蔽记忆帮助创伤主体忘记创伤瞬间，也可以作为一个乌托邦认同和神话历史的空间，将重新构建的自我主体性理想化（Smith & Waston，2010：145）。

旅游自传（autotravography）侧重空间位移，是一种描述自我旅行经历的叙事，表现人与自然文化、艺术精神亲密接触的互动空间。旅行最纯粹的动机并非对"地方"的向往，而是对"空间移动"的渴望。后现代旅游自传叙事与普通游记的区别在于它通过亲身经历和深刻思考，发现旅游事件与自我之间的某种内在关系、模式和意义，对比空间移动前后自我认知的变化。在空间与文化的刺激与启发下，旅行逐步地改变人生观以及生活态度。援用伊斯拉姆（Syed Manzurul Islam）对旅行分类的术语，笔者将旅游自传分为静止旅游自传（sedentary autotravography）和游牧旅游自传（nomadic autotravography）两种。前者遵循"固有路线"游历，旅游所经之地成为一个分配给参与旅行的个人的封闭空间，书写强调在这样的封闭空间里，个人与个人之间的交流；辛格（Isaac Bashevis Singer）的《巴士》（*The Bus*，1983）当属此类。封闭空间和固有路线不断"强化自我与异己"之间的疆界，旅程是从"自我"（the self）返回"自我"（the self），是一种"不动的移动"（immovable movement）；后者由于采用了游牧路线（游牧者在开放和不确定的空间中自由移动，进而跨越疆线），因而很有可能将自我置换为异己并带着"差异"返回家乡（胡锦媛，2000：183）。希腊女艺术家拉丝卡利多（Sofia Laskaridou）的自传《离开自我》（*Leaving the Self*）讲述的正是自我如何在不同城市中穿行并变成他者的故事（Tamboukou，2009：307），因而可以看作是游牧旅游自传的典范。在这个自传里，女艺术家不断地叙述自我如何迷失于旅途中。她的空间性被描述为一种对多个地方的制图和对离开地方并离开自我的技巧的习得（Tamboukou，2009：314）。

生态自传（ecoautobiography）是一种能让自传主在风景写作中发现存在于自然中的自我的一类文本（Perreten，2003：1）。生态自传倡导人与自然共生共存的空间——由植物、动物和人共同演出的生命舞台，因而叙事进程往往由人和生态两方面构成。根据空间进行划分，生态自传可进一步分为全球性和地域性两种。前者如戈尔（Al Gore）的《难以忽视的真相》（*An Inconvenient Truth*，2006），后者如巴斯（Rick Bass）的《我为什么西行》（*Why I Came West*，2008）。当代自然文学作家和博物学家威廉斯（Terry Tempest Williams）的《避风港》（*Refuge*，1991）就记录了大盐湖的鸟类与人类共同面临的灭顶之灾：家族故事、大盐湖的土地和鸟类共同构成了一部生态史。

与生态自传中人与自然空间的平行不同的是，后现代漫游自传叙事（self flaneur narrative）转向漫游者与城市精神空间的平行，是一种厚重的、动态的空间叙事范式。德赛托（Michel de Certeau）认为，行走之于地图犹如语言行为（parole）之于语言系统（langue）；行走就是行人的语言行为或写作，通过行走艺术，漫游者说／写出了城市的多重空间（Jenks，1995：97－99），改写公共都市的固定版图。行走艺术和城市记忆通过被转述为文本语言，使行走的空间转化成充满记忆的符号空间。从叙事学的角度来看，漫游者既是叙事主体，也是叙事客体；既是聚焦者，也是聚焦对象；行走既是空间写作，也是空间阅读；像一张多层次的羊皮纸（Jenks，1995：148），漫游者的“猫着性移动”（Jenks，1995：146）突破固了定空间的束缚，转换了叙事的视角；都市漫游使“历史性、序列性的流动变成了地理性、共存性的存在，空间感开始代替时间感成为人感觉的中心”。（龙迪勇，2007：90）漫游者驻足在车站、酒吧、博物馆、影院和商场等后现代城市空间的集结点，这些空间被奥热（Marc Augé）称作非场所（non-place）（龙迪勇，2007：79）。超现代的非场所空间创造漫游者，漫游者反过来又创造超现代精神空间。都市漫游者既是社会现象，也是分析形式、叙述手法。后现代漫游自传的主要代表作有格雷斯（Jim Grace）的《阿卡迪亚》（*Arcadia*，2008）和奥斯特（Paul Auster）的《玻璃城》

（*City of Glass*，1985）等。前者虽由不知名叙事者漫游城市后而写，但讲述的是格雷斯对都市空间的经历和想象，猎捕者与猎物、观察者与被观察者易位，建构出更复杂的内心认知空间。

像盛水的器皿或格律严谨工整的十四行诗一样，生活空间限制着我们，同时也塑造了我们。空间制约自传主构建自我的行为，但反过来，自传主在“反省”过程中，对空间产生的自觉意识和重新诠释可以再造空间。这些后现代自传类型往往突出空间对自我身份建构的作用，而将时间置于次要位置，意在突显自传主存在的物理空间与心理空间的并置与互动等特点。

二、作为一种特质的自传叙事空间

上一节从第一空间的物质性出发对空间自传进行了分类，本节主要从第二和第三空间的抽象性出发探讨自传叙事的空间性。后现代自传的空间性主要表现在并置和共存两个方面。首先，自传空间意味着多元可能性；其次，自传空间指向重叠和相互关系的可能性；最后，自传空间不是自传叙事的静态背景，而是一种积极能动的叙事成分，是引发生命故事和推动叙事进程的积极力量，作为一种空间背景和叙事策略，参与自传书写全过程。这个自传叙事空间包括文本内部的结构空间性、自传主的心理空间、自传主与其他人的关系空间以及文本与历史真实的参照空间，突出自传叙事的空间实践性、虚实共存性、历史地理文化空间和自传主关系空间的多重性、文本的空间再现性和主体的自我制图性。

后现代自传叙事就是一种空间性实践（Regard，2003：89－102），即一个为自传主生成有意义栖居空间的过程。自传主体并非仅仅经由语言构建；所有主体都存在于一个要么认同要么迷失的空间之中（Lefebvre，1975：35）。成为主体意味着接受一个角色、一种职能，这种角色和职能必然包含了一个地点，一个在社会中的位置，一个方位，亦即一个空间（Lefebvre，1975：182－183）。因而，自传便可理解为“描绘或重新定义自传主的主体位置”，既是物理意义上的位置，又是抽象意义上的个人在社会中的位置——寻找身份。

空间的“间”即“分隔”的意思。自传像一座房子，它把空间围起来，分隔成一间一间，又使围住的空间相互联结起来，然后以一个崭新的面貌出现。自传是一种私人空间对公共空间的开放，是一种主体物理空间变换对主体心理空间变化的再现。借用博尔赫斯的《阿莱夫》中的话来说，自传就像自传主的阿莱夫，与自传主相关的整个空间都展现在一部自传里。它是自传主面对自我与社会的互动关系，透过现在、过去和未来的联通空间，结合地理位置建立起文本的第三空间探索。由于自传通过话语建构的空间再现完成，自传更大程度上是一种第二空间构想而不是第一空间感知，是一种反思、主体、内省、哲学、个性化的文本活动。第二空间形式恰恰是从构想的或者想象的地理学中获取观念，进而将观念投射向经验世界。呼应第三空间的自传汇聚主体性与客体性、真实与想象、事实与虚构、重复与差异、精神与肉体、意识与无意识于一体。自传性记忆往往与特定空间或地方紧密联结（Maplas，2003：175－178），人类经验中的地域和方位为自传通过生命叙事进行身份协商提供了肥沃的土壤。

虽然归属为非虚构文类，但自传叙事具有虚实空间共存的特性，是一种体裁空间（generic space）的跨越与融合。空间的“空”即“虚”，是世间一切存在的本相和真相。自传的这一空间特性可以通过两个方面得以阐释。一是与自传主其他文本的虚实参照空间，二是自传文本内的虚实共存空间。前者对应勒热纳的自传空间概念，意在表达自传是连接自传主内心空间和外部空间的桥梁，是虚构与现实之间的一个中间状态这一观点，提出只有在自传和小说两者的相互参照下，我们才能获得关于自传及其作家的立体化感知。比如，纳博科夫的自传《说吧，记忆!》（*Speak*，*Memory*!，1966）就为深入解读《洛丽塔》《微暗的火》等纳博科夫重要小说提供了第一手资料；奥斯特的自传《发明孤独》（*The Invention of Solitude*，2007）作为创作原点，描述的情形与后来在虚构作品中的化身有着神秘的相似性。这两部自传都为读者编织出阅读两位作家其他作品的网络空间，后者则对应依金（John Paul Eakins）等自传学者的自我虚构理论。自传文本首先是记忆模式的空间建构，而记忆是个神秘的黑匣子，并非先前经验的真实拷贝，记忆在空间重建的过程中会不自觉地将想象虚构等编织进来。记忆的力量并不在于使某个曾经存在的状况或感觉得到复苏，而是将心灵回归到现在，并且将之引导到它演绎经营的未来之中的一种建构行为。这样的建构性已经使记忆的符号脱离过去的回忆痕迹，得到新的诠释力量。有关过去的回忆、记忆的片断被叙述打断，渐渐消失；但是叙事的空间，却在记忆的增生演绎中扩张。其次，自传是一种文本结构的自我叙事建构，文本意味着话语对已发生的事件进行组织、选择和阐释，是一种整理工作；自我叙事意味着自传主选取现在的视角谈论自己的过去，必然在某个地方结束形成对自传主前生的总结和阐释，将人生再现为有始有终的因果空间联系，构建身份与世界的空间联系，却无法还原真相。在培瑞克（Georges Perec）的《W 或童年回忆》（*W ou le souvenir d'enfance*，1975）中到处可见的是对记忆可靠性的质疑，除此之外，它在结构上由虚构与真实两组故事组成，以单双章节交错并进并以两种不同字体呈现，凸显虚实空间的交错。

后现代自传叙事是多重自我的展现空间。如果说空间自传叙事都与自然科学意义上的物理空间相联系的话，那么自传叙事空间指向的是一种充满自传主主体性的空间，而且这个主体性空间是多元动态的，主体在不断生成、转换和消解中变得游移不定。除了自己所察觉到的这个外在意识的“我”之外，其实我们都具有多个自我（Eakin，1999：23）。在这一点上，勒热纳的“自传空间”概念也有所体现，自传叙事和同一作者的其他虚构叙事从不同侧面再现多个不同的自我。自传中被叙述的自我是一个“第一人称复数”（first person plural）（Bloom，2008：92）。除了外在所见的“客观的我”与自我经验的“主观的我”，还有叙事时“现在的我”和被叙述的“过去的我”。自传主与被立传的“我”之间关系复杂，既是叙事者，又是被叙事者；既是虚构的自我田；又是真实的自我，既是自传作者，又是自传读者，隐藏的自我和再现的自我同时存在，多种自我同时存在展现出一个经过修辞处理的自我。多重自我中，自传主的认识论位置会改变被描述的“我”的本体位置，必定造成不同自我之间在凝视和描述自我时的视差距离，形成差异空间。奥斯特的《玻璃城》中“真正”的保罗·奥斯特——《玻璃城》的作者，到小说末尾才现身的《玻璃城》的叙述者“我”——这个声称尽可能仔细按红色笔记本来叙述的人，再到奎恩——红色笔记本的作者、侦探小说家威尔逊，继而到威尔逊笔下以奎恩为原型的私家侦探沃克都是同一个人的分身，这个关于身份的迷思外化为个人在社会中所处的不同空间位置。奥斯特借此阐明连续统一的自我形象只是一个自传幻觉，自传是活着的自我以不断分裂增生的面具回应生命各种分身的策略。

后现代自传叙事凸显文本的结构空间性。换句话说，后现代自传的文本结构具有建筑的空间美感。后现代自传叙事的空间手段是多样的，如主题重复、章节交替、多重叙事、关系叙事、杂糅叙事等，而“并置”是其中最常用的一种。“并置”打破叙述时间流，并置或大或小的意义片段，这些意义单元组成一个相互作用和参照的整体，是“对意象和短语的空间编织”（Massey，2005：9）。此外，后现代自传往往采用多种叙事的混搭模式（mash-up）构建“多个故事同时发生”（a simultaneity of stories-so-far）的叙事空间。如多恩斯坦（Ken Dornstein）的回忆录《从天空掉落下来的男孩》（*The Boy Who Fell Out of the Sky*，2007）和奥斯特的《玻璃城》都涉及侦探叙事。典型的后现代空间自传往往采用人称叙事空间策略。例如，高行健的旅游和生态自传《灵山》（*Soul Mountain*，2000）。不同于传统写作，它没有连贯性的人物与故事，结构复杂，采用“我”“你”“她”三个不同人称在各单、双章节中的转换转喻复杂多变的内心空间，以人称空间的转换和心理空间叙事的推进代替故事情节。

自传文本是内外多样空间的交互。没有空间，则无所谓多样性；没有多样性，则无所谓空间。自传文本内的空间与外部的历史文化空间、地理空间以及自传主体的内心空间向来都是彼此关联的，总处于不断建构的过程中。因而，可以说后现代自传是“多样空间的共存相生”（a simultaneity of spaces-so-far）的叙事空间。这在地理自传、旅游自传和漫游自传中表现得尤为突出。例如，后现代漫游自传中，叙事者站在大城市边缘以旁观者姿态进行细致观察，书写漫游者在非场所间驻足流连的经历，同时再现的却是漫游者的内心空间。自我漫游叙事结构往往脱离现实的本体论，以叙事的多层空间想象进入麦克海尔所谓的“异质界域”的认识论。表面上自我在纷繁杂乱的城市空间中游走，实际上，自我沉迷于内心世界的漫游，观察大都市这一系统空间就等于观察现代人的精神并反观自我的内心。如朱天心的第二人称自传《古都》（1997）就涉及空间的多样性。

后现代自传注重自传主与他人的关系空间，在自我与他人的关系空间中“定位”和认识自我。弘扬和歌颂自传主特立独行/自决自主的自传模式已经被关系自传模式取代。依金把这一趋势称作“关系中的自我”（relational selves）和“关系中的人生”（relational lives）。自传主无法独自演出人生故事。他人和自我所属的族群或群体也占据并构成了人生舞台上的主角，关系如何影响作为叙事者的自我构成人生故事的本质元素。传统自传中，自传主与他人的关系往往是一种背景叙述，但后现代自传让关系以前景化的姿态出现在自传空间里，或以故事套故事（the story of the story）的内嵌空间结构（Eakin，1999：59）得以展示。帕克（David Parker）认为在自传中，作者和父母在不同程度上成为共同的主体，自传作者几乎总是感到有一种需要，促使他不仅要讲出自身的故事，还要讲出源自以前数代人的“故事的故事”。所有自传都离不开自我与他人的关系性呈现，尤其在关系自传（relational autobiography）当中。此类自传包括盖塔（Raimond Gaita）的自传《罗姆鲁斯——我的父亲》（*Romulus, My Father*, 1998）和尼米埃（Marie Nimier）的《沉默女王》（*Queen of Silence*, 2004）等。前者阐释了父子“关系”如何决定了作者和世界的关系，后者以自传虚构的形式，彻底消解了其父——著名小说家罗歇·尼米埃的形象。多恩斯坦的《从天空掉落下来的男孩》（*The Boy Who Fell Out of the Sky*, 2006）看似在讲述哥哥大卫的故事，但在重溯哥哥的生命故事时，我们见证了叙事者如何对自我失去控制，成为死去的哥哥的二重身（doppelganger），最终获得对自己的认识。

后现代自传暗示自我生命的制图性（autocartographicality）。我们出生时，并没有带着地图来到世界，人生地图在自传书写中得到绘制和修订。自传就是制作关于主体性的生命地图。生命书写由一种后现代制图形式构成（Jones, 2007：294）。自传用文字绘制地图，然后在地图上寻找自我的意义，继而为某个特定个人的后现代风景设定新路线。自传主的生存空间不仅承载着具体的人、事、物，主体的欲望和记忆等也溢塞每一个特定空间，只有抛弃旧有的地图，才有绘制新的地图的可能性。菲利普思（Caryl Phillips）的《大西洋响音》（*The Atlantic Sound*, 2001）与吉洛伊（Paul Gilroy）的《黑色大西洋》（*The Black Atlantic*, 1993）有着同工异曲之妙，都涉及离散黑人绘制返家地图的议题。

后现代自传着意利用文本与视觉化图像的互文空间。在一些后现代自传中，照片、画作等成为叙事进程中的重要元素，视觉化的互文参照物与文本交织，增强了叙事空间效果。后现代自传往往将对某个地方和物品的空间记忆作为叙事的剪辑点，通过不断出现在文本中的剪辑点更好地定位和发现自我的身份。文字叙述与视觉影像的互补形成一种辩证关系：照片、画作和图像不只是回忆的凭借，还充当重塑文字与想象的媒介。亚当斯（Timothy Adam）已在《光影书写与生命书写》（*Light Writing and Life Writing*, 1994）中论证生命文本书写与视觉书写对话的可行性，认为并置两种媒介可以瓦解彼此固有的参照性。相片中的我和自传中的我都是陌生人，呈现的都是作者自我建构的虚构倾向，两者都只能看做“我”空间中的一个构成或者幻象。如《巴特写巴特》（*Roland Barthes on Roland Barthes*, 1977）和维兹诺（Gerald Vizenor）的《内心风景》（*Interior Landscapes*, 1990），两者巧妙地运用相片、图片与文字，形成一个迷人的图文迷宫。

三、离散自传叙事与空间性

在后殖民思潮中，近年的全球文学研究也暗含对“迁徙”和“离散”的推崇。无论从具体的物理空间方面，还是抽象的空间性方面考虑，离散自传都是最典型的后现代空间自传叙事，也最能阐明自传叙事的空间性。本部分旨在通过简要展示后现代离散自传叙事如何利用各种叙事策略和手法建构自传主的自我空间，为读者和评论界提供一个利用本文创设的理论框架分析某一具体自传文类，甚至具体文本的范式。

离散自传是一种空间性实践。离散自传涉及物理空间的巨变、空间迁徙、流动与自我意义和身份之间的关系。离散状态下的个人“既属于边缘，也属于全球…… 既在边陲，又在中心”（Lefebvre，1975：60－61）。离散自传里的无根意识，正是失去与空间场域纽带的写照。人们离开原有的家园或国家，离散移居到其他的国家或地区生活，形成了一种空间的延伸或社会移位（displacement）；位置的改变使心理空间发生相应变化，新的空间需要新的定位。对具有错置（displaced）经验的离散主体而言，表明身份的问题如“从哪里来”与“身居何处”，将表面同质的空间异质化，在空间错置之下摆荡在此处/它处、现在/过去，深具“双重”（doubleness）性格。我们可以在离散自传中寻找许多断裂与重生的节点，空间隐匿其中却又如此彰显。

离散自传是虚实交织的异质空间。想象家园是对当前空间的反叛，是真实空间与虚构空间的理想交融状态。离散居间性（in-between spaces）和阈界性（liminal space）指的是离散者处在两个界类的重叠之处，阈界旅行者必须从前阈界状态进入后阈界状态（postliminal status）。离散空间可以看作傅柯式的“乌托邦与异托邦”（Heterotopia + Utopia）虚实复合体——乌托邦协助离散主体找到伪装与藏匿的空间，异托邦则提供该主体颠覆和抵抗现实的空间。离散自传可以分为亲历离散创伤自传和代际间幽灵式创伤（transgenerational phantom）自传，前者主要涉及离散个体自己所栖居的离散空间，后者既涉及自己所在的真实离散空间，又涉及想象中的先辈离散空间。正因为后辈族裔小说作家大都没有亲身经历身份斗争，对他们而言，族裔离散和身份斗争不再是一种经历，而是一种历史。简单的现实主义已经难以真实表现历史并揭示当下种族身份问题。在这一背景下，他们纷纷诉诸“假想现实主义”（speculative realism）（Saldívar，

2013：2－3），使其成为第三代离散作家的重要叙事特征（唐伟胜，2010：3），通过影子祖先叙事（shadowy ancestry narrative）和鬼魅叙事（ghost narrative）、中西神话、民间传说杂糅叙事、梦境叙事等错层叙事（metalepsis narrative）和平行叙事模式，制造“双重现在性”（double-temporality）效果，通过在假想与现实间的来回摆荡揭露离散空间的本质，显示离散作家对现实/梦境、现在/过去、意识/非意识、存在/虚无、公共空间/私人空间和中心/边陲等疆界的跨越。

离散自传，尤其是隔代创伤离散自传，往往不自觉地凸显自传主的关系空间。隔代离散创伤虽非亲身经历，但创伤记忆却如鬼魅般，不断在自己（现在）和先辈（过去）的空间中摆荡和对话，在后代的心理空间中重复上演，使自我分裂成生活在真实空间中的自我和生活在完全隔离隐秘的空间中陌生的自我，导致身份紊乱。因而，许多离散自传中都是通过隔代关系（母女关系、父子关系等），自我与族群、自我与其他族群的关系空间，甚至采用合作叙事来获得对自我的认同的。爱德华兹（Caterina Edwards）的《找到罗莎》（*Finding Rosa*，2008）既是关系自传、疾病自传、旅游自传、地理自传，也是隔代离散创伤自传，是爱德华兹寻找先辈曾经生活的地理空间，寻找自我与历史，自我与母亲、亲历离散与隔代离散创伤之间的关系的复杂旅程。虽然爱德华兹从未在母亲的家园伊斯特亚（Istria）生活过，但对这个空间的探寻，让她更加深入母亲的情感空间，也更加了解自己的心理空间。

离散自传凸显文本的结构空间。在时间/空间的处理上，离散自传交错、断裂，凸显错置疏离感，处于过去/现在、他处/此处之间，在看似同一自传空间内，混杂了许多不同层次的时/空。离散自传的再现策略往往与历史文化空间化或共时空间思维相关联，这项策略的重要性在于打破历史时间线性、连续性的神话，凸显其断裂、冲突的状态。离散自传大多呼应傅柯的知识考古学方法，放弃时序纵贯（diachronic）的基准，转向空间横断面（synchronic）。在时空顺序上，离散自传叙事表现为大幅度的跳跃和颠倒，通过回忆、联想、梦境、幻觉和现实的拼接，将现在、过去以至于将来联系到一起，形成“多个故事同时发生”的复调空间结构。此外，一些离散自传通过画作或照片等视觉化图像增强叙事的空间感。如，《火山：夏威夷回忆录》通过对两幅名画的描述，与记忆共同形成叙事触发点（launch-pad），构成文本与图像的互文空间。

离散自传具有多重自我空间性。林玉玲（Shirley Geok-lin Lim）的

《月白的脸》（*Among the White Moon Faces*，1997）看上去是一名美籍华裔马来西亚女性的自传叙事，但她详细描绘了女性身为女人、母亲、教师、诗人、博士等多重角色如何与多重地理空间交织的深刻故事。多重位置的主体性（multiplified subjectivities）在不同文化间创造出复合关系（Kaplan，1996：132－135），在不同文化间来回反思，创造性地寻求再定位。

离散自传是内外多样空间的交互。离散是一个多方位（multi-locality）的过程，跨越地理、文化和精神的边界（Vertovec，2009：6）。空间表面上是固定、被动的，但实际上，它充满了政治、社会关系和意识形态（Soja，1996：6）。这种充满政治、文化和意识形态的离散空间，既是社会产物，也是离散个体社会行动的“媒介和结果”（Soja，1996：129），构成离散主体与空间的辩证关系：社会地位造成离散个体物质空间的拘禁感，但是他们的社会行动（包括文学的空间想象）却能改变或改进他们实际居住空间与社会地位。譬如，朱天心在离散漫游自传《古都》中所处理的空间更为多重，除历史空间之外，还有故事发生地（台北与京都）的地理空间、自传主（作为叙事者的“你”）的心理空间，以及透过各种互文延伸的文本空间，这四者始终密不可分。她将自传主体行走于都市空间的客观所见与自传叙述者个人的心理空间连接起来，使两者不断产生互动。

离散自传就是一种自我生命的后殖民制图。如霍尔所言，离散涉及的是一个“错置的回家旅程”（displaced homeward journey），在过程与往返之间；离散者在真实的地理空间与抽象的地理空间中迁徙流动，离散自传超越地理、物理家园的消逝，并重新创造、建构“家”这一空间概念，通过离散自传书写来绘制家园并表达对家的殷切期望，通过绘制空间来连接所有离散着的同族。离散自传与游牧旅游自传有许多相似之处，后殖民女性主义学者莫汉提（Chandra Talpade Mohanty）提出“挣扎的制图”（cartography of struggle）这一概念，阐释了离散个体，尤其是离散女性个体从上路、旅行直至归途当中种种的挣扎情境，揭露了在女性漂泊文本中，出发之前如何与整个社会与文化对话，归来之后呈现何种不同于出发前的差异。布兰德（Dionne Brand）的《返乡之图》（*A Map to the Door of No Return*，2002）通过地图意象，为离散黑人绘制出空间，充分表现出离散者地理和身份的错置；通过海水意象突出离散黑人的矛盾情感——海水会回忆起“中间航程”（the middle passage）的创伤；同时，海水又是回家的希望，地图和海水共同创设了回家路线/根（route/root）这一相互联系又相互矛盾的心理空间。

四、结语

本文在对勒热纳的“自传空间”和杜克的“空间自传”两个尚未得到充分阐释的术语进行批判性理解的基础上，提出采用“空间自传叙事”和“自传叙事空间”两个概念，分别阐释自传体裁中的一个重要叙事类别和后现代自传叙事的空间构建策略两个方面。前者侧重外部的物理空间对自传主自我建构的重要性，可以进一步分为地形自传叙事（侧重自传主久居或生养之地与生命主体建构之间的互动关系）、旅游自传叙事（强调短暂的空间位移给自传主自我生命建构带来的影响）、生态自传叙事（倡导在生态空间中认识自我与自然间的共生关系）、漫游自传叙事（体验超现代的非场所空间与自我精神空间的映射关系）以及离散自传叙事（凸显个体在无根和寻根的阈界空间中定位自我的制图过程）五种自传叙事形式（subgenres）。而后者主要通过叙事视角、人称空间的转换、多重自我的再现空间、虚实交错的叙事策略（如假想现实主义手法）、文本的非时序并置、视觉图像与文本的互涉叙事、自传主自我与所处时代的文化社会等多维空间的交织等，阐明后现代自传叙事的文本空间性和自我建构的空间性。

最后，本文通过简要展示后现代空间自传的一个典范类型——离散自传叙事如何利用各种叙事策略和手法建构自传主的自我空间，为读者和评论界提供了一个利用本文创设的理论框架分析某一具体自传文类，甚至具体文本的范式。虽然本文从空间自传相关文献出发，初步构建了空间自传和自传空间的理论框架，但不同类型的空间自传叙事在各自的空间建构策略方面存在何种显著差异是仍有待进一步挖掘的课题。

参考文献

［1］ Auge, M. *Non-places*［M］. Trans. Howe, J. London & New York: Verso, 1995.

［2］ Bloom, P. First Person Plural［J］. *The Atlantic Monthly*, 2008（11）.

［3］ Certeau, M. *The Practice of Everyday Life*［M］. Toronto: University of Toronto Press, 2008.

［4］ Eakin, P. J. *How Our Lives Become Stories*［M］. Ithaca: Cornell university Press, 1999.

［5］ Gonzalez, J. A. Autotopographies［A］. *Prosthetic Territories*［M］. Boulder,

C. O. : Westview Press, 1995.

[6] Heddon, D. Autotopography [J]. *Reconstruction*, 2002 (2).

[7] Hidalgo, M. C. & Hernández, B. Place Attachment [J]. *J Environ Psychol*, 2001, 21 (3).

[8] Islam, S. M. *The Ethics of Travel* [M]. Manchester: Manchester University Press, 1996.

[9] Jenks, C. The History and Practice of the Flaneur [A]. *Visual Culture* [M]. New York: Routledge, 1995.

[10] Jones, E. H. *Spaces of Belonging: Home, Culture, and Identity in 20th Century French Autobiography* [M]. Amsterdam: Rodopi, 2007.

[11] Joseph, C. *The Agent in the Margin* [M]. Waterloo: Wilfrid Laurier University Press, 2008.

[12] Kaplan, C. Traveling Theorists [A]. *Questions of Travel* [M]. Durham & London: Duke University Press, 1996.

[13] Karjalainen, P. T. On Geobiography [A]. *Place and Location* [M]. Tallinn: Estonian Literary Museum, 2003.

[14] Lefebvre, H. *Le Temps des meprises* [M]. Paris: Stock, 1975.

[15] Lefe. *The Production of Space* [M]. Trans. Nicholson-Smith, D. Oxfond: Blackwell, 1991.

[16] Lejeune, P. *On Autobiography* [M]. Minneapolis: University of Minnesota Press, 1989.

[17] Massey, D. *For Space* [M]. London: SAGE publications, 2005.

[18] Pearson, M. Bubbling Tom [A]. *Small Acts* [M]. London: Black Dog Publishing, 2000.

[19] Perreten, P. Eco-Autobiography [J]. *Auto/Biography Studies* , 2003, 18 (1).

[20] Regard, F. Topologies of the Self [J]. *Journal of Literature and the History of Ideas* , 2003, 1 (1).

[21] Saldívar, R. The Second Elevation of the Novel [J]. *Narrative* , 2013, 21 (1).

[22] Schröder, N. *Spatial Concepts in Contemporary American Literature* [M]. Tübingen: Gunter Narr, 2006.

[23] Smith, S. & Watson, J. *Reading Autobiography: A Guide for Interpreting Life Narratives* [M]. Minneapolis: University of Minnesota Press, 2010.

[24] Soja, E. W. *Third Space* [M]. Oxford: Blackwell, 1996.

[25] Tambouko, M. Leaving the Self, Nomadic Passages in the Memoir of a Woman Artist [J]. *Australian Feminist Studies*, 2009, 24 (61).

[26] Van den Berg, J. Brian Castro's Autobiographical Space [J]. *Australian Humani-*

ties Review, 2010 (49).

[27] Vertovec, S. *Transnationalism* [M]. New York: Routledge, 2009.

[28] 胡锦媛，东海大学中文系编. 旅游文学论文集 [M]. 台北：文津出版社，2000.

[29] 龙迪勇. 叙事学研究的空间转向 [J]. 文艺理论，2007 (2).

[30] 唐伟胜. 前言 [A]. 叙事 [M]. 广州：暨南大学出版社，2013.

（原载《当代外国文学》2014 年第 3 期，略有改动）

作者简介

杨晓霖，南方医科大学外国语学院副教授，在读博士，研究方向为叙事理论、英美文学评论。

汉语访谈节目中男女礼貌策略对比研究

张　超　宗世海

一、引言

人与人进行会话交流的时候，不仅相互交换信息，说话人与听话人之间会自觉或不自觉地保持着某种相互关系。随着会话交流的加深，这种关系可能会升华，也可能会恶化，有时候还需要会话双方进行修补。而反映这种关系的一个指标，就是礼貌。礼貌是一种普遍的文化现象，是语用学研究的重要语言现象之一。语用学界很多学者都对礼貌现象展开了研究，甚至将礼貌研究看作语用学的一个分支（Thomas，1995）。语言的礼貌性是口语交际中不可或缺的组成部分，而礼貌性则是合作原则的重要体现。本文主要研究在“女—女”“女—男”“男—男”“男—女”四种会话模式下，考察汉语谈话节目中，性别与礼貌策略是否存在线性变化关系；并把汉语谈话节目中性别与礼貌策略的相关性分析，与英语中性别与礼貌策略的相关性进行对比，以此来揭示不同语言中性别与礼貌策略相关性变化的异同点。

二、语言变量的确定

为了简化研究，必须选择一定的语言变量。实际上，很多学者在研究语言中的礼貌现象时，都选取了相应的变量作为研究的对象。例如 Holmes（1992）在研究新西兰白领阶层男女礼貌语言时，选取的研究对象是恭维语，魏耀章（2001）研究的是恭维语，刘国辉（2007）的研究对象为请求策略，冯江鸿（2003）的研究对象是赞扬及其应答等等。从这些学者的研究中可以看到，在进行礼貌策略的研究时，学者们都选取了特定的语言形式作为研究对象。

会话过程是十分复杂的语言行为，Mullany（1999）的论文以英国广播公司节目的政治谈话节目为语料来源，分析了男女发问、回复和话轮转换方面礼貌策略的区别。本文拟借用其研究方法，对汉语访谈节目进行研究。

代树兰（2007）总结了电视谈话节目的职业话语特征：预先设定性、大众传播性、主持人的控制与权力。而在主持人与嘉宾的互动中，一问一答的话语模式构成了谈话节目的主要进行方式。由于电视访谈节目要牢牢抓住观众的眼睛，所以除了“提问—回复”这一基本话语互动外，还有大量就某一话题展开的内容。本文所选取的具体研究对象，就是汉语访谈节目中的主持人和嘉宾之间的发问与回复。

（一）发问策略

发问是主持人主持谈话节目的重要话语手段，通过发问，主持人可以从嘉宾那里得到自己想要的信息，并借此来吸引观众。为了得到想要的信息，或者达到电视节目想要的效果，主持人会把持住话轮，适时进行话轮转换，有时还会实施面子威胁行为。而由于主持人性别的差异，进行发问的方式也有所不同。

Holmes（1992）设计了一个理论框架用来分析正式语境中（比如研讨会、电视节目和课堂讨论）发问与礼貌的关系。在框架中，将发问分为支持性的、批判性的和对抗性的。

支持性发问。一般指寻求对方积极回答的话语，回答问题的一方可以就问题展开。这是比较显而易见的积极礼貌方法。支持性发问总是站在支持听话人的立场上，其所寻求的回复一般也是积极的。

批判性发问。发问方在语气上更具批判性，没有全神贯注地听或显示出礼貌，发问人常常使用变化了的赞同或有保留的反对，表现出某种程度的负面评价或怀疑。批判性发问表示的是一种比较委婉的怀疑或反对，

对抗性发问。富有挑战、侵略性的批判性评判，其功能是攻击对方的立场，显示其错误性。

（二）回复策略

Harris（1991）在研究政治采访节目中的回复手段时，采用了如下分类方法：

（1）直接回复：回复明确表达“是”“不是”“当然是”“是这样的”等意思，或直接对问题做出了有价值的回答。直接回复又可以分为直接的

肯定回复和直接的否定回复，直接的肯定回复是正礼貌方式，尊重对方的面子，常常是对发问者的赞同；而直接的否定回复是负礼貌方式，通过否定的回复来威胁发问方的面子，常常表示的是不赞同。

（2）间接回复：回复需要发问人去推断，无论是非“是”也非“不是”的中间状态，还是对问题的有价值回答都要进行推断才能知道。间接回复显示出回复者十分重视自己的面子。

（3）挑战性回复：挑战发问人的一个或更多的预设，或挑战问题的施为用意。挑战性回复是有标记策略，会直接指出发问人是错误的。

本文拟采用 Holmes（1992）和 Harris（1991）的概念系统，分析汉语电视谈话节目中不同性别的主持人和嘉宾的礼貌策略使用倾向。

三、汉语电视谈话节目中性别与礼貌策略使用关系分析

如果按照交际双方的性别标记会话，则两性会话交往可分为“男—男”“男—女”“女—女”“女—男”四种模式，本文即将从这四种模式来进行汉语电视谈话节目中性别与礼貌策略使用的关系。

在标记话语的时候，笔者先对所有的发问和回复进行标记，并统计数量；然后用定性分析的方法，将男女的话语划分为几个不同类别；最后采用定量的方法，用百分比的形式来揭示各种策略的使用频率。在与英语会话进行横向对比时，主要对比百分比的高低，即对比各种策略在不同性别交往模式下的频次变化。

本文首先在定量分析的基础上，采用定性的方法，探索各个变量的使用情况。

（一）对发问策略的使用分析

通过对 20 篇语料的赋值、编码，统计出三种发问方式的次数，详见表 1：

表 1　对男女发问策略的统计

发问	男—男		男—女		女—男		女—女		小计	比例（%）
	数量	比例（%）	数量	比例（%）	数量	比例（%）	数量	比例（%）		
支持性发问	135	19.65	171	24.89	146	21.25	142	20.67	594	86.46
批判性发问	22	3.2	23	3.35	14	2.04	7	1.02	66	9.61
对抗性发问	11	1.6	10	1.46	5	0.73	1	0.15	27	3.93

注：表中“男—男”指的是男主持人和男嘉宾，依此类推。

从表 1 可知，电视访谈会话中主持人的发问策略绝大多数是不威胁被访者面子的支持性发问策略，比例高达 86.46%。

由此可见，在所有的可能性中，“男—女”模式中的支持性发问频数最多；“女—女”模式中的对抗性发问频数最少。

下面分别从三种发问策略出发，对发问策略与会话模式之间的关系做进一步的分析。

1. 支持性发问的使用分析

从表 1 可以看出，支持性发问是占绝大多数的，该表显示出在所研究的访谈节目中，主持人在绝大多数情况下都是遵循合作原则的。但是如果按照支持性发问占所有发问的百分比来排序，则发现了一定的区别。

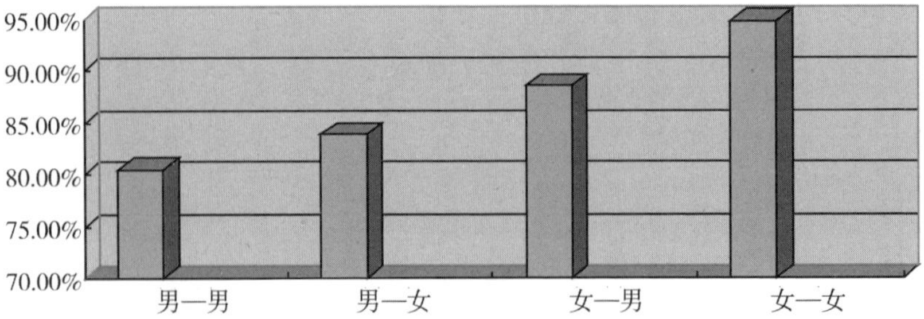

图 1　对主持人支持性发问的统计

从图1可以看出，支持性发问所占的比例是逐次升高的。这个研究结果与Mullany（1999）的研究结果在线性变化上有所不同。Mullany的研究对象是英国广播公司的非政治性话题访谈节目，结果显示，支持性发问的递升次序为“男—女”“男—男”“女—男”“女—女”。而Holmes（1992）对学术研讨会的研究显示，77.8%的男性发问和77.5%的女性发问都是支持性的，但是该研究并没有就发问对象的性别不同而产生的发问方式差异展开研究。

支持性发问属于正面面子策略，是一种强调说话人与听话人之间密切关系，以及缩短双方距离的一致性策略，可见在访谈节目中，主持人是非常注意嘉宾的面子需求的。笔者在分析语料时，发现了大量正面面子策略的使用。例如：

(1)《艺术人生》——朱军访刘若英

朱　军（男）：在前一段时间哪，你演的那个《粉红女郎》，刚刚在内地热播。我特别想问，就是这个《粉红女郎》当中的那个角色跟你生活当中有多少相近的地方？

刘若英（女）：其实除了外表不相近以外，笑什么，其实挺相近的。

主持人在一开始，就提到了听话人的新作品《粉红女郎》，用这个集体特征标记来拉近双方的距离，这是一种正面面子策略。再如：

(2)《鲁豫有约》——陈鲁豫访陈冲

陈鲁豫（女）：你出生那天，真的正好是那个医院里面有很多实习生去现场实习？所以你爸说你一生下来就有很多观众。

陈　冲（女）：就是。我妈简直痛苦死了，可是有那么多实习生在那里，不好意思大叫，就只得忍着。我给我老公一张我小时候特可爱的照片，他怎么看都看不懂，说一点都不像我，完全像我女儿。

在这个对话里面，说话人考虑到了听话人的需要，说了陈冲出生时的一段经历，以此表示说话人对听话人很了解，知道听话人的需求。这是正面面子策略的一种体现。

但是从性别差异上来说，女主持人在对女嘉宾发问时，所使用的支持性发问比例是最大的，而男主持人在对男嘉宾发问时，所使用的支持性发问的比例与其他的各组相比较，相对是最低的。这个结果说明，“女—女”对话中发问的礼貌性是最高的，而“男—男”对话中发问的礼貌性是最低的。

2. 批判性发问的使用分析

批判性发问常常显示的是一种有保留的赞同，本研究显示这种发问的比例并不高（均低于15%），但当交际双方的性别不同时，也会显示出一定差异。

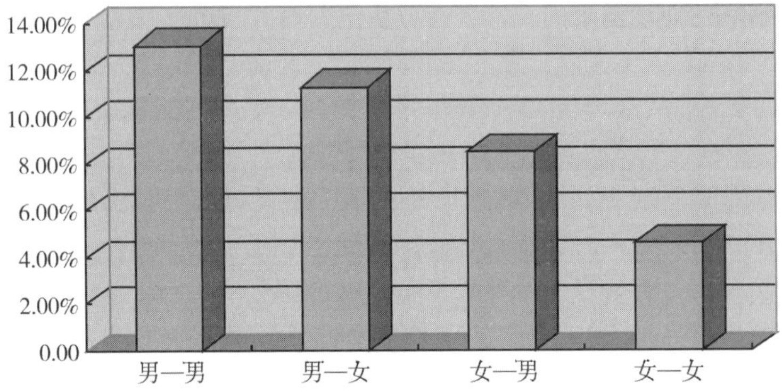

图2　对主持人批判性发问的统计

从图2可以看出，按照“男—男”“男—女"“女—男”“女—女”的次序，批判性发问的比例逐次减少。就批判性发问所占发问比例来看，“男—男”模式中的男主持人所使用的批判性发问相对是最高的。这个结果说明，“女—女”对话中发问的礼貌性是最高的，而“男—男”对话中发问的礼貌性是最低的。

从图2也可以看出，男主持人批判性发问比例均在10%以上，明显高于女主持人的批判性发问比例。男主持人使用这一策略来怀疑嘉宾话语的真实性，是一种面子威胁行为。例如：

(3)《艺术人生》——朱军访刘若英

朱　军（男）：那里头让我们印象最深的是粘了两个特别大的板牙，你把自己整那么难看，你就不怕你的这个崇拜者失望？

刘若英（女）：因为我觉得，就是如果他们喜欢我的话，应该不是光是一个外表而已，所以我觉得不管我是一个什么样子的样子，（看背后视频的丑陋扮相，观众大笑，鼓掌；刘若英笑），这不是跟我过不去吗？

主持人在发问之前，先使用了面子威胁行为，进而采用了一个怀疑对方行为正确性的发问，但是该发问并没有指出对方的行为是错误的，仅仅是一种怀疑，所以这个发问是批判性的。

（4）《艺术人生》——朱军访李云迪

朱　军（男）：为什么不回来吃？

李云迪（男）：因为没有这样的机会和事件，所以每次回来的时候，天天都想的是赶紧去餐馆好好吃一餐。

主持人在发问时，已经否定了对方的一个行为，但是这种行为并不是完全让对方下不了台，似乎更可以理解为一种善意的建议。所以这个发问是批判性的。

本文显示这种发问策略的使用比例并不高（最高只有 3.35%），说明主持人非常注意嘉宾的面子，即使是低威胁度的威胁嘉宾面子的策略也较少采用。

3. 对抗性发问的使用分析

对抗性发问在所有发问中所占的比例并不高（最高 6.5%），但是如果按照性别不同来进行比较，仍可发现一些区别。

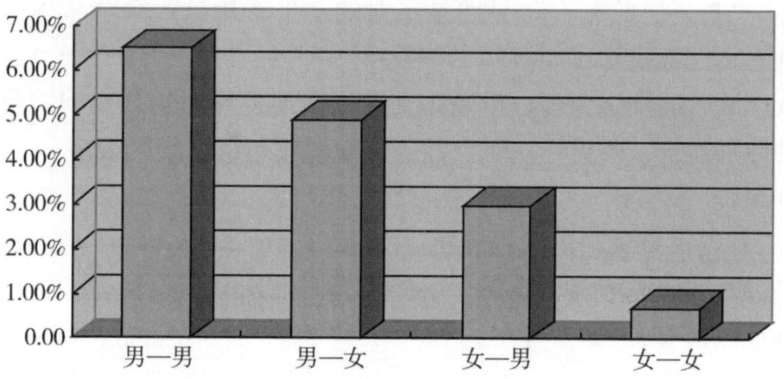

图 3　对主持人对抗性发问的统计

从图3可以看出，对抗性发问的比例按照“男—男”“男—女”“女—男”“女—女”的次序，逐次减少。对抗性发问也是一种面子威胁行为。例如：

(5)《鲁豫有约》——陈鲁豫访蔡琴

陈鲁豫（女）：因为你看中这个人的才华，所以你不在意其他的事情？

蔡　琴（女）：不是，我很爱才，但是我不会拿自己的幸福和爱情跟爱才画上等号。

结合上下文，主持人认为蔡琴是一个很独立的人，不应该因为某个男人而在很大程度上对自己的生活做出很大改变，进而认为嘉宾的行为是错误的，这个发问为对抗性发问。

(6)《艺术人生》——朱军访周广仁

朱　军（男）：怎么打起妈妈的恩人来了？

周广仁（女）：这里头还有一个小故事。手术后在长伤口的时候，手指疼得钻心，稍稍碰一下，眼泪会哗啦啦下来，多疼啊！李大夫说痛也得动，还用手里的刀子敲了一下我的手指。儿子正好在病房里，火一上来就打了她一拳。

这段对话中，主持人朱军对周广仁的解释十分不解，想了解其中的真实原因。“打妈妈的恩人”显然是不对的，朱军用这一个众所周知的道理来对抗嘉宾，考量嘉宾如何“见招拆招”。

从说话人的性别而言，男性比女性更多地使用对抗性发问策略；从听话人的性别而言，对男性比对女性更多地使用对抗性发问策略。

（二）对回复策略的使用分析

经过对所研究语料中嘉宾对主持人提问的回复进行标记，统计出了如下数据：

表2　对回复策略的统计

回复	男—男		男—女		女—男		女—女		小计	比例（%）
	数量	比例（%）	数量	比例（%）	数量	比例（%）	数量	比例（%）		
直接肯定回复	143	20.82	168	24.45	128	18.63	107	15.57	546	79.48
间接否定回复	10	1.46	24	3.49	12	1.75	21	3.06	67	9.75
直接否定回复	13	1.89	10	1.46	16	2.33	21	3.06	60	8.73
挑战性回复	2	0.29	2	0.29	9	1.31	1	0.15	14	2.04

1. 直接肯定回复的使用分析

直接肯定回复表示听话人认真地听取了说话人的问题（Harris，1991），并给予了积极正面的回答，是面子给予行为。在统计所有的回复中，直接肯定回复的比例是最高的，这也说明被采访的嘉宾都积极参与了会话，配合主持人的问话，并给予了正面的回答。

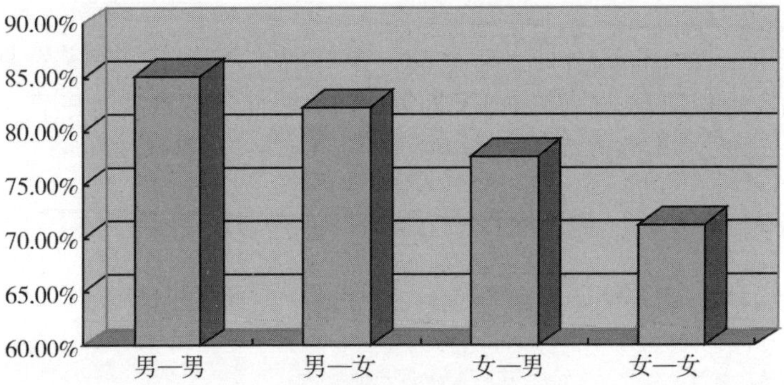

图4　对嘉宾肯定性回复的统计

如图4所示，在分析嘉宾的回复时，笔者发现直接肯定回复的比例按照“男—男”“男—女”“女—男”“女—女”的次序依次降低。说明男嘉宾在回答男主持人的问题时，所使用的直接肯定回复比例是最高的，而女嘉宾在回复女主持人的直接肯定回复比例是最低的。这个结果与Holmes（1992）的结论也是一致的，即男性在正式场合下参与会话的意愿比女性高。例如：

(7)《艺术人生》——朱军访周广仁

朱　军（男）：以后母子三人相依为命度过了那段苦难日子。那时，家里的东西都被清扫出门了？

周广仁（女）：那架德国人送的宝贝当时在学校琴房放着，所以一直到现在还在我家里。我还有一架立式钢琴实在没地方放了，因为我们被轰到一个小屋子里，连床上都搁了东西。实在没办法，我就把钢琴搁到走廊里，这一来，别人就在我的钢琴上堆白菜，放杂物。

此话轮的嘉宾提问为支持性的，嘉宾在回答时，不仅很清楚地说出了那段经历，还展开说明了其中的许多细节，这里的回复也是属于直接回复。

(8)《鲁豫有约》——陈鲁豫访任贤齐

陈鲁豫（女）：你会不会受伤呢？

任贤齐（男）：会啊，其实我身上伤蛮多的。

这里主持人的发问是支持性的，很好地显示出了主持人对嘉宾的关心。嘉宾也很配合，直接做出了肯定性回复，而且还略微展开了一下。

2. 直接否定回复的使用分析

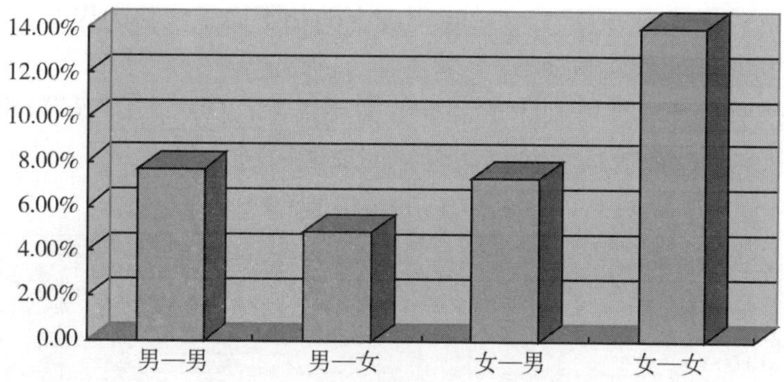

图5　对直接否定性回复的统计

图5统计结果显示：第一，对异性的直接否定比例低，对同性的直接否定比例高；第二，在同性否定中，“女—女”的否定比例高于“男—男”；第三，异性否定中“男—女”的比例高于“女—男”的比例。换句话说，同样是男性，对男性的否定性回复比例高于对女性的否定性回复比例；同样是女性，对女性的否定性回复比例高于对男性的否定性回复比例。

直接否定回复表示听话人认真参与了会话活动，但是通过否定的回答方式威胁了说话人的面子。例如：

(9)《艺术人生》——朱军访宋祖英
朱　军（男）：秀水街，万通那地方买的？
宋祖英（女）：那个地方我不去。

这里主持人是想问嘉宾去哪里买名牌服饰，这个提问是批判性的，即对嘉宾的购买地点提出了疑问。而嘉宾的回复则是直接否定，这个回复属于威胁面子行为了。

(10)《鲁豫有约》——陈鲁豫访刘德华
陈鲁豫（女）：那时候因为小孩子贪玩，爸爸打你多吗？
刘德华（男）：不多不多。其实我家里很少看到爸爸妈妈打小孩，很少。但是一打就很厉害。

这里嘉宾的回答首先否定了主持人的提问，继而进一步解释打的频率是较低的。这个回复否定了主持人的预设，是面子威胁行为。但是嘉宾后面提到“一打就很厉害”，在一定程度上弱化了面子威胁的程度。

3. 间接回复的使用分析

间接回复表示听话人注重自身的面子需求。Obeng（1994）将话语的间接性定义为用来交流“难以回答”问题的策略。

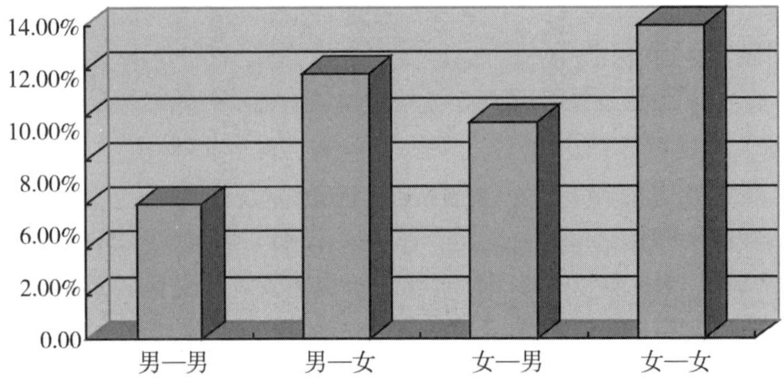

图6　对间接性回复的统计

从图6可以看出，“女—女”模式下的会话中间接回复的比例是最高的，而“男—男”和“女—男”模式下的会话中间接回复的比例是较低的。这说明与女性的回复相比，男性使用间接回复的比例最少，相对而言，不害怕自己的面子受到威胁；而女性间接回复的比例均在10%以上，说明女性更加注意双方关系的和谐，不愿威胁对方的面子。

例如：

(11)《艺术人生》——朱军访甄子丹

朱　军（男）：我们这儿有个题板，这个题板上有三道题，我们特别希望甄子丹能够在我们的题板上写上你所要给出的答案，然后咱们根据这个题，一点点往下聊，好吧。我们先来看一下，第一道是什么，成为一位出色的功夫高手需要具备什么样的素质？您觉得，您可以把它写在下边。

甄子丹（男）：其实我中文字是很烂的。

这里的回复也是间接回复。嘉宾没有直接回答去写或是不写，通过“其实我中文字是很烂的”这样的表述不明确表示同意，也不明确表示拒绝。

(12)《鲁豫有约》——陈鲁豫访张学友

陈鲁豫（女）：这是一个痛苦的发现，还是个幸福的发现？

张学友（男）：是一个很真实的发现。我不是说没有人喜欢我，大部分人听见我有女朋友，他们会吃惊地“啊”！是这样子的。我尽可能低调一点。我大概是最早把女朋友说给好朋友的人。

这里嘉宾的回答并没有明示是正确、错误或者是回答特定问题，而是用比较间接的方式委婉地就问题进行展开。间接回复顾及了发问方的面子，这种面子威胁行为是比较间接的。

4. 对挑战性回复的分析

挑战性回复是有标记的面子威胁行为，表示听话人对说话人的一个或多个预设持怀疑或反对态度。

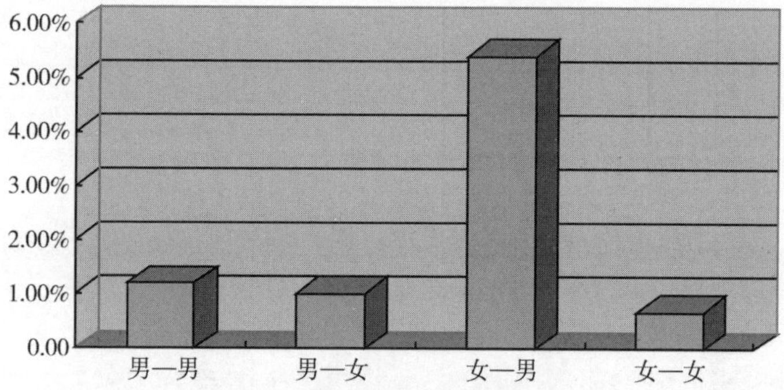

图7　对挑战性回复的统计

从图7可以看出，在“女—男”会话模式下，男性的挑战性回复比例是相对较高的，说明男性相对较多地采用挑战性回复来对女性实施面子威胁行为，这个结果与Holmes（1992）的研究结果也是一致的。而在“男—男”“男—女”“女—女”三种会话模式下，挑战性回复的比例只有1.2%、1%和0.7%，虽然比例很低，但是仍然可以看到“女—女”模式下的挑战性回复是最低的，说明女性回复女性的问题时，更少采用面子威胁行为。例如：

(13)《鲁豫有约》——陈鲁豫访谈黄秋生
陈鲁豫（女）：是一滴一滴掉眼泪还是哇哇大哭那种？
黄秋生（男）：我哭还要记住怎么哭啊？

这个话轮中的回复是典型的挑战性回复，不仅不对主持人的发问进行回答，而且否定了主持人的预设，是面子威胁行为。

(14)《艺术人生》——朱军访谈周广仁
朱　军（男）：不多是多少？
周广仁（男）：您老让我算这个账。

这段对话中，主持人是想知道周广仁老师的学生在国际大赛上获奖数量，前面已经问了一次，嘉宾搪塞了过去；现在又继续追问，但是嘉宾不想去计算数量，也不想指名道姓地说出学生的名字来，所以使用了挑战性回复，挑战主持人的用意。

四、讨论

（一）性别与发问策略的相关性分析

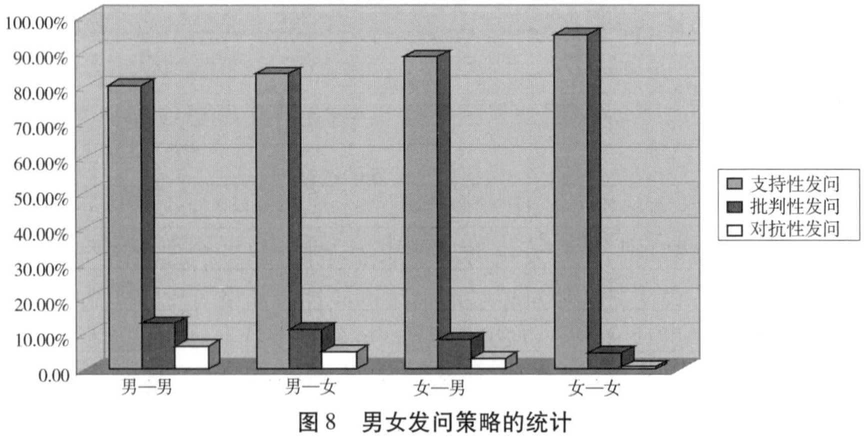

图 8　男女发问策略的统计

通过对性别与发问策略的线性关系进行分析，可以发现，如果将发问策略分为支持性发问、批判性发问和对抗性发问，则可以发现，发问礼貌策略和不同性别模式交往之间存在相关性。

支持性发问属于发问中礼貌程度最高的策略，主持人的支持性发问比例按照“男—男”“男—女”“女—男”“女—女”的次序依次升高。批判性发问是程度较低的面子威胁行为，主持人的批判性发问比例按照“男—男”“男—女”“女—男”“女—女”的次序依次降低。对抗性发问是程度最高的面子威胁行为，主持人的对抗性发问比例按照“男—男”“男—女”“女—男”“女—女”的次序依次降低。

这个相关性关系说明，在所分析的语料中，“男—男”模式下发问的礼貌程度最低，其次是“男—女”模式，以及“女—男”模式，而“女—女”模式下的发问礼貌程度最高。如果把性别看作是强加力度的一种变体方式，则男性比女性的强加力度更大，在发问时更易实施面子威胁行为；而女性的强加力度相对较小，在发问时相对男性而言较少使用面子威胁行为。

（二）性别与回复策略的相关性分析

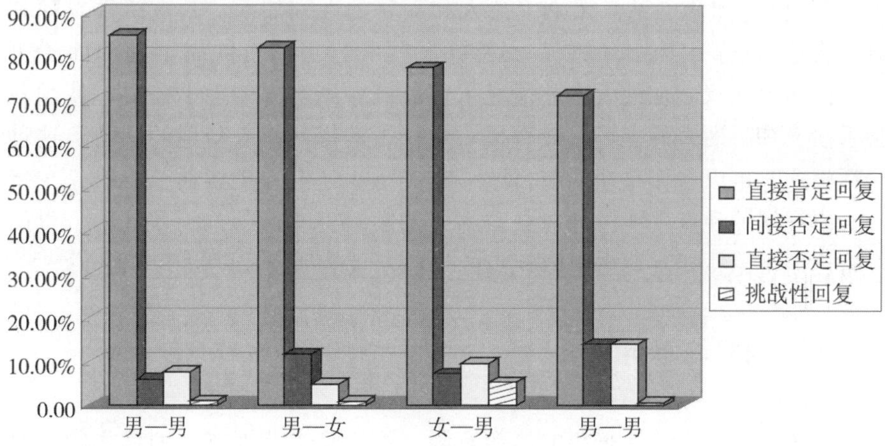

图9　回复策略的统计

对回复策略的分析发现，直接肯定回复与性别的线性关系，与发问策略与性别的线性关系一致。

而直接否定回复、间接回复、挑战性回复与性别的线性关系，与前面各变量与性别的线性关系并不一致。

直接否定回复反映出“女—女”会话模式下的女性回复所实施的面子威胁行为比例最大，这和之前的研究结果相悖，可能涉及语料样本问题。由于语料的样本不够大，所以产生了这个误差。如果抛开这个误差，“男—男”会话模式下的男性回复所实施的面子威胁行为比例最大，这点和之前的研究结果是一致的。

间接回复所反映出的线性关系中，“男—男”会话模式的比例最低，说明男性回复一般都比较明确，不惧怕丢面子。而“女—女”会话模式的比例最高，说明女性的间接回复明显高于男性，更在乎自己的面子。这和Lakoff（1975）总结的女性话语特点是类似的，即顺从、消极和不确定构成了独特的女性语言风格。

挑战性回复是所有回复中礼貌程度最低的，从起伏所反映的线性关系来看，“女—男”会话模式下的男性挑战性回复比例最高，可见男性更容易挑战女性，并实施面子威胁行为。这和日常生活中的刻板形象是一致的。

（三）总体分析

从图8、图9可见，无论主持人和嘉宾的性别如何，其支持性发问和直接肯定回复都占绝大多数，支持性发问和肯定回复同属于正面面子策略，说明会话双方在绝大多数情况下都能照顾到对方的面子需要，使用各种手段支持听话人的立场，或直接对主持人的提问作有价值的回答。这种会话模式，可以看作是谈话节目的一种类型。还有一类谈话节目中，主持人和嘉宾间的观点可能十分对立，例如《实话实说》《一虎一席谈》，里面经常出现辩论，相互攻击对方观点的场面，其会话模式就大不相同了。

五、局限与不足

由于精力有限，所采集的语料有限，不排除主持人或个别嘉宾的一时情绪或者个人性格会对发问和回复的礼貌性产生影响等因素。提问和回复只是谈话节目中的部分话轮，并不能反映谈话节目的所有细节，所以本文对不同性别的礼貌策略分析只能算是浅尝辄止。本文仅对电视访谈节目转录成的文字稿展开了研究，并没有将会话双方的神态、语气等非言语行为列为变量，这可能会对研究结果的真实性有一定影响。

参考文献

［1］Brown, P. How and Why Are Women More Polite: Some Evidence from a Mayan Community［A］. In McConnell-Ginet. *Borker and Furman*［M］. New York: Praeger, 1980.

［2］Harris, S. Evasive Action: How Politicians Respond to Questions in Political Interviews［A］. In Scannell, P. *Broadcast Talk*［M］. London: SAGE publications, 1991.

［3］Holmes, J. Women's Talk in Public Contexts［J］. *Discourse and Society*, 1992 (3).

［4］Lakoff, R. *Language and Women's Place*［M］. New York: Harper Row, 1975.

［5］Mullany, L. Linguistic Politeness and Sex Differences in BBC Radio 4 Broadcasting interviews［A］. Leeds Working Papers in Linguistics and Phonetics, 1999.

［6］Obeng, S. Verbal Indirection in Akan Formal Discourse［J］. *Journal of Pragmatics*, 1994 (1).

［7］Thomas, J. *Meaning in Interaction: An Introduction to Pragmatics*［M］. London & New Yorke: Longman Group Limited, 1995.

［8］代树兰．电视访谈话语研究［D］．上海外国语大学博士学位论文，2007.

［9］冯江鸿．英汉赞扬及其应答的性别语用比较［J］．外语研究，2003（2）.

［10］刘国辉．英汉请求策略理论与实证对比研究——礼貌语用学视野［M］．北京：高等教育出版社，2007.

［11］魏耀章．恭维语的性别差异研究［J］．西安外国语学院学报，2001（1）.

（原载《语言文字应用》2015 年第 1 期，略有改动）

作者简介

张超，南方医科大学外国语学院讲师，硕士，研究方向为语用学、第二语言习得。

宗世海，暨南大学华文学院教授，博士，硕士生导师，研究方向为语用学（含话语分析）、跨文化交际、海外华文教育。